Christian Fischer-Terworth

**Psychologische Therapien bei dementiellen Erkrankungen**

Christian Fischer-Terworth

# Psychologische Therapien bei dementiellen Erkrankungen

Evaluation einer TEACCH-basierten musiktherapeutischen Intervention

Südwestdeutscher Verlag für Hochschulschriften

## Impressum/Imprint (nur für Deutschland/ only for Germany)

Bibliografische Information der Deutschen Nationalbibliothek: Die Deutsche Nationalbibliothek verzeichnet diese Publikation in der Deutschen Nationalbibliografie; detaillierte bibliografische Daten sind im Internet über http://dnb.d-nb.de abrufbar.

Alle in diesem Buch genannten Marken und Produktnamen unterliegen warenzeichen-, marken- oder patentrechtlichem Schutz bzw. sind Warenzeichen oder eingetragene Warenzeichen der jeweiligen Inhaber. Die Wiedergabe von Marken, Produktnamen, Gebrauchsnamen, Handelsnamen, Warenbezeichnungen u.s.w. in diesem Werk berechtigt auch ohne besondere Kennzeichnung nicht zu der Annahme, dass solche Namen im Sinne der Warenzeichen- und Markenschutzgesetzgebung als frei zu betrachten wären und daher von jedermann benutzt werden dürften.

Verlag: Südwestdeutscher Verlag für Hochschulschriften Aktiengesellschaft & Co. KG
Dudweiler Landstr. 99, 66123 Saarbrücken, Deutschland
Telefon +49 681 37 20 271-1, Telefax +49 681 37 20 271-0
Email: info@svh-verlag.de
Zugl.: Hamburg,Universität HH, Diss., 2010

Herstellung in Deutschland:
Schaltungsdienst Lange o.H.G., Berlin
Books on Demand GmbH, Norderstedt
Reha GmbH, Saarbrücken
Amazon Distribution GmbH, Leipzig
ISBN: 978-3-8381-1727-0

## Imprint (only for USA, GB)

Bibliographic information published by the Deutsche Nationalbibliothek: The Deutsche Nationalbibliothek lists this publication in the Deutsche Nationalbibliografie; detailed bibliographic data are available in the Internet at http://dnb.d-nb.de.

Any brand names and product names mentioned in this book are subject to trademark, brand or patent protection and are trademarks or registered trademarks of their respective holders. The use of brand names, product names, common names, trade names, product descriptions etc. even without a particular marking in this works is in no way to be construed to mean that such names may be regarded as unrestricted in respect of trademark and brand protection legislation and could thus be used by anyone.

Publisher: Südwestdeutscher Verlag für Hochschulschriften Aktiengesellschaft & Co. KG
Dudweiler Landstr. 99, 66123 Saarbrücken, Germany
Phone +49 681 37 20 271-1, Fax +49 681 37 20 271-0
Email: info@svh-verlag.de

Printed in the U.S.A.
Printed in the U.K. by (see last page)
ISBN: 978-3-8381-1727-0

Copyright © 2010 by the author and Südwestdeutscher Verlag für Hochschulschriften Aktiengesellschaft & Co. KG and licensors
All rights reserved. Saarbrücken 2010

Meinen Eltern in Dankbarkeit gewidmet

# Vorwort

Die Idee der vorliegenden Arbeit entstand auf unkonventionelle Weise. Nachdem ich im Kontext der Zusammenarbeit mit meinem Dissertationsbetreuer Herrn Prof. Paul Probst auf dem Gebiet der Autismus-Spektrum-Störungen zunächst über ein Thema aus genanntem Feld promovieren wollte, eröffnete sich beim Antreten meiner neuen Arbeitsstelle am DRK Seniorenzentrum Kaiserslautern die Gelegenheit, innerhalb eines dort initiierten Forschungsprojektes eine Dissertation zu verfassen.

Zusammen mit Prof. Probst wurde die Idee entwickelt, musiktherapeutische Interventionen innerhalb eines ursprünglich für autistische Kinder entwickelten, auf die Demenztherapie übertragenen Rahmenkonzepts zu untersuchen, welches innerhalb des therapeutischen Milieus der neu entstandenen Hausgemeinschaft für dementiell erkrankte Menschen umsetzbar war. Meine praktischen Erfahrungen in der Arbeit mit von Demenz betroffenen Menschen waren für die gleichzeitige wissenschaftliche Arbeit essentiell. Ermöglicht wurde diese Arbeit nur durch das intensive Engagement und große Unterstützung von mehreren Seiten.

Gabriele Huber, Leiterin des DRK Seniorenzentrums, entwickelte die Idee ein musiktherapeutisches Forschungsprojekt zu initiieren, innerhalb dessen es mir möglich wurde, die therapeutische Arbeit mit demenzkranken Menschen wissenschaftlich zu fundieren. Sie gewährte mir für die Durchführung meiner Forschungsarbeit die notwendige freie Einteilung meiner Arbeitszeit und ermöglichte es mir, therapeutische und wissenschaftliche Arbeit zeitlich und inhaltlich nach eigenem Ermessen zu organisieren, was sich ausnahmslos positiv auf die Kreativität im Arbeitsprozess ausgewirkt hat. In diesem Zusammenhang danke ich Frau Huber ganz herzlich für die Unterstützung.

Herr Prof. Probst griff die Idee einer Dissertation zum genannten Thema mit großer Flexibilität zugleich auf und vollzog die Betreuung des Vorhabens mit großem Engagement. Er stand mir zu jeder Zeit menschlich wie auch fachlich stützend und beratend zur Seite und lieferte auch bei kleinen Durststrecken passende, positiv motivierenden Worte, wodurch größere Durststrecken präventiv verhindert wurden. Aufgrund der gelungenen Email-Kommunikation hatte die Betreuung über 600 km Entfernung optimale Qualität. Ferner ermöglichte er mir durch individuelle Absprachen mit den Kolleginnen und Kollegen am Fachbereich Psychologie der Universität Hamburg, mein Promotionscurriculum über die Distanz zu absolvieren. Mein Dank gilt deshalb auch den sehr entgegenkommenden Lehrenden des Fachbereichs.

Nicht zuletzt möchte ich meiner Frau Annika dafür danken, dass sie als eine stets an meiner Arbeit inklusive wissenschaftlichen Themen interessierte Gesprächspartnerin immer Gelegenheit zum Gedankenaustausch bot und mich zu jeder Zeit in allen Belangen in unschätzbar wertvoller Art und Weise unterstützte. In diesem Zusammenhang empfinde ich es als äußerst bereichernde Erfahrung, diese Arbeit zwischen unseren beiden gemeinsamen Heimaten Hamburg und Kaiserslautern durchgeführt zu haben. Durch die „Reisen zur Universität" hat sich die Möglichkeit ergeben, die Familie meiner Frau und Freunde in Hamburg häufig besuchen zu können.

Meinen Eltern danke ich ganz besonders für die Ermutigung sowie die Unterstützung meiner langjährigen universitären Ausbildung, von der sich fast jedes einzelne Semester für meine jetzige berufliche Tätigkeit gelohnt hat. Zudem danke ich für ihre Toleranz, bei den teilweise das akademische Viertel weit überschreitenden Verspätungen zu Besuchen und entsprechender Müdigkeit aufgrund der Tatsache, dass ich mich vom PC nicht lösen konnte.

# Inhaltsverzeichnis

- 0. Zusammenfassung .................................................................................................. 8
- Abstract ......................................................................Fehler! Textmarke nicht definiert.
- **1. Theoretischer Hintergrund** ................................................................................ 9
  - **1.1 Dementielle Erkrankungen-ein Überblick** ................................................... 9
    - 1.1.1 Definition und Klassifikation ................................................................. 10
    - 1.1.2 Epidemiologie ......................................................................................... 11
    - 1.1.3 Demenzformen ........................................................................................ 12
      - 1.1.3.1 Vaskuläre Demenzen ....................................................................... 13
      - 1.1.3.2 Fronto-temporale Demenzen ........................................................... 14
      - 1.1.3.3 Lewy-Körperchen-Demenz .............................................................. 15
      - 1.1.3.4 Seltenere Demenzformen ................................................................. 15
    - 1.1.4 Die Alzheimer-Demenz als modellhafte Demenzform ........................... 16
      - 1.1.4.1 Symptomatik und Verlauf ............................................................... 16
      - 1.1.4.2 Krankheitsstadien ............................................................................ 18
      - 1.1.4.3 Genetik und familiäre Häufung ....................................................... 20
      - 1.1.4.4 Ätiologie und Pathogenese .............................................................. 20
      - 1.1.4.6 Neuropsychologie ............................................................................ 23
    - 1.1.5 Neuropsychiatrische Symptome ............................................................. 25
      - 1.1.5.1 Terminologie und Klassifikation ..................................................... 26
      - 1.1.5.2 Affektive Symptomatik ................................................................... 27
      - 1.1.5.3 Angstsymptomatik .......................................................................... 28
      - 1.1.5.4 Symptome aus dem psychotischen Spektrum .................................. 29
      - 1.1.5.5 Behaviorale Symptome ................................................................... 30
    - 1.1.6 Diagnostik ............................................................................................... 31
      - 1.1.6.1 Bedeutung und Vorgehensweise ..................................................... 31
      - 1.1.6.2 Differentialdiagnose ........................................................................ 32
      - 1.1.6.3 Psychometrische Diagnostik ........................................................... 34
    - 1.1.7 Behandlung ............................................................................................. 36
      - 1.1.7.1 Allgemeine Behandlungsprinzipien ................................................ 36
      - 1.1.7.2 Antidementive Pharmakotherapie ................................................... 36
      - 1.1.7.3 Psychopharmakologische Behandlung ............................................ 37
  - **1.2 Psychologische Interventionen bei dementiellen Erkrankungen** ............. 39
    - 1.2.1 Definition, Systematisierung und wissenschaftliche Grundlagen .......... 39
    - 1.2.2 Milieutherapie ......................................................................................... 42
      - 1.2.2.1 Anforderungen, Prinzipien und Merkmale ..................................... 42
      - 1.2.2.2 Forschungsstand .............................................................................. 44
    - 1.2.3 TEACCH-basierte antezedente Interventionen ...................................... 45
      - 1.2.3.1 Übertragung von TEACCH-Prinzipien auf die Demenztherapie .... 46
      - 1.2.3.2 Strukturierte Lernformate in der Demenztherapie .......................... 47
      - 1.2.3.3 Therapeutische Funktionen von Strukturierung .............................. 48
      - 1.2.3.4 Ebenen der Strukturierung eines für Demenz adaptierten Lernformats ... 49
      - 1.2.3.5 Resümee .......................................................................................... 52
    - 1.2.4 Kognitiv-neuropsychologische Interventionen ...................................... 52
      - 1.2.4.1 Ziele und Strategien ........................................................................ 53
      - 1.2.4.2 Forschungsstand .............................................................................. 54
      - 1.2.4.3 Interventionsmethoden .................................................................... 55
    - 1.2.5 Kognitiv-verhaltenstherapeutische Interventionen ................................. 56
      - 1.2.5.1 Forschungsstand .............................................................................. 57
      - 1.2.5.2 Kognitive Verhaltenstherapie bei leichter Demenz ......................... 57
      - 1.2.5.3 Verhaltenstherapeutische Interventionen bei mittlerer Demenz ..... 58

1.2.5.4 Psychoedukation und Verhaltenstraining ... 59
1.2.5.5 Spezielle Interventionen für Depressivität und Angstsymptome ... 60
1.2.6 Musikpsychologische Interventionen ... 61
  1.2.6.1 Interventionsmethoden bei dementiellen Erkrankungen ... 61
  1.2.6.2 Forschungsstand ... 62
  1.2.6.3 Neurowissenschaftliche Befunde und psychologische Wirkungen ... 63
  1.2.6.4 Förderung sozialer Kommunikation und Interaktion ... 65
  1.2.6.5 Musiktherapie innerhalb strukturierter Lernformate ... 66
  1.2.6.6 Musikalische Aktivierung als kognitive Stimulation ... 67
  1.2.6.7 Kognitiv-verhaltenstherapeutische Elemente ... 68
  1.2.6.8 Resümee ... 69
1.2.7 Psychoedukation und Psychotherapie der Angehörigen ... 69
  1.2.7.1 Definition und Methoden ... 69
  1.2.7.2 Forschungsstand ... 70
1.2.8 Zusammenfassende Bewertung des Forschungsstands ... 71

# 2. Fragestellungen und Hypothesen ... 73

## 2.1 Ableitung der Fragestellung aus dem Forschungsstand ... 73

## 2.2 Fragestellung ... 74

## 2.3 Hypothesen ... 74

# 3. Methoden ... 75

## 3.1 Stichprobe ... 75

### 3.1.1 Stichprobe der Fachkräfte ... 75
### 3.1.2 Probandenstichprobe ... 76
  3.1.2.1 Gesamtstichprobe ... 76
  3.1.2.2 Vergleich von Experimental- und Kontrollgruppe ... 78

## 3.2 Evaluationsinstrumente ... 79

### 3.2.1 Instrumente und Outcome-Variablen ... 79
### 3.2.2 Quantitative Evaluationsinstrumente ... 80
  3.2.2.1 Demenz-Schweregrad ... 81
  3.2.2.2 Kognitives Funktionsniveau ... 81
  3.2.2.3 Demenzassoziierte neuropsychiatrische Symptome ... 82
  3.2.2.4 Sozial-emotionale Kommunikation und Aktivität ... 83
### 3.2.3 Qualitative Evaluationsinstrumente ... 84
  3.2.3.1 Leitfaden zur Verhaltensbeobachtung während der Sitzungen ... 84
  3.2.3.2 Instrumente zur Erfassung von Akzeptanz der Intervention ... 84

## 3.3 Beschreibung der Intervention ... 85

### 3.3.1 TEACCH-basierte antezedente Interventionen ... 85
  3.3.1.1 Milieugestaltung und Leitbild ... 85
  3.3.1.2 Bausteine und Struktur des TMI-Programms ... 86
  3.3.1.3 Strukturiertes Lernformat ... 87
  3.3.1.4 Psychologisch-beratende und psychoedukative Angehörigengespräche ... 93
### 3.3.2 Musikpsychologische Therapie als Kernelement ... 93
### 3.3.3 Kognitive Interventionen ... 96
  3.3.3.1 Kognitive Stimulation ... 96
  3.3.3.2 Reminiszenztherapie und reminiszenzfokussierte Musiktherapie ... 97
  3.3.3.3 Psychomotorische und psychosensorische Übungen ... 97
### 3.3.4 Integrierte psychologische Interventionen ... 99
  3.3.4.1 Verhaltenstherapeutische Techniken ... 99
  3.3.4.2 Situative Interventionen ... 99

3.4 Interventionen in der Kontrollgruppe .................................................................. 100

3.5 Design ................................................................................................................. 100

3.6 Ablauf ................................................................................................................. 101

    3.6.1 Entwicklung und Erprobung des TMI-Programms ........................................ 101
        3.6.1.1 Durchführung und Evaluation der Probephase ..................................... 101
        3.6.1.2 Ergebnisse der Evaluation ...................................................................... 102
    3.6.2 Durchführung und Rahmenbedingungen ....................................................... 103

3.7 Datenauswertung ................................................................................................ 104

4. Ergebnisse ............................................................................................................. 105

4.1 Ergebnisse der quantitativen Untersuchungsinstrumente ................................... 105

    4.1.1 Neuropsychiatrische Symptome ..................................................................... 105
        4.1.1.1 Übersicht ................................................................................................. 105
        4.1.1.2 Statistische Auswertung ......................................................................... 107
    4.1.2 Sozial-emotionale Kommunikation und Aktivität .......................................... 109
        4.1.2.1 Übersicht ................................................................................................. 110
        4.1.2.2 Statistische Auswertung ......................................................................... 111
    4.1.3 Kognitives Funktionsniveau ........................................................................... 112
        4.1.3.1 Übersicht ................................................................................................. 112
        4.1.3.2 Statistische Auswertung ......................................................................... 114
    4.1.4 Schweregrad ................................................................................................... 115
        4.1.4.1 Übersicht ................................................................................................. 115
        4.1.4.2 Statistische Auswertung ......................................................................... 116

4.2 Ergebnisse der qualitativen Outcome-Instrumente ............................................. 116

    4.2.1 Verhaltensbeobachtung während der Sitzungen ............................................. 116
    4.2.2 Akzeptanz und Beurteilung der Intervention durch Fachkräfte ..................... 117
    4.2.3 Akzeptanz und Beurteilung der Intervention durch die Patienten ................. 118

5. Diskussion ............................................................................................................. 120

5.1 Diskussion der Ergebnisse .................................................................................. 120

5.2 Diskussion methodischer Aspekte ...................................................................... 128

5.3 Fazit .................................................................................................................... 131

6. Literaturverzeichnis ............................................................................................... 135

7. Verzeichnis der Tabellen und Abbildungen .......................................................... 148

7.1 Tabellenverzeichnis ............................................................................................ 148

7.2 Abbildungsverzeichnis ....................................................................................... 149

8. Anhänge ................................................................................................................. 150

# 0. Zusammenfassung

**Theoretischer Hintergrund und Fragestellung:** Gegenstand der vorliegenden Arbeit ist die Entwicklung und Evaluation eines aus mehreren Komponenten bestehenden psychologischen Interventionsprogramms für Patienten mit leichter und mittlerer Demenz. Hauptkomponenten des Programms *TEACCH-basierte Musikpsychologische Interventionen (TMI)* sind (1) Auf den Demenzbereich übertragene TEACCH-basierte antezedente Interventionen (TEACCH = Treatment and Education of Autistic and related Communication handicapped Children) (2) Musikpsychologische Therapie und (3) Kognitive Interventionen. Es sollte innerhalb einer kontrollierten Studie überprüft werden, ob sich das Interventionsprogramm günstig auf neuropsychiatrische Symptome, den Bereich sozial-emotionaler Kommunikation und Aktivität sowie auf kognitive Funktionen von Demenzpatienten auswirkt.

**Methode:** 49 Patienten waren in die innerhalb eines Zwei-Gruppen-Designs (Prä-Post) durchgeführte Studie involviert, es wurde eine Parallelisierung hinsichtlich demographischer und diagnostischer Merkmale vorgenommen. Die Patienten der Experimentalgruppe (n= 26) nahmen über einen Zeitraum von sechs Monaten einmal wöchentlich am TMI-Programm teil, die Patienten der Kontrollgruppe (n= 23) erhielten dem Krankheitsbild angepasste unspezifische, ergotherapeutisch orientierte Interventionen. Als quantitative Auswertungsverfahren wurden Mittelwertsvergleiche durch T-Tests, effektstärkenstatistische Berechnungen sowie eine zweifaktorielle Varianzanalyse mit Messwiederholung auf dem Faktor *Zeitverlauf* eingesetzt ($\alpha = 0.05$). Zur Überprüfung der Akzeptanz des Programms durch Fachkräfte und Patienten wurden qualitativ ausgewertete, halbstrukturierte Interviews durchgeführt.

**Ergebnisse:** Das Interventionsprogramm wurde von Fachkräften und Patienten positiv bewertet. Nach dem Untersuchungszeitraum zeigten sich in der Experimentalgruppe deutliche, teils signifikante Verbesserungen der gesamten neuropsychiatrischen Symptomatik relativ zur Kontrollgruppe, insbesondere in den Bereichen Angstsymptomatik, Agitation, Aggressivität, Apathie und Irritabilität. Weiterhin waren größtenteils signifikante positive Effekte in den Bereichen soziale Kommunikation, Ausdruck von Emotionen und Aktivität feststellbar. Das kognitive Funktionsniveau verschlechterte sich in beiden Gruppen erwartungsgemäß, wobei sich in einzelnen Bereichen Vorteile für die Experimentalgruppe im Vergleich zur Kontrollgruppe manifestierten.

**Fazit:** Das TMI-Programm eignet sich zur Reduktion neuropsychiatrischer Symptome und somit zur Steigerung des psychischen Wohlbefindens bei Patienten mit leichter bis mittlerer Demenz, weiterhin kann es eine Verbesserung kommunikativer Kompetenz und des Ausdrucks von Emotionen bewirken sowie zum Aufbau positiver Aktivitäten beitragen.

# 1. Theoretischer Hintergrund

## 1.1 Dementielle Erkrankungen-ein Überblick

Mit der exponentiellen Zunahme der Häufigkeit dementieller Erkrankungen ab dem 65. Lebensjahr (Bickel, 2005) ist das Thema *Demenz* in den letzten zehn Jahren zunehmend in das Bewusstsein der Gesellschaft und der klinischen Forschung gerückt. Leitsymptome einer Demenz sind fortschreitende kognitive Funktionseinbußen in den Bereichen Gedächtnis, Orientierung, Sprache, Aufmerksamkeit und Urteilskraft, behaviorale und psychopathologische Symptome sowie Beeinträchtigungen der Alltagsfähigkeiten und der Persönlichkeit (Adler, Frölich, Gertz, Hampel & Haupt, 1999).

In den gängigen Klassifikationssystemen ICD-10 (WHO, 1989) und DSM-IV (Saß, Wittchen & Zaudig, 2003) wird zwischen leichter, mittlerer und schwerer Demenz unterschieden. Die häufigsten Demenzformen sind die Alzheimer-Demenz, die vaskulären Demenzen und gemischte Demenzen (Frölich, Kratzsch, Ihl & Förstl, 2000). Die bisher bekannten neurobiologischen Korrelate der Symptomatik dienen zwar teilweise als Grundlage pharmakologischer Interventionen, sind jedoch für die Entwicklung eines ätiopathogenetischen Modells nicht ausreichend (Förstl, 2006).

Da die Ursachen dementieller Erkrankungen immer noch weitgehend unbekannt sind, stehen bisher lediglich symptomatische Therapien zur Verfügung. Eine Reihe von pharmakologischen und nicht-pharmakologischen Behandlungsmöglichkeiten kann die Symptomatik verbessern, die Symptomprogression verlangsamen, behaviorale und psychopathologische Symptome lindern, den Umgang mit einer Demenz für Betroffene und Pflegende erleichtern und deren Lebensqualität verbessern. Obwohl auf der Grundlage des Wissensstandes über die Alzheimer-Demenz die Effektivität psychologischer Interventionen im Sinne einer möglichen Einflussnahme auf den Zeitpunkt der Manifestation bzw. der Progression der Erkrankung stark in Frage gestellt wurde, können psychologische Interventionen – alternativ oder ergänzend zu pharmakologischen Behandlungen – trotz der typischen neuronalen Degeneration einen zentralen Stellenwert in frühen (Plattner & Ehrhardt, 2002) sowie auch in späteren Krankheitsstadien (Woods, 2002) einnehmen.

Neben kognitiven Symptomen finden sich vor allem neuropsychiatrische, d.h. behaviorale und psychopathologische Symptome einer Demenz als potentielle Zielsymptome. Die häufigsten dieser Symptome sind Depressivität, Angstsymptome, Symptome aus dem psychotischen Spektrum, Agitation und Aggressivität, Störungen des Schlaf-Wachrhythmus und Apathie (Lyketsos et al., 2002; Calabrese & Förstl, 2006). Diese in unterschiedlicher Häufigkeit auftretenden, nicht gedächtnisassoziierten Symptome verursachen oftmals mehr subjektiven Leidensdruck als kognitive Defizite und sind im Gegensatz zu diesen häufig besser behandelbar.

Dementielle Erkrankungen stellen für die Betroffenen und deren Angehörige eine große psychische Belastung und Herausforderung dar, woraus sich die Notwendigkeit intensiver Forschungsbemühungen ergibt. Ziel psychologischer Therapien sollte die maximale Reduktion kognitiver und emotionaler Störungen sowie damit einhergehender psychosozialer Beeinträchtigungen und Aktivitätseinschränkungen sein. Es sollte angestrebt werden, den Patienten ein möglichst hohes Funktionsniveau im Alltag und ein Maximum an Lebensqualität zu ermöglichen. Innerhalb der Vielzahl psychologischer Interventionsmethoden zeigt sich nach neueren Forschungsergebnissen neben der hohen Wirksamkeit kognitiv-verhaltenstherapeutischer und psychoedukativer Interventionen die Effektivität von Musiktherapie und kognitiver Stimulation in Gruppenprogrammen. Zunehmende Evidenz zeigt sich für die Bedeutung einer milieutherapeutischen Umweltgestaltung. Die Ergebnisse weisen auf die dringende Notwendigkeit der Entwicklung und Evaluation psychologischer Therapiekonzepte hin (Fischer-Terworth, Probst, Glanzmann & Knorr, 2009).

### 1.1.1 Definition und Klassifikation

Zusammenfassend kann eine Demenz als ein Symptommuster charakterisiert werden, welches sich in kognitiven Funktionseinbußen, emotionalen und motivationalen Veränderungen, neuropsychiatrischen Symptomen und eingeschränkten Alltagsfähigkeiten manifestiert und einen progredienten Krankheitsverlauf aufweist (Adler et al., 1999; Köhler, 1999; Füsgen, 2001). Der Begriff *Demenz* ist sprachhistorisch vom lateinischen Wort *dementia* herleitbar, was in etwa gleichbedeutend mit dem Wort Unvernunft ist. Bereits im Altertum hatte der römische Redner und Satiriker Decimus Junius Juvenalis (ca. 60-140 v. Chr.) die Symptome eines dementiellen Prozesses beschrieben:

Aber noch schlimmer als sämtliche Gliedergebrechen ist die Demenz, bei der man selbst die [...] Miene des Freundes nicht mehr erkennt [...] nicht mehr die Kinder [...] die man erzogen.

Auch in Fachkreisen herrscht bis heute zuweilen ein uneinheitlicher, dem medizinischen Sachverhalt nicht gerecht werdender Sprachgebrauch, wobei noch immer nicht mehr aktuelle und unpräzise Termini wie *Hirnorganisches Psychosyndrom, Senile Demenz, Altersdemenz* oder *Zerebrale Insuffizienz* verwendet werden (Füsgen, 2001, p. 21).
Nach der Definition von Bergener und Vollhardt (1995) versteht man unter einer Demenz verschiedene, vornehmlich im späteren Lebensalter erworbene, irreversible Beeinträchtigungen zerebraler Funktionen, die mit Intelligenzdefekten und Gedächtnisstörungen einhergehen und dabei ein Ausmaß erreichen, welches eine selbstständige Lebensführung zunehmend unmöglich macht. Auch diese Definition wird dem heutigen klinischen Sprachgebrauch aus mehreren Gründen nicht mehr gerecht. So können z.B. Teilaspekte einer Demenz reversibel sein, z.B. wenn die Symptome durch behandelbare Erkrankungen verursacht sind. Ferner

können bestimmte Formen der Alzheimer-Demenz oder auch die fronto-temporale Demenz weitaus früher beginnen als im Alter, zudem haben neuropsychiatrische Symptome innerhalb des klinischen Bildes neben kognitiven Defekten eine entscheidende Bedeutung. Der Begriff *Demenz* bezeichnet einen neurologisch-psychopathologisch definierten Symptomkomplex, der erst nach Zuordnung zu einer Ätiologie zu einer klinischen Diagnose wird. Vor Zuordnung zu einer entsprechenden Ätiologie spricht man von einem dementiellen Syndrom. Orientiert an der recht treffenden Definition von Köhler (1999) bezeichnet man als Demenzen Erkrankungen, bei denen ein dementielles Syndrom das klinische Bild wesentlich mitbestimmt. Diese Erkrankungen können primär neurologische Erkrankungen sein, bei denen das dementielle Syndrom im Vergleich zu motorischen Einschränkungen eher im Hintergrund ist. Hierzu gehören Infektionskrankheiten wie AIDS, wo zur Immunschwäche kognitive Störungen hinzutreten, die Chorea Huntington oder auch Morbus Parkinson. Schließlich stellt bei Störungsbildern wie Morbus Pick oder der Alzheimer-Erkrankung das dementielle Syndrom die auffälligste, wenn nicht die einzige Störung dar (p. 16). Je nach diagnostischem Klassifikationssystem finden sich weite oder engere definitorische Umschreibungen des dementiellen Syndroms. Am häufigsten werden die Kriterien der gängigen Klassifikationssysteme ICD-10 und DSM-IV herangezogen.

### 1.1.2 Epidemiologie

Die epidemiologische Forschung untersucht Inzidenz, Prävalenz und Verteilung von Erkrankungen in bestimmten Bevölkerungsgruppen. Bei der exakten Erfassung dementieller Erkrankungen ergeben sich nach Füsgen (2001) diverse methodische Probleme bei der Fallidentifikation. Diese beziehen sich auf die Art des diagnostischen Vorgehens sowie auf die Definition der Population, wobei der Anteil dementiell Erkrankter natürlicherweise in geriatrischen Kliniken oder Seniorenheimen höher ist als in einer umschriebenen Region, in der gesunde und kranke ältere Menschen im häuslichen Umfeld leben (pp. 24).

Zusammenfassend kann festgestellt werden, dass alle Studien unabhängig von der beträchtlichen Streuung in der Höhe der Gesamtraten eine annähernd exponentielle Zunahme der altersspezifischen Prävalenzraten zeigen (Bickel, 2005). Nach den Schätzungen von Jorm und Jolley (1998) verdoppelt sich die Prävalenz der Demenzen in konstanten Abständen von jeweils 5,1 Jahren. Bei einer Prävalenz von 1,4 % bei den 65 bis 69-Jährigen erhöht sich die Rate bei den 80-84-Jährigen auf 13%, bei den 85 bis 90-Jährigen auf 21,6 % und in der Altersgruppe über 90 Jahre auf 32,2 %. Die Inzidenz für die Alzheimer-Demenz bei älteren Menschen wird auf 2-4 % geschätzt (Köhler, 1999).

Aufgrund der demographischen Entwicklung, die durch eine überproportionale Zunahme hochbetagter Menschen gekennzeichnet ist, wird in den nächsten Jahrzehnten mit einer massiv ansteigenden Zahl der Demenzkranken zu rechnen sein. Nach vorliegenden Metaanalysen gibt es in der altersspezifischen Inzidenz zumindest keine signifikanten Geschlechtsunterschiede, wobei einige Arbeiten von einer höheren Inzidenz der Alzheimer-Demenz bei Frauen berichten, was sich insbesondere auf die Form mit frühem Beginn bezieht (Jorm & Jolley, 1998). Männer hingegen sind etwas häufiger von vaskulären und sonstigen Demenzformen betroffen (Köhler, 1999).

Hinsichtlich des Bildungsniveaus von Demenzpatienten wurde in epidemiologischen Studien beobachtet, dass Personen mit einem höheren Ausbildungsniveau eine geringere Prävalenz- und Inzidenzrate aufweisen (Gauggel & Böcker, 2004). Beispielsweise fanden Ott et al. (1995) in einer prospektiven Studie zur Entwicklung dementieller Erkrankungen bei 7528 untersuchten Personen im Alter zwischen 55 und 106 Jahren eine Prävalenzrate von 6,3 %, wobei das relative Erkrankungsrisiko mit steigendem Ausbildungsniveau abnahm (zit. n. Gauggel & Böcker, 2004).

Die vorliegenden Ergebnisse (vgl. Füsgen, 2001) weisen darauf hin, dass 7-14% der über 90-jährigen, deren Anzahl derzeit rasch zunimmt, pro Jahr an einer Demenz erkrankt, wobei alle europäischen Länder gleichermaßen betroffen sind (vgl. Füsgen, 2001). Unter den Neuerkrankungen überwiegt wie unter den prävalenten Fällen die Alzheimer-Demenz, die mit steigendem Alter bei Krankheitsbeginn immer stärker gegenüber anderen Demenzen hervortritt. Die Alzheimer-Demenz ist nach Untersuchungen auf verschiedenen Kontinenten mit Werten zwischen 50 und 70% die häufigste Demenzform und gegenüber den vaskulären Demenzen (25-35%) führend, wobei der Anteil in Asien mit 48 % im Vergleich zu den USA (71 %) erheblich kleiner ist, in Europa beträgt die Prävalenz etwa 60 % (Fratiglioni, 1998). Die Regel stellt auch bei der Alzheimer-Demenz ein Erkrankungsbeginn nach dem 65. Lebensjahr dar, während eine Erstmanifestation vor dem 50. Lebensjahr weitaus seltener vorzufinden ist. Bei Beginn nach dem 65. Lebensjahr sind mindestens 50% der dementiellen Erkrankungen auf die Alzheimer-Erkrankung zurückzuführen, bei weiteren 15% liegt eine Kombination aus Alzheimer-Demenz und vaskulärer Demenz vor (Köhler, 1999). Bei hochbetagten Patienten hingegen handelt es sich noch häufiger um gemischte Demenzen, d.h. um Mischbilder aus vaskulärer, Alzheimer-und sonstigen degenerativen Demenzen (Füsgen, 2001).

### 1.1.3 Demenzformen

Während in der Fachliteratur mindestens 100 verschiedene zu einer Demenz führende Erkrankungen genannt werden, liegt bei 80-90% der Demenzen mit spätem Beginn eine degenerative Demenz vom Alzheimer-Typ, eine vaskuläre Demenz oder eine Mischform aus beiden vor (vgl. Fratiglioni, 1998). Mit der Alzheimer-Demenz als Modellform der Demenz beschäftigt sich Abschnitt 1.1.4. der vorliegenden Arbeit.

Die Unterscheidung zwischen der Alzheimer-Demenz und den vaskulären Demenzen erscheint mit steigendem Alter zunehmend fragwürdig, da es häufig zu Überlappungen der Krankheitsprozesse kommt und sich das bei der durch Multimorbidität gekennzeichneten Altersgruppe charakterisierte Krankheitsgeschehen durch neuropathologische Klassifikationskriterien kaum erfassen lässt (Förstl, 2006). Hinzu kommt, dass in den meisten Fällen einer mittleren Demenz der Aufwand einer Bild gebenden Untersuchung für den Patienten in keinem Verhältnis zu dem diagnostischen Mehrwert geschweige denn zu den therapeutischen Implikationen steht (Wolter, 2007b). Aus diesem Grunde erscheint in vielen Fällen die diagnostische Klassifikation *Demenz vom Alzheimer-Typ, atypische oder gemischte Form* (ICD-10 F 00.2) für die klinische Praxis angemessen.

### 1.1.3.1 Vaskuläre Demenzen

Unter der Bezeichnung *Vaskuläre Demenzen* werden dementielle Syndrome zusammengefasst, die durch verschiedene vaskuläre Faktoren bedingt sind. Vaskuläre Demenzen sind in Europa die zweithäufigste Ursache einer Demenz, wobei Erkrankungen der kleinen Blutgefäße und mehrere kleine, sich addierende Infarkte (je 40%) in 80% der Fälle ein dementielles Syndrom auslösen und Einzelinfarkte eine eher seltene Ursache sind (Hüll & Bauer, 1997). Das Demenzrisiko wird durch einen vorausgehenden ischämischen Infarkt um 70% gesteigert und durch mehrere Infarkte in etwa verdoppelt (Förstl, 2006, p. 281).

Ein oftmals abrupter Beginn, eine mehr schrittweise als kontinuierliche Verschlechterung, im Frühstadium vorhandene fokal-neurologische Ausfälle, ein fluktuierender Verlauf sowie das oftmals deutlich längere Erhalten bleiben einiger kognitiver Funktionen kennzeichnen in der Regel das klinische Bild (Köhler, 1999; Füsgen, 2001, pp. 46). Dabei werden die genannten Charakteristika zur Abgrenzung der vaskulären Demenz von der Alzheimer-Demenz als wichtigste Anhaltspunkte für den ersten Typ angesehen, weiter sprechen der Nachweis einer Hypertonie bzw. eines Diabetes mellitus eher für eine vaskuläre Demenz (Köhler, 1999). Verläufe mit schleichendem Beginn ohne stark fluktuierende Symptomatik können allerdings die differentialdiagnostische Abgrenzung zur Alzheimer-Demenz und gemischten Formen schwierig machen. Vaskulär bedingte dementielle Syndrome lassen sich in drei größere Kategorien einteilen (Hüll & Bauer, 1997).

**(1) Subkortikal vaskuläre Encephalopathien**

Bei dieser Erkrankung der kleinen Blutgefäße *(Morbus Binswanger)* finden sich ein schleichender Verlauf und eine frühe Persönlichkeitsveränderung, die sich meist im Sinne einer gewissen behavioralen Enthemmung und einen Verlust der Impulskontrolle äußert. Es kommt häufig zu einer überschießend emotionalen Mimik und plötzlich auftretenden weinerlichen Affekten, die nicht unbedingt als Zeichen einer depressiven Symptomatik zu werten sind. Neben der genannten Affektinkontinenz findet sich häufig eine früh auftretende Harninkontinenz, im Verlauf kommen motorische Auffälligkeiten wie ein kleinschrittiger Gang hinzu.

**(2) Multiinfarkt-Demenz**

Die häufig noch statt dem Terminus vaskuläre Demenz verwendete Bezeichnung Multiinfarkt-Demenz bildet nach der heutigen Definition im ICD-10 eine Subgruppe der vaskulären

Demenzen. Sie ist nach Köhler (1999) für den Komplex der vaskulären Demenzen recht repräsentativ, „als die typischen, dem vaskulär bedingten dementiellen Syndrom zugrunde liegenden zerebralen Veränderungen kleine, sich in ihrer Wirkung kumulierende Infarkte sind" (p. 23). Dieses Modell sieht die Ursache für ein dementielles Syndrom im Auftreten vieler, sich mit der Zeit addierender ischämischer Gewebedefekte. Zwei Drittel der Patienten kommen nicht wegen eines abrupt einsetzenden Infarktgeschehens, sondern wegen der kontinuierlichen dementiellen Symptomatik in ärztliche Behandlung.

**(3) Strategische Einzelinfarkte**
Bei strategischen Einzelinfarkten können die Infarktareale jeweils nur sehr klein sein, als besonders kritisch gelten Thalamusinfarkte. Nach linkshemisphärischen Infarkten entwickelt sich häufiger eine Demenz. Beim Vorliegen vaskulärer Risikofaktoren wie Hypertonie, Diabetes mellitus oder Herzrhythmusstörungen sollte eine Magnet-Resonanz-Tomographie (MRT) durchgeführt werden, da sich mit Hilfe dieses Verfahrens unerkannte strategische Einzelinfarkte nachweisen lassen (vgl. Hüll & Bauer, 1997; Füsgen, 2001).

### 1.1.3.2 Fronto-temporale Demenzen

*Fronto-temporale Demenzen* (Füsgen, 2001, pp. 44) stellen die bei jüngeren Patienten nach der Alzheimer-Krankheit die zweithäufigste degenerative Demenzform dar. Bei der der Frontallappendegeneration *(Morbus Pick)* in den klinischen Symptomen identischen, 1892 von Arnold Pick beschriebenen fronto-temporalen Atrophie bei Demenzpatienten findet sich makroskopisch eine Atrophie des Frontalhirns, während bei der Pick-Krankheit das Frontalhirn unauffällig sein kann (Förstl, 2006, pp. 267).
Im Anfangsstadium können die kognitiven Defizite denen bei Patienten mit vaskulären und Alzheimer-Demenzen ähnlich sein. Es zeigen sich ein schleichender Beginn und eine ständige Verschlechterung der Symptome (vgl. ICD-10). Unterschiede finden sich v.a. in der Ausprägung psychopathologischer und behavioraler Symptome, die bei den fronto-temporalen Demenzen stärker ist. Wie auch bei der Alzheimer-Demenz findet bei der fronto-temporalen Demenz eine teilweise Überlappung der Symptomatik mit depressiven Störungen statt, wenn diese mit kognitiven Störungen einhergehen (Füsgen, 2001). Weiterhin kommt es bei beiden Krankheitsbildern zu Antriebsstörungen mit psychomotorischer Unruhe einerseits und/oder Apathie andererseits (vgl. ICD-10). Typische neuropsychiatrische Symptome für die fronto-temporale Demenz sind emotionale Abstumpfung, eine Vergröberung des Sozialverhaltens, Impulsivität, Selbstüberschätzung, Enthemmung, Sprachverarmung mit stehenden Redensarten (vgl. Füsgen, 2001) und Zwangssymptome (Nyatsantza et al., 2003).

### 1.1.3.3 Lewy-Körperchen-Demenz

Die meisten Befunde der aktuellen Forschungslage sprechen dafür, dass es sich bei der sog. *Lewy-Körperchen-Demenz* um einen Ausschnitt aus dem Spektrum zwischen *Alzheimer-Demenz* einerseits und *Demenz bei Morbus Parkinson* handelt (Füsgen, 2001, pp. 43). Die Abgrenzung der Lewy-Körperchen-Demenz von der Demenz bei Morbus Parkinson und der Alzheimer-Demenz ist unscharf und wird kontrovers diskutiert, wobei auch die Pathogenese der Parkinson-Demenz nicht geklärt ist (Köhler, 1999). Die Parkinson-Erkrankung ist durch das Auftreten so genannter Lewy-Körperchen in der Substantia nigra und weiteren subkortikal oder im Hirnstamm gelegenen Kerngebieten gekennzeichnet. Lewy-Körperchen sind sog. eosinophile Einschlusskörper, die immunologisch auf die Substanz Ubiquitin reagieren und sich bei ca. 7-20% aller Demenzpatienten im Kortex nachweisen lassen (Meins, 1999). Auch bei der Lewy-Körperchen-Demenz findet sich ein progredienter kognitiver Abbau, wobei ein fluktuierendes kognitives Funktionsniveau mit ausgeprägten Aufmerksamkeits-und Vigilanzstörungen häufiger vorkommt. Zwei weitere Merkmale, die bei knapp 50% aller Lewy-Körperchen-Demenzen auftreten, sprechen für diese Demenzform:
(1) Detailliert geschilderte optische Halluzinationen, zuweilen auch systematisierter Wahn und andere Halluzinationen (2) Spontane motorische Parkinson-Symptome, häufig begleitet von wiederholten Stürzen.
Auch wenn die Sensitivität der beschriebenen Merkmale eingeschränkt ist, eignen sich diese Kriterien trotz mangelnder Spezifität recht gut als Unterscheidungsmerkmale zur Alzheimer-Demenz, während sich eine stärkere Fluktuation der kognitiven Symptome auch bei anderen Demenzformen findet. Die Entwicklung psychotischer Symptome gleichzeitig mit Parkinson-Kennzeichen sowie eine Neuroleptika-Hypersensitivität sprechen zum einen für die Bedeutung eines Ungleichgewichts im dopaminergen System und dienen gleichzeitig als Diagnose stützende Kriterien. Die Entwicklung einer Demenz innerhalb von zwölf Monaten nach Beginn der typischen Parkinson-Symptome Rigidität und Bradykinese spricht ebenso für eine Lewy-Körperchen-Demenz, während bei einem längeren Zeitraum für die Symptomentwicklung eher von einer Parkinson-Demenz ausgegangen werden kann (vgl. Füsgen, 2001).

### 1.1.3.4 Seltenere Demenzformen

Neben den häufigeren Demenzursachen gibt es zahlreiche seltenere Erkrankungen, die zu einer Demenz führen können (vgl. Köhler, 1999; Füsgen, 2001), wobei von diesen hier nur einige genannt werden können. Hierzu gehören Multisystematrophien, die Creutzfeld-Jakob-Erkrankung, Chorea Huntington, HIV (AIDS), Epilepsie, Neurosyphilis, Epilepsie, Multiple Sklerose (MS), Infektionen des Zentralen Nervensystems sowie Schädel-Hirn-Traumata. Weiterhin kann sich als Folge chronischen Alkoholmissbrauchs ein dementielles Syndrom einstellen (*Korsakoff-Syndrom*), wobei ähnliche Phänomene analog für den Tranquilizer-Abusus diskutiert werden.

Bei der Creutzfeld-Jakob-Erkrankung ist der Verlauf des dementiellen Syndroms bei ausgeprägter neurologischer Symptomatik rasch progredient, bei der Chorea Huntington geht es mit ausgeprägt extrapyramidal-hyperkinetischer Symptomatik einher, wobei das veränderte, mit der Huntington-Krankheit assoziierte Gen nachweisbar ist. Das Symptombild der HIV-Demenz ist wenig einheitlich beschrieben (Köhler, 1999; Füsgen, 2001). Auch reversible neuropsychologische Leistungsminderungen werden bei Bestehen der Defizite über einen Zeitraum von sechs Monaten als Demenzen bezeichnet, wobei sich dementielle Symptome bei ca. 10% aller Patienten auf eine behandelbare Ursache zurückführen lassen. Zu diesen sog. sekundären, reversiblen Demenzen gehören dementielle Syndrome bei zahlreichen internistischen und neurologischen Erkrankungen wie Stoffwechselerkrankungen, Hirntumoren oder chronischem Alkoholismus (Füsgen, 2001, pp. 38).

### 1.1.4 Die Alzheimer-Demenz als modellhafte Demenzform

#### 1.1.4.1 Symptomatik und Verlauf

Die Alzheimer-Demenz, nach ICD-10 eine primär degenerative zerebrale Erkrankung mit unbekannter Ätiologie und charakteristischen neuropathologischen und neurochemischen Merkmalen (vgl. Köhler, 1999), wird diagnostisch als *modellhafte Demenzerkrankung* betrachtet. Die sog. senilen Plaques als Korrelat der kognitiven Defizite der Erkrankung waren bereits zehn Jahre vor der Erstbeschreibung einer senilen Demenz durch den deutschen Neurologen Alois Alzheimer im Jahre 1898 bekannt (Förstl, 2006). Die Ausführungen des vorliegenden Abschnittes gelten aufgrund der häufigen Überlappungen auch für Alzheimer-Demenzen vom gemischten Typ, d.h. wenn eine Alzheimer-Demenz mit vaskulären Anteilen, solchen einer Lewy-Körperchen-Demenz oder sonstigen Demenzen als Mischform auftritt.

Klinisch kennzeichnend sind ein schleichender, oft unbemerkter Beginn der Symptomatik sowie ein im Ganzen gleichförmiger Verlauf mit nur leichten Schwankungen (Füsgen, 2001, pp. 40), der sich von der häufig stufenförmigen Progredienz der vaskulären Demenz unterscheidet. Anders als bei der vaskulären Demenz finden sich weder ein plötzlicher apoplektischer Beginn noch neurologische Herdzeichen wie halbseitige Lähmungen oder Gesichtsfeldausfälle in der Frühphase (Köhler, 1999).

Innerhalb eines graduellen Prozesses, bei dem sich der genaue Krankheitsbeginn im Nachhinein schwer feststellen lässt (Füsgen, 2001), stehen zu Beginn unspezifische, manchmal über Jahre hinweg bestehender Prodromalsymptome wie Kopfschmerzen, Müdigkeit, Konzentrationsstörungen und Schwindel im Vordergrund.

**(1) Kognitive und mnestische Störungen**
Als erste wahrnehmbare Symptome stellen sich im Anschluss Störungen der kognitiven Leistungsfähigkeit wie Gedächtnis-, Orientierungs-, Wortfindungs-und andere Sprachstörungen

ein. Im Verlauf zeigt sich eine Zunahme der kognitiven Symptome in Anzahl und Intensität, wobei sich die Progression verlangsamen oder beschleunigen kann (Ihl, 1999). Sie kann bei anscheinend stabiler Symptomatik während der ersten beiden Jahre gering sein, während die folgenden neuropsychologischen Beeinträchtigungen, auch als kognitive Funktionseinbußen bezeichnet, im weiteren Verlauf in den Vordergrund des klinischen Bildes treten:

(1) *Mnestische Störungen* fallen als Störungen der Merkfähigkeit und des Kurzzeitgedächtnisses auf. Neu erworbenes Wissen wird schlecht eingeprägt und schnell wieder vergessen.

(2) *Orientierungsstörungen* manifestieren sich in eingeschränkter Orientierung zu Zeit und/oder zum Ort, später auch zur Situation und zur eigenen Person. Die Patienten haben häufig keine Kenntnis von Jahr, Monat, Wochentag und/oder dem Land bzw. der Stadt, wo sie sich befinden. Sie können häufig die jeweilige Situation nicht einschätzen und keine adäquaten Handlungsschemata ableiten. Schließlich geht in späteren Krankheitsstadien bei Desorientierung zur Person häufig die Kenntnis der eigenen Identität verloren.

(3) Das *Nachlassen des Denkvermögens* äußert sich in einer abnehmenden Fähigkeit zur schnellen Verarbeitung neuer Informationen sowie zum zielgerichteten Schlussfolgern. Weiter kommt es häufig zu formalen Denkstörungen wie Denkverlangsamung und Gedankenabreißen, in späteren Stadien auch zu Vorbeireden, Perseveration, gedanklicher Zerfahrenheit und Konfabulationstendenz.

(4) Im Rahmen einer *Apraxie* kommt es bei Einschränkung der exekutiven Funktionen zunehmend zu einer Unfähigkeit, Handlungen zu planen und auszuführen. Aufgrund der nachlassenden Fähigkeit zum gezielten Durchführen von Handlungsabläufen ist es oftmals nur noch eingeschränkt möglich, Alltagstätigkeiten auszuführen oder häusliche Arbeit zu verrichten. Weiter kommt es aufgrund von Gedächtnisdefiziten zur Fragmentierung von Handlungen. Einschränkungen der visuo-konstruktiven Fähigkeiten zeigen sich häufig beim Schreiben oder Abzeichnen von Figuren.

(5) Eine *Agnosie* besteht in der Unfähigkeit Gebrauchsgegenstände bei intaktem Sehvermögen zu erkennen und entsprechend ihrem Zweck anzuwenden. Auch kann sich die Agnosie auf die Verkennung bekannter Gesichter beziehen.

(6) *Aphasische Störungen* treten zunächst als eine durch Wortfindungsstörungen charakterisierte amnestische Aphasie auf, wobei sich die Patienten typischerweise mit Umschreibungen helfen. Im weiteren Verlauf kommt es oftmals zu einer progredienten Verarmung der Spontansprache.

(7) Weiter kommt es fast immer zu Konzentrations-und Aufmerksamkeitsstörungen, Auffassungsstörungen sowie zu Einschränkungen der räumlichen Wahrnehmung (vgl. Füsgen, 2001; Förstl, 2006, pp. 55).

Bei Krankheitsbeginn vor dem 65. Lebensjahr, der nach ICD-10 als solche bezeichneten *Demenz bei Alzheimer-Krankheit mit frühem Beginn* (auch Alzheimer-Krankheit Typ 2 oder präsenile Demenz vom Alzheimer-Typ genannt) kommt es zumeist zu einer rascheren Progredienz als bei der *Demenz bei Alzheimer-Krankheit mit spätem Beginn* (früher senile Demenz vom Alzheimer-Typ genannt). Während sich Apraxie und Aphasie bei frühem Beginn schneller einstellen, stehen bei spätem Beginn Gedächtnisstörungen zumeist im Vordergrund. Die mittlere Verlaufsdauer wird mit acht bis zehn Jahren angegeben (Köhler, 1999), wobei von einer größeren Schwankungsbreite ausgegangen werden sollte.

**(2) Nicht-kognitive Symptome**
(a) Die graduelle oder plötzlich einsetzende Verschlechterung kommunikativ-interaktiver Kompetenz ist ein mit den genannten kognitiven Funktionseinbußen assoziiertes Symptom bei dementiellen Erkrankungen (Murphy, Gray & Cox, 2007), welches großen Leidensdruck bei Patienten und Angehörigen verursacht. Mit zunehmendem Fortschreiten der Erkrankung wird der betroffene Mensch innerhalb sozialer Interaktion als Person immer schwerer zu erreichen, wodurch es schwieriger wird seine Perspektive und Wünsche zu erfassen und ihn in Entscheidungsprozesse zu involvieren. Das mit mnestischen Defiziten sowie agnostischen und aphasischen Störungen einhergehende Nachlassen kommunikativ-interaktiver Fähigkeiten schließt neben bei beginnender Demenz auftretenden Wortfindungsstörungen ein zunehmend reduziertes Vokabular und in späteren Stadien häufig eine zerfahrene Sprache und mangelnde gedankliche Kohärenz mit ein. Zudem kommt es zur zwanghaften, stereotyp-repetitiven Äußerung von Gedanken und Fragen, zu Schwierigkeiten stringent ein Thema zu verfolgen und zunehmender Ablenkbarkeit (Murphy et al., 2007).
(b) Hinzu kommt es zumeist auf affektiv-emotionaler Ebene zu Veränderungen. Diese manifestieren sich entweder in einer Hyperemotionalität, die zunehmende Empfindsamkeit, Euphorie, Enthemmung oder ungefilterten Affekten (Weinen, Gefühlsausbrüche) mit einschließen kann. Auch kann es im Gegenteil zu nachlassender emotionaler Responsivität mit Affektverflachung kommen, die zu einer Abnahme der emotionalen Ausdrucksfähigkeit führt. So kommt es zumeist zu einer nachlassenden Fähigkeit zur Emotionsregulation.
(c) Neuropsychiatrische Symptome bzw. psychopathologische und behaviorale Symptome, die bei allen Demenzen zu den wichtigsten Symptomclustern gehören, werden in Abschnitt 1.1.5 eingehend behandelt.

### 1.1.4.2 Krankheitsstadien
Bei allen Demenzen werden nach ICD-10 und DSM-IV drei Krankheitsstadien unterschieden, die i.d.R. fließend ineinander übergehen. Besonders charakteristisch treten diese Stadien beim graduellen Verlauf der Alzheimer-Demenz zu Tage. Aufgrund der fließenden Übergänge wird entsprechend auch von *beginnender Demenz*, d.h. einem Übergangsstadium von leichter kognitiver Beeinträchtigung zu leichter Demenz, *leichter bis mittlerer Demenz* und *mittlerer bis schwerer Demenz* gesprochen. Eine solche, verschiedene Übergangsstadien mit einschließende Klassifizierung findet sich in Inventaren wie der Global Deterioration Scale nach Reisberg

et al. (1982), eine klassische Dreiteilung wird bei der Einteilung des Clinical Dementia Rating (CDR) nach Hughes et al. (1982; vgl. Füsgen, 2001; Reischies, 2007) vorgenommen. Weitere Schweregrad-Einteilungen sind die Einteilung in vier Demenzphasen nach Feil (1992) sowie eine Dichotomisierung in *Beginnende Demenz* (umfasst das Übergangsstadium von leichter kognitiver Beeinträchtigung bzw. der Prodromalphase zu leichter Demenz sowie die leichte Demenz) und *Fortgeschrittene Demenz* (mittlere und schwere Demenz), wobei sich letztere Klassifikationen nicht durchsetzen konnten.

Tabelle 1: *Einteilung des Demenz-Schweregrads in Klassifikationssystemen und Inventaren*

| Stadium | ICD-10 und DSM-V | Zweiteilung | CDR | Reisberg | MMST |
|---|---|---|---|---|---|
| | Fragliche Demenz | | 0.5 | 3 | (28-23) |
| 1 | **Leichte Demenz** | beginnend | 1.0 | 3 | 24-21 |
| | Leichte bis mittlere Demenz | | | 4 | (22-18) |
| 2 | **Mittlere Demenz** | fortgeschritten | 2.0 | 5 | 20-11 |
| | Mittlere bis schwere Demenz | | | 6 | (12-8) |
| 3 | **Schwere Demenz** | | 3.0 | 7 | 10-0 |

*Legende*
Reisberg = Global Deterioration Scale (GDS) nach Reisberg et al. (1982)
MMST = Score-Bereiche des Mini Mental Status Test (MMST; Folstein et al.,1975)
CDR = Clinical Dementia Rating (Hughes et al., 1982)

In der vorliegenden Arbeit wird die in der internationalen klinischen Praxis und Forschung bevorzugte und bewährte Dreiteilung nach ICD-10 und DSM-IV zugrunde gelegt.
(1) Die *leichte Demenz* ist gekennzeichnet durch Schwierigkeiten beim Lernen, zunehmende Einbußen im Kurzzeitgedächtnis sowie durch Probleme bei der Organisation komplexer Aufgaben, wobei die Fähigkeit zum selbstständigen Leben trotz der Schwierigkeiten zumeist noch erhalten ist. Defizite werden oftmals bemerkt, jedoch verschleiert oder überspielt. In dieser Phase kommen häufig depressive Verstimmungen und Ängste auf, die sich auf den erlebten Kompetenzverlust beziehen.
(2) Bei einer *mittleren Demenz* sind die Betroffenen mit schweren Defiziten des Kurzzeitgedächtnisses und solchen bei der Handlungsplanung nicht mehr imstande, ein weitgehend unabhängiges Leben zu führen, wobei einfache, gewohnte Leistungen teilweise noch immer erbracht werden können. Das Leben in häuslicher Umgebung kann mit Risiken verbunden sein, da z.B. Handlungen begonnen werden (Wasserhahn aufdrehen oder Herd einschalten), die Beendigung (abdrehen bzw. abschalten) jedoch vergessen wird. Auch das Langzeitgedächtnis wird zunehmend beeinträchtigt, die Orientierungsstörungen verstärken sich, weiterhin zeigt sich eine Zunahme neuropsychiatrischer Symptome. Dabei zeigt sich häufig eine Verschiebung von Depressivität hin zu Agitation und psychotischen Symptomen.

(3) Bei *schwerer Demenz* finden sich charakteristischerweise ein weitgehend oder komplett aufgehobenes Kurzzeitgedächtnis, ein fragmentiertes Langzeitgedächtnis sowie die mangelnde Fähigkeit, einfache Tätigkeiten selbstverantwortlich durchzuführen. Vertraute Personen werden in diesem Stadium häufig nicht mehr erkannt, auch die Orientierung zur eigenen Person geht oftmals verloren. Hinzu kommen motorische Beeinträchtigungen, Probleme bei der Kontrolle von Darm und Blase sowie Bettlägerigkeit (vgl. ICD-10; DSM-IV; Köhler, 1999), die zur Pflegebedürftigkeit führen. Die Fähigkeit zur Wahrnehmung von Emotionen sowie die emotionale Ausdrucksfähigkeit bleiben hingegen häufig erhalten.

### 1.1.4.3 Genetik und familiäre Häufung

Die Bedeutung genetischer Faktoren bei der Entstehung der Alzheimer-Demenz (vgl. Maier & Heun; 1997; Köhler, 1999) ist umstritten. Nach Maier und Heun (1997) besteht Einigkeit über ein mit im Vergleich mit der altersparallelisierten Allgemeinbevölkerung gehäuftes Vorkommen der Alzheimer-Demenz bei Angehörigen 1. Grades. Nach Bauer (1994, zit. n. Köhler, 1999, p. 21) wiederum spielen genetische Faktoren keine bedeutsame Rolle bei der Alzheimer-Erkrankung, nach Köhler (1999) ist abgesehen von einer eher seltenen familiären Form der Erkrankung eine familiäre Häufung eher gering ausgeprägt. Deutliche genetische Zusammenhänge scheinen insbesondere bei frühem Erkrankungsbeginn zu bestehen, auch konnte bei der familiären Form ein verändertes, jedoch nicht bei allen betroffenen Personen vorhandenes Gen identifiziert werden.

Das sog. *APP-Gen* soll auf Chromosom 21 lokalisiert sein, wobei Personen mit *Trisomie 21*, welches dem klinischen Bild des Mongolismus bzw. Down-Syndrom entspricht, ein deutlich erhöhtes Risiko aufweisen, an einer Alzheimer-Demenz zu erkranken. Bei der genannten Population sind durchgängig ab ca. dem 40. Lebensjahr die typischen neuropathologischen Veränderungen zu finden. Weiterhin werden die Chromosome 14 und 19 hinsichtlich lokalisierter Defekte als genetische Korrelate der Alzheimer-Erkrankung diskutiert. Auch Konkordanzraten von 78 % bei monozygoten Zwillingen und 39 % bei dizygoten Zwillingen sprechen für eine Bedeutung genetischer Faktoren, wobei hier angesichts der verschiedenen Erstmanifestationsalter auch Umweltfaktoren diskutiert werden (vgl. Köhler, 1999). Trotz unklarer Forschungslage gibt es folglich zumindest deutliche Hinweise auf eine genetische Komponente der Alzheimer-Demenz, vor allem bei frühem Krankheitsbeginn.

### 1.1.4.4 Ätiologie und Pathogenese

Bei der Untersuchung von Ätiologie und Pathogenese der Alzheimer-Demenz (Überblick bei Förstl, 2006, pp. 242; Köhler, 1999, pp. 20) wurden in den vergangenen 20 Jahren zwar Fortschritte erzielt, wobei die derzeit bekannten neurobiologischen Korrelate der Symptomatik für die Herausarbeitung einer pathogenetischen Grundlage bei weitem nicht ausreichend sind. Da die Ätiologie der Alzheimer-Demenz bis zum jetzigen Zeitpunkt ungeklärt bleibt, ist es erforderlich sich auf die Darstellung einiger biologischer und psychologischer Hypothesen sowie bestimmter genetischer, neuroanatomischer und neurochemischer Befunde zu beschränken. Bei der Ätiologie der Alzheimer-Erkrankung werden u.a. genetische Faktoren, toxische Einflüsse und Infektionen als biologische Ursachen diskutiert.

Unbestritten ist, dass zunehmendes Alter die neuropathologischen Veränderungen fördert, wobei die ätiologische Bedeutung des Alters sich auch auf den Zeitfaktor beschränken kann, d.h. dass für die Manifestation der charakteristischen Veränderungen genügend Zeit notwendig ist. Von der Hypothese der ätiologischen Bedeutung der Aufnahme des neurotoxischen Aluminiums ist die Forschung mittlerweile weitgehend abgekommen, für eine infektiöse Genese fehlen direkte Belege. Ferner werden Veränderungen von Nikotinrezeptoren und entzündliche Prozesse als pathogenetische Komponenten diskutiert. Eine weitere, jedoch ebenfalls nicht belegte Hypothese besagt, dass Schädel-Hirn-Traumata durch Förderung der pathologischen Amyloid-Plaques die Alzheimer-Erkrankung begünstigen könnten (Köhler, 1999).

*Neuroanatomische Befunde*
Die klinischen Symptome der Alzheimer-Krankheit gehen mit einer fortschreitenden neuronalen Degeneration einher, deren Folge eine Reduktion der Gehirnsubstanz um bis zu 20% ist. Der Substanzverlust geht mit einer Abnahme der Volumina im Kortex, Verschmälerungen der Hirnwindungen, Aufweitung der Sulci, Abnahme der grauen Substanz bzw. Hirnrinde und subkortikaler Strukturen wie Thalamus und Striatum einher. Weiter vollzieht sich eine Schrumpfung des Marklagers im Temporal-, im weiteren Verlauf auch im Frontallappen. Charakteristische histologische Merkmale der Alzheimer-Demenz sind Amyloid-Plaques, intraneuronale Neurofibrillenbündel und Neuronenverlust (Förstl, 2006).
(1) Die oftmals beschriebenen *Plaques* sind extrazelluläre Ablagerungen mit einem zentralen Amyloidkern, der von pathologisch veränderten Nervenzellfortsätzen und Stützzellen umgeben wird. Amyloid ist ein Spaltprodukt eines größeren Eiweißmoleküls, dessen Funktion bisher nicht genau bekannt ist. Bei zahlreichen Patienten lagert sich das Amyloid auch in der Wand kleiner Blutgefäße ab, wodurch sich ihre Durchlässigkeit ändert und es zu Störungen der Sauerstoff-und Energieversorgung des Gehirns kommt.
(2) *Neurofibrillenbündel* sind innerhalb vieler Nervenzellen nachweisbare Knäuel, die aus Tau-Protein bestehen, einem normalen Bestandteil des Zellskeletts. Bei der Alzheimer-Krankheit wird das Tau-Protein übermäßig mit Phosphatgruppen beladen, wodurch es in der Zelle zu Störungen von Stabilisierungs-und Transportprozessen kommt, die letztlich zum Zelltod führen. Durch die typische neuronale Degeneration werden auch die der Informationsweiterleitung und -verarbeitung dienenden Übertragungsstellen zwischen den Nervenzellen zerstört (Förstl, 2006; auch Gertz, 1997).
(3) *Neuronenverlust* tritt in der Hirnrinde und in tiefer liegenden Hirnstrukturen auf (Gertz, 1997), andere Autoren betonen insbesondere die Atrophie des Hippocampus (Köhler, 1999).

Nach Bauer (1994) ist weniger die Verminderung der Neuronenzahl als die Reduktion der Anzahl kortikaler Synapsen als eigentliches morphologisches Korrelat der Alzheimer-Demenz zu betrachten (zit. n. Köhler, 1999, p. 20). In mehreren Arbeiten wird auch auf die neuronale Degeneration im Locus coeruleus und im Nucleus basalis Meynert hingewiesen (Gertz, 1997; Köhler, 1999). Letzterer ist eine Struktur des basalen Vorderhirns, von der alle cholinergen Fasern hin zum Kortex ihren Ausgang nehmen. Dies steht im Einklang mit der im folgenden Abschnitt thematisierten, entscheidenden Rolle des Neurotransmitters Acetylcholin bei Gedächtnisprozessen (vgl. Köhler, 1999).

Uneinigkeit besteht in der Forschung über die Spezifizität neuropathologischer Befunde und das Ausmaß derer Korrelation mit der klinischen Symptomatik. Plaques und Neurofibrillen sind auch bei nicht dementen Personen, einer Reihe von Hirnerkrankungen und der Lewy-Körperchen-Demenz nachzuweisen. Ihre Ausdehnung ist definitiv mit den klinischen Defiziten korreliert, wobei die Befunde eine mangelnde Spezifizität aufweisen (Förstl, 2006).

Befunde aus der neuropsychologischen Forschung sprechen gegen eine unmittelbare Beziehung zwischen der Neuropathologie und der klinischen Manifestation bei den Patienten, wobei nach Gauggel und Böcker (2004) die geringere Inzidenz und Prävalenz dementieller Erkrankungen bei Patienten mit höherem Ausbildungsniveau diese Hypothese stützt. Die Autoren begründen dies u.a. mit dem *Konzept der kognitiven Reservekapazität*. Damit wird ein Mechanismus des Gehirns bezeichnet, der dabei helfen kann die Folgen einer Schädigung in gewissem Umfang zu kompensieren. Bei hoher kognitiver Reservekapazität schöpft das Gehirn zusätzlich vorhandene Kapazitäten aus, die zum Erbringen normaler Leistungen nicht notwendig sind. In diesem Falle führt erst eine schwere Hirnschädigung zur Ausbildung klinisch relevanter Symptome, während bei geringer kognitiver Reservekapazität schon eine leichte Schädigung zu deren Auftreten führen kann (vgl. Gauggel & Böcker, 2004). Bilanzierend kann festgestellt werden, dass eine gewisse Korrelation in vielen Fällen anzunehmen ist, der Zusammenhang jedoch nicht zu verallgemeinern ist.

*Neurobiochemische Befunde*

In neurochemischer Hinsicht spielt die Auslenkung des cholinergen Systems bei der Neuropathologie der Alzheimer-Demenz eine entscheidende Rolle. Infolge des beschriebenen Zelltods im Nucleus basalis Meynert kommt es zu einer erheblichen Verminderung der Konzentration des Neurotransmitters Acetylcholin in der Hirnrinde sowie eine Störung der cholinergen Neurotransmission, welche Störungen der Informationsverarbeitung bewirkt und ursächlich an kognitiven Funktionseinbußen, v.a. am Gedächtnisverlust beteiligt ist (Förstl, 2006). Die besondere Bedeutung des glutamatergen Systems bei der Alzheimer-Demenz leitet sich u.a. daraus her, dass der Neurotransmitter Glutamat in höherer Dosierung neurotoxisch wirkt und während des Zellschädigungsprozesses verstärkt freigesetzt wird (Köhler, 1999). Auf Basis der Bedeutung von Acetylcholin und Glutamat lässt sich auch die Wirkung der vier zugelassenen, erwiesenermaßen wirksamen Antidementiva erklären. Von Beginn der klinischen Manifestation an sind daneben zahlreiche weitere Neurotransmittersysteme funktionell betroffen (Minoshima et al., 2004), darunter die noradrenergen, serotonergen, dopaminergen und GABAergen (GABA = Gamma-Amino-Buttersäure) Neurotransmittersysteme (zit. n. Förstl, 2006, pp. 253). Wie bei vielen neuropsychiatrischen Erkrankungen ist auch im Falle der Alzheimer-Demenz ein komplexes Ungleichgewicht im Neurotransmitterhaushalt anzunehmen.

*Psychologische Faktoren*
Ergebnisse aus bisher publizierten Arbeiten (vgl. Bernhardt, Seidler & Frölich, 2002) weisen darauf hin, dass bei der Entwicklung einer Alzheimer-Demenz neben neuropathologischen auch mit diesen in Wechselwirkung stehende psychosoziale Faktoren Bedeutung haben können (Bauer, 2007). Ein positiver statistischer Zusammenhang mit einem erhöhten Erkrankungsrisiko wurde für allein stehende Personen gefunden, die keine oder wenige soziale Beziehungen haben und wenige soziale Aktivitäten ausüben. Die Alzheimer-Demenz ist ferner negativ mit der Ausübung und der Intensität intellektueller Aktivitäten korreliert (Bernhardt et al., 2002). Ein positiver Zusammenhang besteht auch zu physischer und psychosozialer Inaktivität, einem unproduktiven Arbeitsstil und dem Zusammenleben mit einem dominanten Partner (Kropiunnig-Sebek, Leonardsberger, Schemper & Dal-Blanco, 1999; Bernhardt et al., 2002; Bauer, 2007). Angesichts der zunehmend erforschten Wechselwirkung psychologischer und neuronaler Prozesse (vgl. Grawe, 2004) sollte die Erforschung psychosozialer Risikofaktoren bei der Pathogenese der Demenzen im Hinblick auf die Entwicklung von Präventionsmaßnahmen und Therapieformen intensiviert werden.

## 1.1.4.6 Neuropsychologie
Aufgrund von hohen Prävalenzzahlen, zunehmenden neuropathologischen Kenntnissen, des zumeist langsamen progredienten Verlaufs sowie der teilweise eingrenzbaren Lokalisation der Schädigungen stellen Demenzpatienten eine bedeutsame Population für die neuropsychologische Forschung dar. Durch die genaue Untersuchung dementieller Prozesse können wichtige Erkenntnisse über die funktionelle Architektur psychischer Prozesse und deren neuronale Implementierung gewonnen werden. Ebenso können altersbedingte Veränderungen aufgezeigt werden, die auch bei der Frühdiagnostik und bei der Evaluation therapeutischer Maßnahmen hilfreich sind (Gauggel & Böcker, 2004).

Bei den Gedächtnisstörungen, dem hervorstechenden Anzeichen einer beginnenden Alzheimer-Demenz, handelt es sich um eine typische anterograde Amnesie mit Beeinträchtigung des verzögerten Wiedererinnerns, wobei sich bei fortschreitender Erkrankung zusätzlich eine retrograde Amnesie ausbildet (Förstl, 2006, pp. 255).

Als häufigste neuropathologische Ursache der mnestischen Störungen wird die im frühen Demenzstadium und teilweise bereits in der Prodromalphase beobachtbare Atrophie in der hippocampalen Formation genannt, die mit denselben korreliert (Brückner, 2006). Darüber hinaus sind langfristige Gedächtnisinhalte in den ebenfalls von progredientem Neuronenverlust befallenen temporo-parietalen Kortexregionen gespeichert, was zu einer Desintegration semantischer Gedächtnisinhalte, zu Assoziationsdefiziten und zu einer beeinträchtigten Konsolidierung neuer Informationen führt (Calabrese, 2000).

Die Angaben zum Gedächtnis betreffen bei der Alzheimer-Demenz Leistungen des deklarativen Gedächtnisses, wobei signifikante Defizite des episodischen Gedächtnisses wesentlich früher als solche des semantischen Gedächtnisses erfassbar sind (Förstl, 2006), d.h. sie treten oftmals schon mehrere Jahre vor Diagnosestellung auf.

*Mnestische Störungen im Anfangsstadium*

Die im Anfangsstadium auftretenden mnestischen Störungen sind Störungen des Kurzzeitgedächtnisses bzw. des Neugedächtnisses[1], die sich auf neu erlernte Informationen und die Fähigkeit beziehen, neu einströmende Informationen zu behalten und mit bereits verinnerlichten Gedächtnisinhalten zu verknüpfen. Sie sind nicht materialspezifisch und beziehen sich auf verbale und nonverbale Inhalte, wobei sowohl die Prozesse der Enkodierung, der Konsolidierung sowie der Abruf betroffen sind. Zuletzt erworbene Informationen werden dabei zuerst wieder vergessen (Gauggel & Böcker, 2004; Brückner, 2006, pp. 43).

Befunde, die zeigen, dass auch Hinweisreize die Erinnerungsleistung der Patienten nicht verbessern bzw. auch verminderte Wiedererkennungsleistungen feststellbar sind, weisen darauf hin, dass die Gedächtnisdefizite nicht in erster Linie durch Abrufschwierigkeiten, sondern durch eine Kodierungsstörung verursacht werden (Brückner, 2006).

Aufgrund der frühen Beeinträchtigung der Arbeitsgedächtnisleistungen sind Informationsaufnahmekapazität und Assoziationsfähigkeit vermindert. Bei Wortlistenaufgaben nennen Alzheimer-Patienten i.d.R. nur die letzten Begriffe der Wortliste *(Recency-Effekt)*, was die nur marginal beeinträchtigte einfache Gedächtnisspanne zeigt. Gleichzeitig wird durch den fehlenden *Primacy-Effekt*, d.h. das Erinnern des Anfangs einer Wortliste, das defizitäre Arbeitsgedächtnis deutlich. Bei mehreren Lerndurchgängen ist allenfalls ein deutlich eingeschränkter Lerneffekt erkennbar (Calabrese, 2000).

*Defizite im weiteren Krankheitsverlauf*

Im weiteren Krankheitsverlauf zeigen sich zunehmend auch Defizite im semantischen Gedächtnis, welches bei gesunden Personen bis ins hohe Alter weitgehend intakt bleibt. Beim

---

[1] Die Termini *Kurzzeitgedächtnis* und *Neugedächtnis* werden synonym verwendet, ebenso wie *Langzeitgedächtnis* und *Altgedächtnis*

semantischen Gedächtnis handelt es sich um einen Teil des Langzeitgedächtnisses bzw. Altgedächtnisses, der für permanente Repräsentation von Wissen über Konzepte, Wörter und deren Bedeutung wichtig ist (Gauggel & Böcker, 2004). Vor allem nicht personengebundene semantische Altgedächtnisleistungen nehmen graduell ab, während z.b. autobiographische Wissensinhalte aus früheren Lebensabschnitten noch besser abrufbar sind. Auch die Gedächtnisspanne, d.h. die unmittelbare Wiedergabe kurzer Informationen, nicht-deklarative Gedächtnisinhalte (Brückner, 2006) sowie musikalische Gedächtnisstrukturen (Janata, 2005) bleiben auch in fortgeschrittenen Krankheitsstadien oftmals noch lange Zeit intakt.

Patienten mit einer Störung des semantischen Gedächtnisses zeigen unter anderem Defizite bei Benenn-Tests, Wortflüssigkeitsaufgaben, Wort-Bild-Vergleichsaufgaben und Wort-Bild-Sortieraufgaben. Bei Benenn-Aufgaben können die Patienten beispielsweise häufig übergeordnete Kategoriennamen nicht reproduzieren. Bei Wortflüssigkeitsaufgaben zeigen Patienten Probleme bei der Produktion von Wörtern, die einer bestimmten semantischen Kategorie (z.B. Tiere, Städtenamen) angehören, während Wörter mit einem bestimmten Anfangsbuchstaben häufig noch relativ gut reproduziert werden können.

Solche Befunde werden nach der *lexical retrieval deficit hypothesis* als ein selektives Abrufproblem interpretiert, bei dem nicht mehr über die semantische Bedeutung auf das Lexikon zugegriffen werden kann. Alternativ wird in der Literatur aber auch die sog. *degradation hypothesis* diskutiert, nach der kein selektives Abrufproblem, sondern ein allgemeiner Verfall des semantischen Wissens die Ursache der Defizite darstellt (Gauggel & Böcker, 2004).

Pathologische und neuroradiologische Studien zeigen, dass für das semantische Gedächtnis insbesondere fokale Atrophien im inferolateralen linken oder rechten Temporallappen Bedeutung haben (Graham, Patterson & Hodges, 1999; zit. n. Gauggel & Böcker, 2004).

Im mittleren Stadium treten Sprachstörungen wie Wortverwechslungen und implizite Gedächtnisprobleme wie Agnosie, optische Ataxie und Apraxie hinzu, im Spätstadium gehen häufig basale, reflexhafte und autonome Funktionen verloren (Förstl, 2006).

### 1.1.5 Neuropsychiatrische Symptome

Neben kognitiven Symptomen findet sich im Symptombild dementieller Erkrankungen eine Reihe nicht-kognitiver Symptome (vgl. Füsgen, 2001 pp. 49; Förstl, 2006, pp. 256), die nach neueren Erkenntnissen als integraler Bestandteil der Erkrankung gewertet werden sollten, wenn keine Komorbiditäten vorliegen. Zu diesen gehören häufig Depressivität, Angstsymptome, Wahnvorstellungen und Halluzinationen, Agitation, Aggressivität, psychomotorische Unruhe, Störungen des Schlaf-Wachrhythmus, zielloses Umherwandern und Apathie. Hinzu können kommen inadäquate Euphorie, Zwangssymptome, sinnlose Tätigkeiten, pathologisches Essverhalten, Enthemmung und Persönlichkeitsveränderungen (Lyketsos et al., 2002; Calabrese & Förstl, 2006). Ätiologisch wird neben der möglichen Rolle prämorbider psychischer Störungen der Beitrag demenzassoziierter neuropathologischer und psychologischer

Faktoren diskutiert, wobei auch hier Wechselwirkungen angenommen werden müssen, die in einer gemeinsamen Endstrecke resultieren. Zu der ersten Gruppe gehören mögliche Veränderungen der Serotonin-Transporterdichte, die mit Depressivität, Angstsymptomen, Zwangssymptomatik, pathologischem Essverhalten, Schlafstörungen und Aggressivität assoziiert sein können. Weiterhin werden sich auf Dopamin-Rezeptoren auswirkende Genpolymorphismen in Zusammenhang mit der Genese psychotischer Symptome diskutiert. Zur zweiten Gruppe gehören psychologische Faktoren wie prämorbide Persönlichkeitsmerkmale, die Art der Bewältigung der Erkrankung und/oder psychosoziale Faktoren wie die Beziehung zu den Angehörigen sowie das soziale Umfeld (vgl. Förstl, 2006).

### 1.1.5.1 Terminologie und Klassifikation

Nicht-kognitive Symptome werden nach unterschiedlichen Terminologien häufig uneinheitlich als *psychische Störungen, emotionale Störungen, Verhaltensauffälligkeiten* oder *Verhaltensstörungen* bezeichnet. Diese Symptome sind häufig, verursachen oftmals mehr subjektive Belastung und Leidensdruck als gedächtnisassoziierte Symptome und wirken sich negativ auf Krankheitsverlauf und Lebensqualität von Patienten und Angehörigen aus (Knorr, Zerfass & Frölich, 2007). Es kann sich dabei sowohl um demenzassoziierte verhaltensbezogene oder psychopathologische Symptome im Sinne eines integralen Bestandteils der dementiellen Symptomatik als auch um prämorbide oder komorbide psychische Störungen handeln, die eine eigene Diagnose rechtfertigen.

In der vorliegenden Arbeit wird primär der allgemein anerkannte und verbreitete Terminus *Neuropsychiatrische Symptome* (vgl. Knorr et al., 2007) verwendet (s. Tabelle 2, S. 36). Ist eine Unterscheidung neuropsychiatrischer Symptome in *verhaltensbezogene Symptome* und *psychopathologische Symptome* sinnvoll und notwendig, wird die von Finkel, Costa e Silva, Cohen, Miller und Sartorius (1996) vorgeschlagene terminologische Konzeption *Behavioral and Psychological Symptoms of Dementia (BPSD)*, nach Fischer-Terworth et al. (2009) mit der deutschsprachigen Bezeichnung *Behaviorale und Psychopathologische Symptome einer Demenz (BPSD)* adaptiert, ergänzend verwendet.

Tabelle 2: *Neuropsychiatrische Symptome einer Demenz*

**Neuropsychiatrische Symptome**

**Behaviorale Symptome**
*(a) Agitation:* Psychomotorische Unruhe, sinnlose Tätigkeiten, unkooperatives Verhalten
*(b) Aggressivität:* Verbale oder tätliche Aggressivität, Autoaggressivität
*(c) Irritabilität :* Reizbarkeit, häufig bei dysphorischer Stimmungslage
*(d)* Apathie : Antriebs- und Interesselosigkeit, Passivität, motivationale Störungen
*(e) Psychomotorische Symptome:* Demenzassoziierte Zwangsphänomene und Stereotypien: Räumen, Horten, Sammeln, Vokalisationen, Schaukeln, Umherwandern, Weglauftendenz
*(f) Behaviorale Enthemmung:* Peinliche Bemerkungen, situationsinadäquates Verhalten
*(g) Störungen des Essverhaltens:* Essensverweigerung, gesteigerter Appetit u.a.
*(h) Veränderung oder Umkehr des Schlaf-Wach-Rhythmus*
*(i) Sinnlose Tätigkeiten:* Absichtliches Fallenlassen, Essen von nicht Essbarem etc.

**Psychopathologische Symptome und komorbide psychische Störungen**
*(a) Affektive Symptome und affektive Störungen*
Demenzassoziierte Depressivität, Dysphorie, inadäquate Euphorie, Affektinkontinenz; Prämorbide und komorbide unipolare oder bipolare affektive Störungen

*(b) Angstsymptome und Angststörungen*
Demenzassoziierte Angstsymptome: Generalisierte Angstsymptome (finanzielle Sorgen, Zukunftsangst, gesundheitsbezogene Angst), Phobische Ängste (z.B. Angst vor Stürzen, Angst bezogen auf kognitive Defizite), Panikattacken, Trennungsangst, Angst im Zusammenhang mit psychotischen Symptomen; Prämorbide und komorbide Angststörungen.

*(c) Symptome aus dem psychotischen Spektrum und Psychosen*
Demenzassoziierte Wahnvorstellungen (z.B. Bestehlungswahn, Vergiftungswahn), Halluzinationen, illusionäre Verkennungen; Prämorbide und komorbide Psychosen: Schizophrenien, wahnhafte Störungen, schizoaffektive Störungen, psychotische Depression, organische Psychosen

*(d) Persönlichkeitsveränderungen oder prämorbide/ komorbide Persönlichkeitsstörungen*

## 1.1.5.2 Affektive Symptomatik

Demenzassoziierte depressive Symptommuster (Lyketsos et al., 2003; Haupt, 2007) gehören mit Raten von 30–50 % zu den häufigsten, im Vorfeld und während einer Demenz auftretenden psychopathologischen Symptomen, wobei 15 % der an depressiven Symptomen leidenden Demenzpatienten die ICD-10-Kriterien einer unipolaren depressiven Episode erfüllt (Füsgen, 2001, p. 51). Bipolare affektive Symptome, d.h. manisch-euphorische Zustandsbilder sind als Frühsymptome einer Demenz selten, kommen jedoch etwas häufiger im mittleren Stadium vor (Ladurner, 1989).

Im Frühstadium kann eine depressive Verstimmung kognitiven Störungen vorausgehen, wobei sowohl neuropathologische Veränderungen als auch psychische Faktoren ausschlaggebend sein können. Zu den letzteren gehören z.b. das Wissen über die Diagnose und das Fortschreiten der Erkrankung, Unsicherheit über die eigenen kognitiven Fähigkeiten bei wahrgenommenem Kompetenzverlust und damit in Verbindung stehende existentielle Ängste, soziale Ängste, Versagensangst und psychische Erschöpfung (vgl. Förstl, 2006). Oftmals treten depressive Verstimmungen im Rahmen von Überforderungssituationen auf und können der Diagnose einer Anpassungsstörung mit depressivem Erscheinungsbild entsprechen (Maercker, 2002). Dabei sind wie auch bei anderen depressiven Symptomen biologische und reaktiv-psychische Komponenten bei gemeinsamer neuronaler Endstrecke nicht auseinanderzudividieren. Nicht selten äußert sich eine Depression im fortgeschrittenen Krankheitsstadium als larvierte Depression in Form von Angst, Schlafstörungen (Füsgen, 2001) und körperlichen Symptomen wie z.B. Schmerzen oder Appetitlosigkeit.

### 1.1.5.3 Angstsymptomatik

Angstsymptome im Rahmen einer Demenz (Seignourel, Kubik, Show, Wilson & Stanley, 2008), gehen häufig mit Depressivität einher (Maercker, 2002), müssen jedoch differentialdiagnostisch als eigenständiger Symptomcluster betrachtet werden. Sie sind nach neueren Untersuchungen mit einer schlechteren Prognose und Lebensqualität assoziiert (Seignourel et al., 2008). Angstsymptome treten hauptsächlich in frühen Phasen einer Demenz auf und nehmen im späteren Verlauf oftmals ab (Füsgen, 2001), wobei ein Persistieren bis ins Stadium der mittleren Demenz bzw. eine Verschiebung hin zu panikartigen, trennungsassoziierten und psychotischen Ängsten nicht selten anzutreffen ist. Angst kann im Hinblick auf den Zusammenhang zwischen Aktivierungs-und Leistungsniveau Bedeutung sein, wobei ein angstbedingt erhöhtes Aktivierungsniveau zu einem Leistungsabfall führen kann (vgl. Füsgen, 2001). Die Aussage Füsgens, dass die „hirnorganisch bedingte Angst […] einer Psychotherapie kaum zugänglich" ist (p. 52), muss nach neueren Ergebnissen zumindest in Frage gestellt werden. Neuere, teilweise qualitativ hochwertige Studien zeigen, dass sowohl kognitive Verhaltenstherapie als auch Musiktherapie demenzassoziierte Angstsymptome effektiv beeinflussen können (Fischer-Terworth et al., 2009). Es können verschiedene Typen demenzassoziierter Angstsymptome unterschieden werden. Abzugrenzen sind grundsätzlich prämorbide und komorbide Angststörungen (Maercker, 2002) die eine eigenständige Diagnose erfordern.
(1) *Generalisierte Ängste*, bei Demenzpatienten im frühen und mittleren Stadium auftretend, beziehen sich häufig auf finanzielle Sorgen, allgemeine Zukunftsangst, Angst um das Wohl Angehöriger und die Gesundheit. Sie sind typischen Ängsten bei einer generalisierten Angststörung ähnlich und häufig mit Depressivität assoziiert.
(2) *Panikattacken*, die im fortgeschrittenen Stadien bei 40% der Demenzpatienten auftreten, sind innerhalb einer Demenz stark mit dem aktuellen affektiven Zustandsbild assoziiert

und spiegeln oftmals die Hilf-und Haltlosigkeit des Patienten wieder.

(3) *Phobische Ängste*, primär typisch für eine Demenz im frühen Stadium, sind z.B. Ängste und Befürchtungen bezüglich Kontrollverlust aufgrund der Wahrnehmung kognitiver Defizite und daraus resultierender Ohnmacht, Furcht von der Familie "abgeschoben" zu werden, Furcht vor Stürzen und sozialphobische Symptome assoziiert mit der Befürchtung, dass demenzassoziierte Defizite anderen Menschen auffallen.

(4) *Trennungsangst* kann innerhalb jedes Stadiums einer Demenz beobachtbar sein und entsteht oft bei Abwesenheit nahe stehender, Sicherheit gewährender Personen. Trennungsangst wurde bei Erwachsenen bisher kaum empirisch untersucht, wobei neuere Arbeiten auf hohe Prävalenzzahlen hinweisen (Shear, Jin, Ruscio, Walters & Kessler, 2006). Sie resultiert innerhalb einer Demenz häufig aus der Suche nach Vertrautem bei bestehender Unsicherheit, drohendem Identitätsverlust, Orientierungs-und Haltlosigkeit und kann mit Panikattacken und Depersonalisationserlebnissen assoziiert sein.

(5) *Psychotische Ängste* können in Assoziation mit Wahnvorstellungen und Halluzinationen auftreten und sind an deren Inhalte gekoppelt.

(6) *Zwangssymptome* werden nach DSM-IV zu den Angstsymptomen gerechnet. Sie treten neurobiologisch bedingt häufiger bei fronto-temporaler Demenz (Nyatsantza et al., 2003) auf, kommen aber auch bei der Alzheimer-Demenz vor (Marksteiner et al., 2003). Häufige Zwangshandlungen bei Demenz sind wiederholte zwanghafte Rückversicherungsfragen, Sammel-und Hortzwänge. Bedeutsam ist die differentialdiagnostische Abgrenzung zu unmittelbar demenzbezogenen Gedächtnisdefiziten.

(7) *Posttraumatische Angstsymptome*. Im Zusammenhang mit Depressivität und Angst sollte im Rahmen einer Demenz an die mögliche Diagnose einer posttraumatischen Belastungsstörung gedacht werden. Bedingt durch Veränderungen der Architektur des Gedächtnisses können zuvor scheinbar bewältigte traumatische Erlebnisse aktualisiert werden und ins Bewusstsein eindringen. Diese können als sich aufdrängende, angstvoll und schmerzhaft erlebte Bilder und Flashbacks zurückkehren und Depressivität, Angst, Panikattacken und Schlafstörungen auslösen. Sie werden bei demenzbedingtem Zurückversetztwerden in frühere Lebensabschnitte manchmal subjektiv wie aktuelle emotionale Erfahrungen erlebt. Hierzu gehören z.B. Kriegserinnerungen an Bombenangriffe oder Konzentrationslager, Gedanken an Verlusterlebnisse oder Erkrankungen.

### 1.1.5.4 Symptome aus dem psychotischen Spektrum

Demenzassoziierte psychotische Symptome (Förstl, 2006; Ibach, 2008) und Sinnestäuschungen treten vorwiegend im mittleren Krankheitsstadium auf und sind mit einem höheren Schweregrad kognitiver Beeinträchtigung assoziiert, wobei die Prävalenz zwischen 30-50% bezogen auf die Alzheimer-Demenz geschätzt wird (Maercker, 2002). Paranoide Selbsttäuschungen, die noch nicht als psychotische Symptome im engeren Sinne kategorisiert werden sollten, können nach Füsgen (2001) durch die Charakteristik der Demenzerkrankung erklärt werden:

„Der Demenzkranke lebt in einer Welt, mit der er sich jeden Augenblick ohne Erinnerungsvermögen an eben Vorangegangenes auseinander setzen muss, in einer Welt in der Dinge verschwinden, Erklärungen nicht gefunden werden […] Wer sich diese besondere Erlebnissituation bewusst macht, kann leichter Verständnis für das „paranoide" Verhalten des Patienten aufbringen" (p. 53)

Demenztypische Wahnvorstellungen, oftmals auch in Form flüchtiger Wahneinfälle oder vorübergehender Wahnwahrnehmungen auftretend (Füsgen, 2001), beziehen sich auf Themen wie Bestohlen werden, Beeinträchtigung, Vergiftung, Bedrohung oder Eifersucht, sind jedoch meistens nicht so komplex und bizarr wie in Wahnsystemen schizophrener Patienten (Maercker, 2002; Förstl, 2006). Verkennungen von Personen, Orten und Situationen resultieren aus Schwierigkeiten das Gedächtnis zu aktualisieren. Fehlidentifikationen entstehen bei dem Versuch die Informationen sinnvoll zu interpretieren (Förstl, 2006).

Halluzinationen im Rahmen dementieller Erkrankungen sind im Gegensatz zu solchen bei der Schizophrenie häufiger optischer als akustischer Natur (Maercker, 2002). Sie können, müssen jedoch nicht mit Angst oder auch Aggressivität einhergehen. Beschrieben werden das Sehen nicht existenter Personen und Tiere, Drohwahrnehmungen sowie seltener taktile, olfaktorische oder gustatorische Phänomene. Halluzinatorische Erlebnisse können durch Störungen im Bereich der sensorischen Wahrnehmung und Verarbeitung ausgelöst oder verstärkt werden. Durch die insuffiziente Wahrnehmung und Weiterverarbeitung von Reizen stehen diese nicht in geeigneter Form zu Verfügung. Externe Ursachen wie Kontaktmangel, Brille, Hörgerät, schlechte Akustik und Beleuchtung sind dabei veränderbar. Die Wahrnehmungsdefizite können über die Sinnesmodalität der jeweiligen Halluzination (z.B. haptische Halluzinationen wie Dermatozoenwahn) entscheiden, während die kognitiven Ressourcen über Interpretation und Persistenz der Fehlwahrnehmung entscheiden (Förstl, 2006).

### 1.1.5.5 Behaviorale Symptome

Aggressivität und Agitation sind für eine Demenz typische behaviorale Symptome, die sich auf emotionaler, verbaler, vokaler und motorischer Ebene manifestieren können, wobei ein Außenstehender dafür i.d.R. keinen Anlass sieht (Füsgen, 2001). Die Symptome können u.a. durch die prämorbide Persönlichkeitsstruktur mitgeprägt werden (Förstl, 2006). Eng assoziiert mit Aggressivität ist die bei 50% der Patienten anzutreffende psychomotorische Unruhe, das am längsten persistierende behaviorale Symptom einer Demenz (Füsgen, 2001). Sie umfasst häufig zielloses Umherwandern (Robinson et al., 2007) und Weglauftendenz.

Ebenfalls eng gekoppelt an Aggressivität ist behaviorale Enthemmung, die durch Schreien, Impulsivität, unpassende oder peinliche Bemerkungen, Aggressivität, anstößiges, auch selbstverletzendes Verhalten gekennzeichnet sein kann. Agitation und Aggressivität sind eng mit dem Schweregrad der kognitiven Funktionseinbußen verknüpft. Den anderen Pol der Antriebsstörungen bildet bei der Mehrzahl der Demenzpatienten eine häufig stark ausgeprägte Apathie (Fellgiebel & Scheurich, 2008) mit Mangel an Initiative und Erschöpfbarkeit. Persönlichkeitsveränderungen sind insbesondere bei der Alzheimer-Demenz typisch und zumeist durch Enthemmung, Vergröberung oder Verflachung des Affekts und Störungen des Sozialverhaltens charakterisiert. Störungen des Schlaf-Wach-Rhythmus sind bei 70% der Patienten anzutreffen und korrelieren in ihrer Intensität mit dem Schweregrad der Demenz (Füsgen, 2001). Die häufigste Form einer vorübergehenden Antriebssteigerung und daraus resultierender behavioraler Symptome ist das *Sun-Downing-Phänomen*, ein tageszeitlich determiniertes Muster behavioraler Änderungen am späten Nachmittag (Haupt, 1996). Weitere behaviorale Symptome sind Essstörungen, sinnlose Tätigkeiten und zwanghafte Stereotypien, die ungehemmt immer wieder praktiziert werden. Dazu gehören Herumräumen, Hyperoralität, Kauen, Reiben, Schaukeln und Vokalisationen (Förstl, 2006).

## 1.1.6 Diagnostik

### 1.1.6.1 Bedeutung und Vorgehensweise

Die frühzeitige Diagnosestellung einer dementiellen Erkrankung hat aus mehreren Gründen große Bedeutung für den Patienten und seine Angehörigen. Zum einen können durch frühe Differentialdiagnostik behandelbare Störungen erkannt werden und einigen Patienten die Angst vor einer Demenzerkrankung genommen werden. Wird eine Demenz diagnostiziert, ergeben sich effektivere Interventionsmöglichkeiten bei geringerer Progredienz, zudem kann eine rechtzeitige psychoedukative Aufklärung der Angehörigen über die Erkrankung, ihre Auswirkungen, Folgen und Unterstützungsmöglichkeiten erfolgen. Ferner hat die Benennung kognitiver Defizite als Symptome mit Krankheitswert den Vorteil, dass der Betroffene ein krankengerechtes Verhalten erwarten darf (Maercker, 2002). Zur Diagnostik bzw. Differentialdiagnostik dementieller Erkrankungen (vgl. Frölich & Maurer, 1997; Füsgen, 2001; Maercker, 2002) gehören die folgenden medizinischen und psychologischen Verfahren:

Tabelle 3: *Demenz-Diagnostik*

| Diagnostik-Bereich | Durchführung, Verfahren und Ziele |
|---|---|
| **Anamnese** | Erhebung der Eigen-und Fremdanamnese |
| **Internistische Ausschlussdiagnostik** | Körperliche Untersuchung und Labordiagnostik zum Ausschluss körperlicher Erkrankungen und behandelbarer Demenzen |
| **Neurologische Differentialdiagnostik** | Abgrenzung neurologischer Krankheitsbilder wie Delir, Morbus Parkinson, Apoplex, Anfallsleiden, cerebrale Infektionen etc. |
| **Neurologischer Status** | Beurteilung von Hirnnerven, Reflexen und Motorik |

| Diagnostik-Bereich | Durchführung, Verfahren und Ziele |
|---|---|
| Apparative Untersuchungen | Computer-Tomographie (CT), Magnet-Resonanz-Tomographie (MRT), Positron-Emissions-Tomographie (PET) |
| Psychiatrischer Status | Psychische Anamnese, Abklärung neuropsychiatrischer Symptome, komorbider psychischer Störungen und Persönlichkeitsstörungen, Befragung der Angehörigen |
| Neuropsychologische Diagnostik | Beurteilung der Hirnleistung, Einschätzung des Demenz-Schweregrads und spezifischer kognitiver Defizite |

Grundvoraussetzung für die Diagnosestellung einer Demenz ist das Bestehen eines *dementiellen Syndroms*. Definiert ist ein solches nach ICD-10 und DSM-IV durch eine Abnahme der früheren kognitiven Leistungsfähigkeit und das Vorhandensein von Symptomen in folgenden Bereichen: Beeinträchtigungen des Gedächtnisses, des abstrakten Denkens und des Urteilsvermögens sowie anderer kortikaler Funktionseinschränkungen wie Aphasie, Apraxie und Agnosie oder Persönlichkeitsveränderungen, die zu einer Beeinträchtigung des alltäglichen Lebens führen. Weiterhin werden Bewusstseinsklarheit, eine Verminderung der affektiven Kontrolle, Störungen des Antriebs oder des Sozialverhaltens, das Fehlen von Hinweisen auf ein Delir und das Vorliegen der Symptomatik seit mindestens sechs Monaten gefordert (ICD-10, vgl. WHO, 1989; DSM-IV; vgl. Saß et al., 2003; Brückner, 2006).

### 1.1.6.2 Differentialdiagnose

Bei der Diagnose der Alzheimer-Demenz handelt es sich um eine Ausschlussdiagnose, die sich erst post mortem durch eine neuropathologische Untersuchung endgültig bestätigen lässt (Brückner, 2006). Es muss vorausgesetzt sein, dass Anamnese und körperliche Untersuchung keinen Hinweis auf andere Demenzursachen wie z.B. vaskuläre Erkrankungen oder Morbus Parkinson, auf eine Systemerkrankung wie z.B. Hypothyreose oder Vitamin B12-Mangel oder auf Alkohol-oder Substanzmissbrauch ergeben (Füsgen, 2001; p. 72; WHO, 2000). Dabei geht es um den Ausschluss reversibler, evtl. behandelbarer Demenzformen aus dem internistischen (Nehen & Ammer, 2007) oder neurologischen Kreis (Wolter, 2007a).

Die Diagnose einer vaskulären Demenz kann nur dann mit Sicherheit gestellt werden, wenn eine dementielle Symptomatik vorliegt und vaskuläre Läsionen des Gehirns mit Bild gebenden Verfahren objektiviert wurden, die in einem belegbaren Zusammenhang zur dementiellen Symptomatik stehen (Füsgen, 2001). Apparative Untersuchungen mit Bild gebenden Verfahren sollten jedoch nur bei jungen Patienten, bei plötzlichem Beginn kognitiver Einbußen, bei neurologischen Herdsymptomen, bei atypischem klinischem Bild und plötzlicher Verschlechterung eingesetzt werden (Wolter, 2007b).

Weiterhin ist die Alzheimer-Demenz von der leichten kognitiven Beeinträchtigung (Schönknecht, Pantel, Kruse & Schröder, 2007), dem amnestischen Syndrom, dem Delir und depressiven Störungen im Alter abzugrenzen.

Als *leichte kognitive Beeinträchtigung* werden kognitive Defizite bezeichnet, die das Ausmaß physiologischer Alterungsprozesse überschreiten, jedoch nicht den Schweregrad einer Demenz erreichen. Patienten mit Alzheimer-Demenz zeigen vor Manifestation der dementiellen Symptomatik zunächst eine länger andauernde derartige Phase. In vorliegenden Studien wurde bei variierenden, vom Lebensalter abhängigen Prävalenzzahlen durchschnittlich Patienten über 70 Jahre untersucht, die Konversionsraten zur Alzheimer-Demenz von 10 – 15 % aufwiesen (Schönknecht et al., 2007).

Beim amnestischen Syndrom bzw. *Korsakoff-Syndrom*, welches als Folge chronischen Alkoholabusus vorkommen kann, finden sich Gedächtnisstörungen sowie Konfabulationen, während Affekt und Urteilsfähigkeit nicht beeinträchtigt sind (Köhler, 1999).

Das *delirante Syndrom*, nach den klassischen Arbeiten ein Reaktionstyp des zentralen Nervensystems auf exogene Schädigung (Wetterling, 2007), ist durch Störung des Bewusstseins und zahlreicher kognitiver und psychischer Funktionen gekennzeichnet. Dazu gehören Aufmerksamkeits-und Orientierungsstörungen, Halluzinationen, Agitation, Angstzustände und Schlafstörungen, im Gegensatz zur Demenz kommt es typischerweise zu einer Bewusstseinstrübung. Ist ein Delir mit der Einnahme oder Entzug von psychotropen Substanzen wie Alkohol assoziiert, kann es zumeist als Zeichen einer organischen psychischen Erkrankung eingeordnet werden (Köhler, 1999). Weiter kann im Rahmen zu internistischer und neurologischer Erkrankungen ein Delir auftreten (vgl. Wetterling, 2007), auch im Rahmen einer Demenz, wobei im Falle einer Komorbidität der Bewusstseinszustand ein wichtiges diagnostisches Indiz für ein Delir ist.

Depressive Störungen können mit kognitiven Defiziten wie Gedächtnisstörungen, Aufmerksamkeits-und Konzentrationsstörungen einhergehen (Grass-Kapanke, Brieber, Pentzek & Ihl, 2007), gleichzeitig gehen Demenzen im Frühstadium in 15 % der Fälle mit depressiven Episoden einher (Füsgen, 2001). Aus diesem Grunde ist zusätzlich zur Prüfung der kognitiven Leistungsfähigkeit der Einsatz eines Depressionsfragebogens empfehlenswert. Als spezielles Instrument für die Differentialdiagnose zwischen Demenz und Depression wurde der *Test zur Früherkennung von Demenzen mit Depressionsabgrenzung (TFDD)* entwickelt (Grass-Kapanke et al., 2007). Wichtige Merkmale zur Differentialdiagnose von Depression und Demenz bestehen in (1) einer größere Leistungsfluktuation depressiver Patienten bei wiederholter Testung (2) einem höheren bzw. überhaupt wahrnehmbaren Lerngewinn der Depressionspatienten bei wiederholt dargebotenen Gedächtnisaufgaben (3) fehlenden Sprach-und Orientierungsstörungen bei depressiven Patienten (4) Leistungsunterschieden bei Wiedererkennungsaufgaben (Gunzelmann & Ostwald, 2002) und (5) der grundsätzlichen Tendenz depressiver Patienten, ihre Gedächtnisschwierigkeiten zu beklagen, sich selbst abzuwerten und eine Demenz zu befürchten, während Demenzpatienten ihre Defizite tendenziell eher verschleiern.

Eine weitere mögliche Differentialdiagnose einer Alzheimer-Demenz, Lewy-Körperchen-Demenz oder fronto-temporalen Demenz sind Erkrankungen aus dem schizophrenen Formenkreis, zum einen aufgrund des häufigen Vorkommens von Wahnvorstellungen und Halluzinationen innerhalb der Alzheimer-Demenz (Maercker, 2002) sowie der Lewy-Körperchen-Demenz, zum anderen aufgrund der möglichen Entwicklung Demenz innerhalb einer Schizophrenie mit einem an fronto-temporale Demenzen erinnernden Profil kognitiver Defizite (de Vries, Honer, Kemp & McKenna, 2001).

In selteneren Fällen muss eine Demenz auch von schweren *Zwangserkrankungen* mit neuropsychologischen Defiziten abgegrenzt werden, da z.B. Kontroll-, Wiederholungs-und Fragezwänge den Verdacht auf Gedächtnisdefizite lenken können (Moritz et al., 2007) und solche Zwangsphänomene auch innerhalb von Demenzen auftreten können.

### 1.1.6.3 Psychometrische Diagnostik

Psychometrische Untersuchungsverfahren sind unverzichtbarer Bestandteil im Diagnoseprozess bei einer Demenz (Frölich & Maurer, 1997). Es gibt verschiedene neuropsychologische Diagnoseinstrumente (Reischies, 2007), die teilweise parallel und einander ergänzend eingesetzt werden können. Klinische Screeningtests und Skalen dienen der orientierenden Testung und der Bestimmung des Demenz-Schweregrads. Sie sollten aufgrund unzureichender Sensitivität und Spezifizität nur in Kombination mit anderen Verfahren zur Früh-oder Differentialdiagnose herangezogen werden und als zentrale diagnostische Instrumente erst ab mittleren Erkrankungsstadien Einsatz finden.

Das am weitesten verbreitete derartige Instrument ist der *Mini Mental Status Test* (MMST; Folstein et al., 1975), zwei weitere, häufig eingesetzte und zuverlässige Tests sind der einfach durchführbare Uhrentest (Watson, Arfken & Birge, 1993) und der *DemTect* (Kalbe, Brand, Kessler & Calabrese, 2007). Gängige Fremdbeurteilungsverfahren zur Einschätzung des Demenz-Schweregrads sind die *Reisberg-Skalen* (Reisberg et al., 1982; Reisberg & Ferris, 1988), die *Alzheimer´s Disease Assessment Scale* (ADAS) nach Mohs und Cohen (1988) und das von Hughes et al. (1982) entwickelte *Clinical Dementia Rating* (CDR; vgl. Füsgen, 2001; Reischies, 2007). Umfangreiche Abhandlungen zur Sensitivität und Spezifizität verschiedener neuropsychologischer Untersuchungsverfahren finden sich bei Teising et al. (2007).

Für die exakte Diagnose und Differentialdiagnose einer Demenz wurden umfangreiche, für die Frühdiagnostik geeignete Testbatterien entwickelt, die die Erstellung eines kognitiven Leistungsprofils und die Erfassung nicht-kognitiver Symptome erlauben. International bekannte Verfahren sind z.B. das *Strukturierte Interview für die Diagnose einer Demenz vom Alzheimer Typ, vaskuläre Demenz und Demenzen anderer Ätiologien* (SIDAM) nach Zaudig und Hiller (1996) oder *The Consortium to Establish a Registry for Alzheimer´s Disease* (CERAD) nach Morris et al. (1989; vgl. Bruckner, 2006).

Zur Erfassung neuropsychiatrischer Symptome eignen sich vor allem Fremdbeurteilungsskalen, die innerhalb eines Interviews mit einem Facharzt oder Psychologen von Angehörigen oder Personen, die mehrere Stunden pro Tag mit dem Patienten verbringen (z.B. Pflegefachkräfte) ausgefüllt werden sollten. Ein Standardinstrument zur Bestimmung von Art und Ausprägung genannter Symptome ist das häufig angewendete *Neuropsychiatric Inventory (NPI)* nach Cummings et al. (1994). Andere Verfahren sind die *Behavior Rating Scale for Dementia of the Consortium to Establish a Registry for Alzheimer's Disease* (CERAD-BRSD; Tariot, Mack, Patterson, Edland & Weiner, 1995) sowie das *Cohen-Mansfield Agitation Inventory* (CMAI), welches zur Erfassung demenzassoziierter Agitation und Aggressivität geeignet ist (Cohen-Mansfield, Marx & Rosenthal, 1989). Bei leichter bis mittlerer Demenz und ausreichenden sprachlichen Kapazitäten der Patienten kann die *Geriatric Depression Scale (GDS;* Yesavage et al., 1983) als klinisches Interview zur Depressionsdiagnostik auch bei Demenzerkrankungen herangezogen werden.

Tabelle 4: *Diagnostik-Instrumente*

| Verfahren | Autoren/ Publikationen | Diagnostische Funktion |
|---|---|---|
| MMST | Folstein et al. (1975) | NT Screening, Schweregrad, Kognition |
| DemTect | Kalbe et al. (2007) | NT Screening, Kognitive Funktionen |
| Uhrentest | Watson et al. (1993) | NT Screening, Kognitive Funktionen |
| CERAD | Morris et al. (1989) | TB Frühdiagnostik |
| ADAS | Mohs & Cohen (1988) | FB Frühdiagnostik |
| SIDAM | Zaudig & Hiller (1996) | SI Frühdiagnostik |
| CDR | Hughes et al. (1982) | FB Schweregrad |
| GDS | Reisberg et al. (1982) | FB Schweregrad |
| BCRS | Reisberg & Ferris (1988) | FB Schweregrad, Kognitive Funktionen |
| NPI | Cummings et al. (1994) | FB Neuropsychiatrische Symptome |
| CERAD-BRSD | Tariot et al. (1995) | FB Neuropsychiatrische Symptome |
| CMAI | Cohen-Mansfield et al. (1989) | FB Agitiertes Verhalten |
| GDS | Yesavage et al. (1983) | SI Depressive Symptome |
| TFDD | Grass-Kapanke et al. (2007) | NT Differentialdiagnostik Depression |

*Legende*
NT = Neuropsychologisches Testverfahren    TB = Testbatterie
SI = Strukturiertes Interview    FB = Fremdbeurteilungsinstrument

## 1.1.7 Behandlung

### 1.1.7.1 Allgemeine Behandlungsprinzipien

Viele ältere Patienten neigen dazu, kognitive und psychische Symptome dem Alterungsprozess zu attribuieren und sie als schicksalhaft und gegeben hinzunehmen, wobei diese Haltung von Ärzten und Therapeuten häufig mit unterstützt wird. Somit wird die Diagnose einer altersbedingten Hirnleistungsstörung oftmals bereitwillig akzeptiert, wobei zwischen verschiedenen Phänomenen und Krankheitsbildern nicht differenziert wird. Als Kernziele der Behandlung dementieller Erkrankungen können benannt werden: (1) die Verlangsamung des Krankheitsverlaufs (2) die Aufrechterhaltung der Aktivitäten des täglichen Lebens bzw. eines dem individuellen Kompetenzprofil entsprechenden Aktivitätsniveaus (3) die Stabilisierung kognitiver Funktionen (4) die Linderung neuropsychiatrischer Symptome sowie die Behandlung komorbider psychischer Störungen (5) die Förderung sozialer Kommunikation und Interaktion sowie positiver Emotionalität. (6) die Steigerung der Lebensqualität von Betroffenen und Angehörigen.

Eine effektive Behandlung kann nur innerhalb eines sinnvollen Gesamtkonzepts erfolgen, welches eine internistische Basistherapie, Ernährungsberatung, antidementive und psychopharmakologische Behandlung, psychologische Interventionen, psychomotorische Aktivierung und ggf. Physiotherapie und Logopädie umfasst (vgl. Füsgen, 2001; NICE/SCIE, 2006). Bei Patienten mit Alzheimer-Demenz, in einigen Fällen auch bei anderen Demenzformen, ist eine Therapie mit wirksamen Antidementiva indiziert. Hinzu kann nach präziser Indikationsstellung eine psychopharmakologische, i.d.R. antidepressive und/oder antipsychotische Behandlung neuropsychiatrischer Symptome notwendig sein. Dabei ist die Beschränkung auf möglichst wenige Medikamente in präziser Dosierung mit Verlaufskontrolle unter sorgfältiger Kosten-Nutzen-Abwägung wichtig.

### 1.1.7.2 Antidementive Pharmakotherapie

Die Wirkmechanismen antidementiver Therapien basieren auf den zunehmend erforschten Kenntnissen über neurobiochemische Korrelate dementieller Prozesse (Förstl, 2006), wobei sich diese Korrelate in erster Linie auf die Pathophysiologie der Alzheimer-Demenz beziehen. Die Effektivität antidementiver Präparate bei anderen Demenzformen ist umstritten, wobei es einige Studien und Hinweise für die Wirksamkeit gibt (s. Tabelle 5). Die cholinergen Nervenbahnen zwischen basalen Frontalhirnstrukturen, Großhirnrinde und Hippocampus spielen eine zentrale Rolle bei kognitiven Prozessen wie Lern-und Gedächtnisfunktionen und Aufmerksamkeitssteuerung, eine glutamaterg vermittelte Übererregung wiederum hat Bedeutung beim neuronalen Zelltod (Köhler, 1999).

Hemmstoffe der Acetylcholinesterase verhindern den Abbau von Acetylcholin, erhöhen die Verfügbarkeit des Neurotransmitters und tragen zu einer relativen Normalisierung cholinerger

Funktionen bei. Bei der medikamentösen Behandlung der leichten bis mittleren Alzheimer-Demenz haben sich die Cholinesterasehemmer Rivastigmin, Galantamin und Donepezil als wirksam erwiesen (van den Berg, Kazmi & Jann, 2000; Füsgen, 2001). Auch gibt es Hinweise auf die Wirksamkeit bei leichter kognitiver Beeinträchtigung, gemischten Demenzen und vaskulärer Demenz, wobei die Befunde hier inkonsistent sind. Die Wirksamkeit von Rivastigmin bei der Lewy-Körperchen-Demenz und Parkinson-Demenz konnte in vereinzelten Studien gezeigt werden (NICE/SCIE, 2006).

Bei mittlerer bis schwerer Alzheimer-Demenz ist der indirekt auf das glutamaterge Neurotransmittersystem wirkende N-Methyl-D-Aspartat (NMDA)-Rezeptoren-Antagonist Memantine wirksam. Dieser ist monotherapeutisch, in einigen Fällen auch in Kombination mit Donepezil einsetzbar und kann insbesondere auch neuropsychiatrische Symptome günstig beeinflussen (Reisberg et al., 2003). Es gibt zudem Hinweise auf die Anwendbarkeit bei vaskulärer Demenz (Füsgen, 2001), die Effektivität bei Lewy-Körperchen-Demenz, Parkinson-Demenz und anderen Demenzen ist nicht überzeugend belegt (NICE/SCIE, 2006). Alle Antidementiva können vorübergehend kognitive Funktionen stabilisieren, den Krankheitsverlauf verlangsamen, den neuronalen Degenerationsprozess möglichst lange hinauszögern und sich in gewissem Maße günstig auf neuropsychiatrische Symptome auswirken.

Tabelle 5: *Zugelassene Antidementiva*

| Cholinesterasehemmer | |
|---|---|
| Galantamin (Reminyl®) | Indikationen: Leichte bis mittlere DAT, evtl. LKD, GD, LKB |
| Rivastigmin (Exelon®) | Indikationen: Leichte bis mittlere DAT, evtl. LKD, GD, LKB, PD |
| Donepezil (Aricept®) | Indikationen: Leichte bis mittlere DAT, evtl. LKD, GD, LKB |
| **NMDA-Rezeptor-Agonist** | |
| Memantine (Axura®, Ebixa®) | Indikationen: Mittlere bis schwere DAT, evtl. VD, GD |

*Legende*
DAT = Demenz vom Alzheimer-Typ
LKD = Lewy-Körperchen-Demenz
LKB = Leichte kognitive Beeinträchtigung
VD = Vaskuläre Demenz
PD = Demenz bei primärem Parkinson-Syndrom
GD = Gemischte Demenzen

### 1.1.7.3 Psychopharmakologische Behandlung

Auf das serotonerge System wirkende Antidepressiva, insbesondere Selektive Serotonin-Wiederaufnahmehemmer (SSRI) wie z.B. Citalopram, können Demenzen begleitende depressive Symptome (Lyketsos et al., 2003), Angstsymptome (Nyth & Gottfries, 1990) und zwanghafte Symptome reduzieren, auch eignen sie sich zur Behandlung neuropsychiatrischer Symptome bei fronto-temporaler Demenz (Perneczky, 2008). Tetrazyklische Antidepressiva wie Mirtazapin können neben Depressivität und Angstsymptomen Schlafstörungen bei allen Demenzformen günstig beeinflussen (Raji & Brady, 2001), auch für die Wirksamkeit von

Trazodon gibt es Hinweise. Zur Reduktion starker psychotischer Symptome, Agitiertheit und Aggressivität können Antipsychotika bzw. Neuroleptika effektiv sein.
Atypische Antipsychotika, wie das in seiner Wirksamkeit gut belegte Risperidon (De Deyn et al., 2005), das insbesondere bei begleitender Parkinson-Symptomatik bzw. Parkinsonoid geeignete Quetiapin (Scharre & Chang, 2002) oder Olanzapin (Street et al., 2001), sollten aufgrund des günstigeren Nebenwirkungsprofils konventionellen Antipsychotika wie Haloperidol vorgezogen werden, die als Mittel zweiter Wahl in Betracht kommen. Auch atypische Präparate sollten nur bei schwerer Ausprägung der genannten Symptome eingesetzt werden (Sink, Holden & Yaffe, 2005; Ibach, 2008). Insbesondere Antidementiva und serotonerge Antidepressiva eignen sich aufgrund ihrer positiven Wirkung auf kognitive Funktionen, Antrieb und Affekt gut in Kombination mit psychologischen Therapien, da kognitive Stimulation und Stimmungsaufhellung Kernziele antidementiver Therapien sein sollten. Neuroleptikainduzierte Müdigkeit kann dafür ein Hindernis darstellen, was eine sorgfältige Indikationsprüfung und entsprechende Dosisanpassung erfordert.

Bei Angstsymptomen, Agitation, Irritierbarkeit, ggf. auch bei leichter Aggressivität sollten in Abwesenheit psychotischer Symptome Antidepressiva grundsätzlich auch im mittleren Stadium als Alternativen zu antipsychotischer Medikation oder Benzodiazepinen erwogen werden (Füsgen, 2001; p. 113, 140), wobei z.B. SSRI wie Citalopram bei besserer Verträglichkeit gleich wirksam sein können (Pollock et al., 2007). Omelan (2006) diskutiert die Frage, in welchen Fällen pharmakologische bzw. nicht-pharmakologische Interventionen oder eine Kombination aus beiden die geeignete Behandlungsform darstellen.

Benzodiazepine und Hypnotika müssen bei Demenzpatienten mit besonders großer Vorsicht eingesetzt werden. Die Einnahme von langwirksamen Benzodiazepinen kann aufgrund negativer Auswirkung auf das kognitive Funktionsniveau und Affekt zu einer Verschlechterung einer bestehenden Demenz führen (Moore & O' Keefe, 1999). Darüber hinaus wurden bei Demenzkranken paradoxe Erregungs-und Angstzustände unter der Behandlung mit Benzodiazepinen beobachtet, ferner bewirken sedierende Medikamente ein Abhängigkeitsrisiko sowie eine Erhöhung der Sturzgefahr durch Gangunsicherheit und Erschlaffung der Muskulatur (Kurz, 2003). Wichtig ist eine Beschränkung des Einsatzes auf (1) Akutsituationen wie psychotische Krisen, Suizidalität oder Panikattacken (2) zur einmaligen Sedierung in speziellen Situationen wie z. B. einer Zahnbehandlung oder während einer Zwangseinweisung (3) als Komedikation bei klinisch überwachter Anbehandlung mit einem Antidepressivum mit verspätetem Wirkungseintritt. Weiterhin sind kurzfristig wirksame Benzodiazepine in möglichst niedriger Dosis bei möglichst kurzer Verordnungsdauer zu wählen (APA, 1997).

Tabelle 6: *Wirksame Psychopharmaka bei neuropsychiatrischen Symptomen (Auswahl)*

| Wirkstoff | Substanzklasse | Indikationsgebiete |
|---|---|---|
| Citalopram | Antidepressivum/ SSRI | Depressivität, Angst, Zwänge, Aggressivität |
| Escitalopram | Antidepressivum/ SSRI | Depressivität, Angst, Zwänge |
| Sertralin | Antidepressivum/ SSRI | Depressivität, Angst, Zwänge |
| Venlafaxin | Antidepressivum/ SNRI | Depressive Störungen und Angststörungen |
| Mirtazapin | Tetrazyklisches Antidepressivum | Depressivität, Angst, Agitation, Schlafstörungen |
| Risperidon | Atypisches Antipsychotikum | Wahn, Halluzinationen, Aggressivität, Agitation |
| Quetiapin | Atypisches Antipsychotikum | Wahn, Halluzinationen, insb. bei Parkinsonoid |
| Olanzapin | Atypisches Antipsychotikum | Psychotische Symptome |

*Legende*
SSRI = Antidepressiva aus der Klasse der Selektiven Serotonin-Wiederaufnahmehemmer
SNRI = Antidepressiva aus der Klasse der Selektiven Serotonin-Noradrenalin-Wiederaufnahmehemmer

## 1.2 Psychologische Interventionen bei dementiellen Erkrankungen

### 1.2.1 Definition, Systematisierung und wissenschaftliche Grundlagen

Zahlreiche verschiedene Varianten psychologischer Interventionen werden bei Demenzerkrankungen seit mindestens 40 Jahren angewendet, wobei es weitaus weniger wissenschaftliche Untersuchungen gibt als es im Bereich pharmakologischer Therapien mit Antidementiva der Fall ist (Woods, 2002).

Eine Kategorisierung nicht-pharmakologischer Interventionsansätze bei Demenzen gestaltet sich aufgrund der Heterogenität dementieller Erkrankungen hinsichtlich Krankheitsstadien und -formen kompliziert, zudem vereinigen die jeweiligen Interventionsansätze oftmals Elemente mehrerer Disziplinen und Methoden. Differenzierungen hinsichtlich der Anwendung bei verschiedenen Demenzformen und –Stadien finden sich in nur wenigen Arbeiten. Eine Zusammenstellung von Frölich et al. (2000) enthält eine Übersicht über unterschiedliche, an verschiedenen Leitlinien orientierte Therapieansätze, verschiedene Reviews geben einen Überblick zu nicht-pharmakologischen Interventionen zur Behandlung neuropsychiatrischer Symptome (Opie, Rosewarne & O' Connor, 1999; Ayalon, Gum, Feliciano & Arean, 2006; Yuhas, McGowan, Fontaine, Czech & Gambrell-Jones, 2006), andere Übersichtsarbeiten befassen sich mit der Wirkung nicht-pharmakologischer Therapien auf spezielle Symptome wie Angst (Seignourel et al., 2008), Agitation (Spira & Edelstein, 2006), zielloses Umherwandern (Hermans, Htay & McShane, 2007; Robinson et al., 2007), Depressivität (Teri et al., 1997), Aggressivität und Apathie (Verkaik, von Weert & Francke, 2005). Fischer-Terworth et al. (2009) kategorisieren in ihrem Review evidenzbasierte psychologische Interventionen

(1) orientiert an Indikationsfeldern der NICE/SCIE-Richtlinie[2] sowie (2) klassifiziert nach verschiedenen Interventionsmethoden und -ansätzen.

Als Leitkonzept für die Kategorisierung der Ansätze wurde für die vorliegende Arbeit das Konzept *Psychologische Interventionen* (Probst, 2003) gewählt, alternativ kann der Begriff *Psychologische Therapie* Anwendung finden. Dieses ist angesichts der interdisziplinären und qualitativen Heterogenität der Therapien bei dementiellen Erkrankungen deshalb geeignet, da es für die Interventionen ein der klinischen Psychologie zugeordnetes wissenschaftlich-theoretisches Fundament postuliert und zudem erlaubt, eine Vielzahl von wirksamen Methoden aus verschiedenen Disziplinen mit einzuschließen, die sich im Kern auf eine psychologische Basis zurückführen lassen.

Psychologische Interventionen können nach Probst als „Sammelbegriff für wissenschaftlich begründete Maßnahmen aus der Psychologie und angrenzenden Fachdisziplinen wie Medizin, Erziehungswissenschaft, Sozial-und Pastoralarbeit" verstanden werden, die der „förderlichen Modifikation von psychologischen Funktionen des Erlebens und Verhaltens" wie Kognition, Emotion, Volition und Handeln „bei Personen mit psychischen Störungen und Behinderungen (vgl. ICD-10) oder anderen psychologischen Problemstellungen sowie zur unterstützenden Modifikation ihrer sozialen und physischen Umwelt" dienen (vgl. Probst, 2003). *Psychologische Therapie* i.S. einer neuro-bio-psychologischen Therapie (vgl. Grawe, 1994) umfasst im Kontext dieser Abhandlung u.a. neuropsychologische, psychotherapeutische, psychoedukative, musiktherapeutische und heilpädagogische Ansätze, wobei der Terminus auch in den Übersichtsarbeiten von Woods (2002), Livingston et al. (2005) und Fischer-Terworth et al. (2009) für den Syndromkomplex dementieller Erkrankungen adaptiert wurde.

*Wissenschaftliche Grundlagen*

Bisher liegen nur wenige systematisierte klinische Arbeiten zu psychologischen Therapien bei Demenz vor. Gegen eine psychologische Behandlung von Demenzen mit spätem Beginn (vgl. ICD-10) wurde oftmals die rasche Progredienz der Erkrankung ins Feld geführt, die mit dem Verlorengehen der Fähigkeit zum Neulernen einhergeht, was auf neuronaler Ebene mit mangelnder Plastizität der Synapsen sowie fehlender Fähigkeit zum dendritischen Wachstum korreliert (Plattner & Ehrhardt, 2002).

---

[2] Die NICE *National Institute for Health and Clinical Excellence*) und SCIE-(*Social Care Institute for Excellence*)-Richtlinien orientieren sich an neuesten wissenschaftlichen Erkenntnissen und wurden für den klinischen Bereich und den Pflegebereich entwickelt (NICE/SCIE, 2006).

Ziel psychologischer Interventionen kann deshalb nicht die Restitution zunehmend zerstörter neuronaler Netzwerke sein, da für eine Reaktivierung durch Stimulation kein ausreichendes neurobiologisches Substrat vorhanden ist (Gauggel, 2003). Es sollte vielmehr angestrebt werden, vorhandene kognitive Funktionseinbußen und emotionale Störungen sowie damit einhergehende psychosoziale Beeinträchtigungen und Aktivitätseinschränkungen so weit wie möglich zu reduzieren. Ziel sollte sein, dem Patienten ein möglichst hohes Funktionsniveau im Alltag sowie ein Maximum an Lebensqualität zu ermöglichen.

Nach neueren Erkenntnissen kann psychologische Therapie in zumindest ähnlicher Weise neuronale Prozesse beeinflussen wie es bei psychopharmakologischen Behandlungen der Fall ist. Psychotherapie kann erwiesenermaßen die Anbahnung neuer neuronaler Verknüpfungen bewirken, die sich zu neuen Netzwerkstrukturen umorganisieren (Grawe, 2004), was nach Gürthler (2006) trotz der neuronalen Degeneration zumindest teilweise auch auf demetielle Erkrankungen übertragbar sein könnte. Er begreift Neuropsychotherapie demetieller Erkrankungen als „Lernprozess der Identifikation von Konfusionssituationen, der Minimierung von psychologischem Stress und der Ermöglichung neuer Bahnungen im Gehirn". Dieser Prozess könne dazu beitragen, in einem ressourcenorientierten therapeutischen Setting zusammen mit sensorischen Erfahrungen die beschädigte personale Identität Demenzkranker länger zu erhalten (Gürthler, 2006).

Insbesondere bei beginnenden Demenzen legen das Fehlen geeigneter Stressbewältigungsmechanismen und daraus resultierende neurodegenerative Effekte sowie ein geringes prämorbides psychosoziales Aktivitätsniveau verbunden mit dem Auftreten depressiver Symptome die Notwendigkeit psychotherapeutischer Interventionen nahe (Plattner & Ehrhardt, 2002). Zudem könnte eine präventive Verhaltenstherapie im Prodromalstadium einer Alzheimer-Demenz die kognitive Reservekapazität des Gehirns (Gauggel & Böcker, 2004) optimal ausschöpfen und möglicherweise zu einer Stabilisierung beitragen.

Psychotherapie im engeren Sinne setzt auf Seiten des Patienten grundsätzlich den Erhalt psychischer Grundfunktionen wie Wahrnehmung, Gedächtnis und Konzentration voraus, die Demenzpatienten im Krankheitsverlauf zunehmend verlieren. Da jedoch Fähigkeiten zu motorischem Lernen, klassischer Konditionierung und operantem Lernen sowie die Möglichkeit des Sich-Äußerns zur eigenen Situation oftmals längere Zeit intakt bleiben als allgemein angenommen (Mozley et al., 1999; zit. n. Woods, 2002), kann Psychotherapie bei leichter bis mittlerer Demenz bei der Identifikation und Bewältigung von stressreichen Situationen durch Aktivierung und Aktualisierung vorhandener Ressourcen helfen.

Sie kann in Verbindung mit kognitiv-neuropsychologischen Interventionen den Aufbau kompensatorischer Strategien zum Ausgleich vorhandener Defizite initiieren und begleiten sowie den Aufbau positiver Aktivitäten fördern und somit Wohlbefinden und positive Emotionalität steigern (Bonder, 1994; Plattner & Ehrhardt, 2002; Romero & Wenz, 2002; Fischer-Terworth et al., 2009).

Der Rückgriff auf psychologische Interventionen im weiteren Sinne ist noch länger möglich und notwendig. Bei mittlerer bis schwerer Demenz (Woods, 2002) muss in jeder psychologischen Intervention angestrebt werden, den Patienten in seiner Erkrankung als einzigartiges Individuum zu begleiten, seine personale Identität lange zu erhalten (Kitwood, 2000) und ihm durch Linderung neuropsychiatrischer Symptome ein Maximum an Wohlbefinden zu ermöglichen. Dabei ist darauf zu achten, dass der Patient nicht durch die Anwendung inadäquater kognitiver Trainings und psychotherapeutischer Verfahren mit seinen Defiziten konfrontiert und psychisch überfordert wird.

### 1.2.2 Milieutherapie

In milieutherapeutischen Konzeptionen werden Lebensumfeld, zwischenmenschlicher Umgang und Betreuungsschema demenzkranker Menschen kognitiven Defiziten, Ressourcen und demenzassoziierten Verhaltensweisen entsprechend modifiziert und angepasst (Füsgen, 2001). Milieutherapeutische Ansätze können der Kategorie der sog. *antezedenten Interventionen* (Probst, 2003) zugeordnet werden, d.h. sie werden anderen therapeutischen Maßnahmen quasi vorgeschaltet und verleihen ihnen ein Fundament. Als Leitbild eignen sich vor allem personzentrierte Betreuungsansätze, in denen die individuelle Persönlichkeit und das soziale Umfeld des Menschen sowie seine einzigartige Lebensgeschichte als wesentlich für das klinische Bild angesehen werden (Kitwood, 2000).

#### 1.2.2.1 Anforderungen, Prinzipien und Merkmale

Aus der Natur der Erkrankung ergeben sich grundsätzliche Anforderungen an die Versorgung von Demenzpatienten (Eisenberg, Hamborg, Kellerhof & Wojnar, 2005). Mit dem Fortschreiten kognitiver Funktionseinbußen treten immer stärker ungefilterte, nicht mehr an die Realität adaptierbare emotionale Reaktionen in den Vordergrund des klinischen Bildes. Mit abnehmender Anpassungsfähigkeit an die Umwelt steigt die Bedeutung des therapeutischen Milieus. Dieses umfasst nach der Definition von Eisenberg et al. (2005) eine krankheitsgerechte Gestaltung der Umgebung, einen therapeutischen Umgang mit den Patienten sowie einen organisatorischen Rahmen. Durch das Milieu soll trotz aller Einschränkungen eine möglichst selbstständige Lebensgestaltung der Patienten angestrebt werden, wobei der demenzkranke Mensch als einzigartiges Individuum ein Leben mit Würde führen soll (vgl. Kitwood, 2000).

Der Begriff der Milieutherapie und die sich dahinter verbergenden therapeutischen Konzeptionen sind bisher jedoch zumeist unpräzise definiert. Feststehendes Merkmal ist die systematische kompetenz-und defizitorientierte Modifikation der Lebensumwelt des Demenzpatienten. Antezedente Milieugestaltung kann sowohl in häuslicher Umgebung als auch in speziellen Therapiegruppen, Wohngruppen, Hausgemeinschaften, speziellen Pflegestationen von Senio-

renheim oder Kliniken umgesetzt werden. Wojnar (2007; 2008) beschreibt Kernmerkmale einer den Bedürfnissen von Demenzpatienten gerecht werdenden Umgebung.
Diese sollte dem Kranken maximale Bewegungsfreiheit bei minimaler Verunsicherung durch Hindernisse ermöglichen, das entwicklungsgeschichtlich bedeutsame Gefühl des Zuhause-Seins in vertrauter Umgebung berücksichtigen sowie Orientierungshilfen und Überschaubarkeit gewähren. Der Demenzpatient soll die Möglichkeit haben, adäquate sensorische Reize entsprechend der momentanen Verfassung auszuwählen und die Flut der Reize in Abhängigkeit von der aktuellen Verarbeitungskapazität zu steuern. Durch das gleichzeitige Ansprechen mehrerer sensorischer Kanäle können räumliche Orientierung und Verhaltenssteuerung erleichtert werden. Dies kann geschehen durch (1) Ausstattung der Aufenthaltsräume mit Glaswänden oder breiten Türen, die freie Sicht auf stattfindende Aktivitäten erlauben (2) zur Berührung animierendes Mobiliar und Pflanzen (3) atmosphärisch abgestimmte Musik, die Selbststimulation durch laute Geräusche vorbeugen kann (4) zu den jeweiligen Räumen passende Gerüche (5) einen Garten oder eine Terrasse, der multisensorische Reize liefert und den Bewegungsraum erweitert (Wojnar, 2008).
Plötzliche Farbkontraste der Fußbodenbeläge und spiegelnde Böden können bedingt durch Störungen der räumlichen Wahrnehmung Angstzustände auslösen, ferner stellen Treppen eine besondere Gefahrenquelle dar. Alle Räume sollten gleichmäßig mit einer diffusen, schattenfreien und warmen Beleuchtung ausgestattet werden, da sich eine gute Tagesbeleuchtung günstig auf Schlaf-Wach-Rhythmus und Affekt auswirken und illusionäre Verkennungen dämpfen kann (Wojnar, 2008). Lange Flure mit sog. *blinden Enden* ohne *entschärfende* Sitzgruppe können nach der Studie von Elmstahl et al. (1997) bestimmte psychische Symptome verstärken. Günstiger wirken dahingegen L-und H-förmige Wohneinheiten mit einem oder zwei zentral gelegenen Multifunktionsräumen, welche Küche, Speise-, Wohn-und Beschäftigungsraum vereinigen (Wojnar, 2008).
Hinsichtlich verschiedener milieutherapeutischer Konzeptionen wird zwischen *segregativer* und *teilsegregativer* Dementenbetreuung unterschieden (Weyerer, Schäufele & Hendlmaier, 2005). Segregative Betreuung findet innerhalb des in Hausgemeinschaften oder Wohngruppen umsetzbaren Domusprinzips statt und besteht in einer spezialisierten 24-Stunden-Betreuung, welche Pflege, Tagesstrukturierung und therapeutische Angebote umfasst (Eisenberg et al., 2005). Unter teilsegregativer Versorgung versteht man Pflege, Betreuung und Therapie, die in die stationäre 24 –Stunden-Betreuung eingebettet sind. Demenzpatienten leben dabei mit Nicht-Demenzkranken im gleichen Wohnbereich, erhalten dabei tagsüber ein spezielles Betreuungsangebot in Form einer Demenzaktivierungsgruppe in einem dafür vorgesehenen besonderen Therapiebereich (Weyerer et al., 2005).
Verschiedene Interventionsansätze können auf dem Fundament milieutherapeutischer Konzeptionen eingesetzt werden und sind gut mit diesen kompatibel. Da Haustiere häufig autobi-

ographische Bedeutung im Leben Demenzkranker haben, kann tiergestützte Therapie (Richeson, 2003) bzw. der Kontakt mit Tieren ein Element der Milieugestaltung darstellen. Im Rahmen des personzentrierten Betreuungsansatzes sind Formen des validierenden Umgangs mit Patienten teilweise gut integrierbar.

Innerhalb der in der humanistischen Psychologie nach Rogers verwurzelten Validation (Feil, 2000) wird der dementiell Erkrankte als einzigartiges Individuum betrachtet, das sich bemüht, ungeklärte Konflikte aus früheren Lebensabschnitten zu bewältigen. Neben verschiedenen Ansätzen multisensorischer Stimulation spielt auch die Basale Stimulation (Fröhlich, 1997) eine wichtige Rolle. Im Mittelpunkt des psychotherapeutisch orientierten Konzepts stehen einfache, an primären Bedürfnissen ausgerichtete Austauschangebote, die als Form ganzheitlicher, körperbezogener Kommunikation Orientierung in unklaren Wahrnehmungs-, Kommunikations-und Bewegungssituationen vermitteln.

**1.2.2.2 Forschungsstand**

Bei einem bestehenden Mangel an systematischen Untersuchungen findet sich in den letzten Jahren eine zunehmende Anzahl kontrollierter Evaluationsstudien, aus denen sich zunehmende Evidenz für die therapeutische Bedeutung der Milieugestaltung bei der Beeinflussung sowohl kognitiver als auch neuropsychiatrischer Symptome einer Demenz ableiten lässt (Fischer-Terworth et al., 2009). Bei einer hohen Empfehlungsbereitschaft durch Ärzte und guter Akzeptanz bei Betreuungspersonen finden sich nach Wettstein und Hanhart (2000) bei ca. 50-80% der Patienten Verbesserungen behavioraler Symptome.

In verschiedenen Studien zeigen sich positive Effekte hinsichtlich einer Verbesserung der verhaltensbezogenen Orientierung und Alltagskompetenzen durch eine spezielle Gestaltung des visuellen Umfelds wie z.B. das Ausschildern und Beschriften auf Pflegestationen (Livingston et al., 2005; Woods, 2002, p. 346). Obwohl nicht alle Studien überzeugende Ergebnisse liefern (Wimo, Adolfsson & Sandmann, 1995), zeigen Evaluationsstudien deutliche Unterschiede hinsichtlich physischer, kognitiver und neuropsychiatrischer Symptomatik (Dettbarn-Reggentin, 2005), Lebensqualität sowie Betreuungs-und Versorgungsqualität (Weyerer et al., 2005) bei milieutherapeutisch betreuten verglichen mit traditionell versorgten Patienten.

Mit Verfahren multisensorischer Stimulation (Baker et al., 2001) und *Snoezelen* (Chung, Lai, Chung & French, 2002), Aromatherapie (Thorgrimsen, Spector, Wiles & Orrell, 2003) und Handmassage (Remington, 2002) können nach Ergebnissen kontrollierter Studien teils signifikante Reduktionen von Agitation, Apathie, Depressivität und herausforderndem Verhalten erzielt werden. Der Erfolg der Basalen Stimulation in der Pflege demenzkranker Menschen begründet sich durch klinische Erfahrungen, die eine gute Übertragbarkeit des Konzepts aus dem Bereich der Geistigbehindertenarbeit demonstrieren (Buchholz & Schürenberg, 2005). Tiergestützte Therapien können sich bei Demenzpatienten günstig auf Affekt, agitiertes Verhalten und soziale Interaktion auswirken (Perkins, Bartlett, Travers & Rand, 2008). Zur Effektivität von Validation sind aufgrund des Mangels an soliden wissenschaftlichen Studien keine definitiven Aussagen möglich (Neal & Briggs, 2003). Einige Untersuchungen und klinische Beobachtungen berichten von günstigen Wirkungen auf Agitation, Apathie und Irritabilität (Deponte & Missan, 2007; Tondi, Ribani, Bottazzi, Viscomi & Vulcano, 2007), Integrität der Persönlichkeit, Selbstwertgefühl und soziale Interaktion (Füsgen, 2001, p. 181), vor allem bei Integration in milieutherapeutische Konzepte in der stationären Pflege schwer dementer Patienten (Finnema et al., 2000).

### 1.2.3 TEACCH-basierte antezedente Interventionen

Trotz einiger viel versprechender Forschungsergebnisse zu milieutherapeutischen Konzeptionen fehlt es derzeit an therapeutischen Gesamtkonzepten, in denen antezedente Modifikationen der Umwelt mit spezifischen psychologischen Interventionen verbunden werden. Weiterhin besteht ein Mangel an Studien, in denen Effekte antezedenter Interventionen auf einzelne kognitive Funktionen, psychische und verhaltensbezogene Parameter sowie auf Kommunikation von Demenzpatienten systematisch evaluiert wurden (Fischer-Terworth et al., 2009). Zu der antezedenten Modifikation der Umwelt gehört neben der Gestaltung des Wohnmilieus und dem organisatorischen Rahmen eine präzisere Definition des von Eisenberg et al. (2005) als solchem bezeichneten therapeutischen Umgangs, der Grundlage für die Gestaltung individueller Tagesabläufe sein und darüber hinaus spezifische, auf Symptome einer Demenz wirksame Interventionen mit einschließen sollte.

*Autismus und Demenz*

Wie Interventionskonzepte zur Förderung autistischer Menschen (Probst, 1998; 2003) zeigen, können antezedente Interventionen als konzeptioneller Rahmen eines Therapieprogramms fungieren und sich dabei konkret auf die einzelnen Therapieelemente auswirken. Das klinische Bild der Autismus-Spektrum-Störungen ist gekennzeichnet durch qualitative Beeinträchtigung von Sozialverhalten, Kommunikation sowie durch eingeschränkte Spezialinteressen und zwanghaft-stereotype Verhaltensmuster (ICD-10; WHO, 1989). Obwohl autistische Störungen, nach ICD-10 in die Kategorie *Tiefgreifende Entwicklungsstörungen* eingeordnet, hinsichtlich Symptomatik, Ätiologie und Pathogenese primär nicht mit Demenzerkrankungen vergleichbar sind, gibt es zwischen beiden syndromalen Kategorien bemerkenswerte Gemeinsamkeiten:
(1) Vorhandensein einer neurologischen Basis, wobei die ätiopathogenetischen Faktoren noch nicht in ausreichendem Maße erforscht sind.
(2) Nicht-Heilbarkeit, d.h. Behandlungen müssen nicht-kurative Ansätze verfolgen.
(3) Paralleles Bestehen körperlicher, neurologischer sowie psychischer Symptome.

(4) Verhaltensauffälligkeiten und Psychopathologie: Aggressivität, Agitiertheit mit psychomotorischer Unruhe, Apathie, Enthemmung, Zwangsphänomene und Stereotypien, Affektive Störungen, Angstsymptome, Essstörungen und Schlafstörungen.
(5) Neuropsychologische Symptome: Defizite in Gedächtnis, Orientierung, visueller Wahrnehmung, Aufmerksamkeitsfokussierung, Regulation des sensorischen Inputs, Reaktionsvermögen, Handlungsplanung und Emotionsregulation.
(6) Defizite in den Bereichen Sprache, Kommunikation und soziale Interaktion.

Sowohl Menschen mit Autismus-Spektrum-Störungen als auch solche mit dementiellen Erkrankungen haben Schwierigkeiten, sich in unserer komplexen, dinglichen und sozialen Welt zurecht zu finden, Kontakt aufzunehmen und ihr Verhalten entsprechend zu gestalten (Häußler, 2005b; Wojnar, 2007; 2008). Während Defizite im Bereich von Kommunikation und Interaktion bei Autismus-Spektrum-Störungen zentrales Symptom sind, werden die im Bereich dementieller Erkrankungen ebenso anzutreffenden Symptome im Vergleich zu den gedächtnisassoziierten Symptomen in Forschung und Therapie wenig berücksichtigt. Dabei führt insbesondere die im Krankheitsverlauf zunehmende Schwierigkeit dementer Patienten, sich ihrer Umwelt mitzuteilen, zu großem Leidensdruck bei Patienten und Angehörigen (Murphy et al., 2007). Insbesondere bei Diagnostik und Therapie von Defiziten im Bereich Kommunikation und sozialer Interaktion ist es möglich, dass die Demenzforschung von Erkenntnissen aus der Autismus-Forschung profitieren kann.

### 1.2.3.1 Übertragung von TEACCH-Prinzipien auf die Demenztherapie
Wichtige Prinzipien des sog. TEACCH-Ansatzes (Schopler, Mesibov & Hearsey, 1995) zur Förderung von Menschen mit Autismus können als antezedente Interventionen in modifizierten Varianten auf Behandlungsansätze für Demenzpatienten transferiert und in solche integriert werden, wobei sie diese um wichtige Elemente bereichern können.
Der TEACCH-Ansatz (TEACCH = **T**reatment and **E**ducation of **A**utistic and related **C**ommunication handicapped **C**hildren) ist kein Therapieverfahren im engeren Sinne, d.h. keine spezifische Intervention. Er besteht aus allgemeinen Leitlinien bzw. Prinzipien, die den Umgang mit autistischen Personen und ihrer sozialen Umwelt steuern. Sie bestehen aus einem breiten Bündel von Behandlungsverfahren, die wie auch die heterogenen Interventionsansätze in der Demenztherapie ihren Ursprung in unterschiedlichen Fachrichtungen haben, so in Medizin, insbesondere Kinder-und Jugendpsychiatrie, Pädagogik und Sonderpädagogik, klinischer Psychologie, Ergotherapie oder Logopädie. Bei der Behandlung nach TEACCH-Prinzipien werden Verfahren ausgewählt und kombiniert, die den *individuellen Bedürfnissen* des Kindes und seiner sozialen Umwelt entsprechen (Probst, 1998). Dabei sind die folgenden Leitlinien bemerkenswerter Weise nahezu *1:1* auf das Krankheitsbild Demenz übertragbar:
(1) Einordnung von Autismus/Demenz als neurobiologisch bedingte Störung.

(2) Respektierung der Grundbedürfnisse autistischer/demenzkranker Menschen in Rehabilitation, Betreuung, Pflege und Therapie.
(3) Bedürfnis nach räumlicher und zeitlicher Orientierung
(4) Bedürfnis nach bildlich-anschaulicher Gestaltung der Umwelt
(5) Bedürfnis nach sinnvoller Tätigkeit und positiver Wertschätzung
(6) Betonung der Fachkräfte-Eltern bzw. Angehörige-Pflegekräfte-Kooperation

Ziel psychologischer Interventionen sollte es sowohl in der Therapie von Autismus als auch von dementiellen Erkrankungen sein, für jeden Menschen ein Optimum an Lebensqualität und Selbstständigkeit im Rahmen seiner individuellen Möglichkeiten zu erreichen (Häußler, 2005a). Sowohl TEACCH als auch der von Kitwood (2000) entwickelte *personzentrierte Ansatz* für Menschen mit Demenz zeigen Parallelen zum personzentrierten Ansatz von Carl Rogers, nach dem Kernstück aller Therapien Empathie in die innere Welt des Betroffenen oder der innere Bezugsrahmen ist. Sich auf diesen die Grundbedürfnisse des Individuums beinhaltenden Bezugsrahmen einzustellen, trägt zur Akzeptanz der Person bei (Probst, 1998). Fünf auf die Demenztherapie transferierbare Strategien sind nach TEACCH-Prinzipien (Häußler, 2005b) entscheidend für eine erfolgreiche Betreuung sowie die pädagogische, neurologisch-psychiatrische, psychologische und pflegerische Arbeit:
(1) Erwerb fundierter Erkenntnisse über das Krankheitsbild und die damit verbundenen typischen Verhaltensauffälligkeiten, Ressourcen und Defizite.
(2) Verstehen des individuellen Menschen durch umfassende Diagnostik.
(3) Schaffung von Sicherheit und Orientierungshilfen durch vorhersagbare Ereignisse.
(4) Ermöglichung erfolgsorientierten Handelns durch Strukturierung von Tätigkeiten
(5) Motivierung durch Fördern, Ausschöpfen und Nutzen vorhandener bzw. erhaltener Kompetenzen (Demenz) bzw. Interessen (Autismus)

### 1.2.3.2 Strukturierte Lernformate in der Demenztherapie

Auf dem Hintergrund der kognitiven Verarbeitungsstile von Menschen mit Autismus wurden nach TEACCH-Prinzipien die strukturierten Lernformate entwickelt (Häußler, 2005a; 2005b). Ein strukturiertes Lernformat ist eine kognitiv-verhaltenstherapeutisch orientierte Konzeption, die nach ursprünglicher Definition durch deutliche Gliederung der Lern-und Lebenssituation eines Kindes und durch Akzentuierung relevanter Situations-Komponenten charakterisiert ist. Am strukturierten Lernformat orientierte Interventionen führen dazu, dass ein Kind „jeweils in die Lage versetzt wird kognitive, affektive, motivationale und handlungsbezogene Teilkonzepte zu aktualisieren und zu einem neuen Gesamtkonzept zu verknüpfen" (Probst, 2007).
So verläuft z. B. der behaviorale Prozess der operanten Konditionierung, mit der therapeutische Vorgänge im Rahmen des diskreten Lernformats (Lovaas, 2003) erklärbar sind, häufig bewusst ab und geht mit kognitionspsychologisch relevanten Prozessen einher. Operante

Konditionierung ist durch das Lernen von Erwartungen, Attributionen und den Erwerb kognitiv-affektiver Schemata gekennzeichnet. Ein solches Schema ist z.b. Freude und Stolz über eine gelungene Handlung und die anschließende Anerkennung durch den Therapeuten, welche wiederum zur Stärkung der Selbstwirksamkeitserwartung beiträgt (vgl. Probst, 2007).

Verschiedene Aspekte der im Folgenden erläuterten Konzeption sind für die Anwendung innerhalb von Interventionen im Demenzbereich adaptierbar. Durch das Lernformat, eine Gruppe von ähnlichen, aufeinander bezogenen Methoden und Techniken, werden die *Lern-Situationen* gestaltet. Diese umfassen neben Erziehungs-und Bildungs-auch Förder-und Therapiesituationen (Probst, Drachenberg, Jung, Knabe & Tetens, 2007). Dabei müssen die Aspekte *Förderung* und *Therapie* im Demenzbereich im Vordergrund stehen und v.a. der Erziehungsaspekt wegfallen, um der Gefahr einer dem Umgang mit dementen Menschen nicht gerecht werdenden infantilisierend-pädagogischen Haltung vorzubeugen. Da trotz des neuronalen Degenerationsprozesses auch bei Demenzpatienten Lernprozesse innerhalb psychologischer Interventionen möglich sind (Gürthler, 2006), kann der Begriff des Lernformats i.S. eines Therapieformats auch im Kontext einer Demenz Anwendung finden. Unterschieden wird zwischen drei Formen strukturierter Lernformate (vgl. Probst, 2007).

(1) Im *diskreten Lernformat* (Lovaas, 2003) werden alle Lern-bzw. Therapie-oder Fördersituation in drei gut unterscheidbare Schritte gegliedert: (a) Instruktion des Therapeuten (b) Verhaltensreaktion des Patienten, ggf. mit anfänglicher Hilfestellung und (c) Verstärkung der erwünschten behavioralen Reaktion durch den Therapeuten.

(2) Das *naturalistische Lernformat* bevorzugt als Basis natürliche Alltagssituationen. Der Therapeut regt durch Auswahl, zur-Verfügung-Stellen und Platzierung bevorzugter Gegenstände und Materialien kommunikative Initiativen und Auswahlhandlungen an. Erwünschte soziale Kommunikation wird mit natürlicher Verstärkung beantwortet (vgl. Probst, 2007).

(3) Beim *visuell-strukturierten Lernformat* wird das Prinzip der Gliederung der Lebens-und Therapiesituationen umgesetzt durch (a) Räumliche Strukturierung wie z. B. durch Unterteilungen eines Raumes (b) Zeitliche Strukturierung wie z. B. Bereitstellung eines Tagesplans und (c) Handlungsbezogene und symbolische Strukturierung wie z. B. durch Bereitstellung einer gut verständlichen kommunikativen Anleitung zur Lösung lebenspraktischer oder therapiebezogener Aufgaben durch visuelle Mittel (Häußler, 2005a).

### 1.2.3.3 Therapeutische Funktionen von Strukturierung

Auch wenn die neuropsychologischen Defizite bei Menschen mit Autismus und solchen mit Demenz sowohl qualitativ als auch quantitativ erheblich differieren, führen die Überschneidungen der Defizitprofile in Bereichen wie visuelle Wahrnehmung, Regulation des sensorischen Inputs, Orientierung und Aufmerksamkeitsfokussierung zu vergleichbaren Implikationen für die Entwicklung therapeutischer Strategien. Für Menschen mit Autismus und Menschen mit Demenz kann eine klare Strukturierung der Umwelt und der Interaktionsangebote eine bedeutende Hilfe sein, Situationen durchschaubar zu machen und das zu verstehen, was um sie herum vorgeht. Verstehen ist nach Häußler (2005a) wiederum die Basis für gezieltes und effektives Handeln, so dass oft erst durch die Strukturierung eine effektive Kommunikation mit der Umwelt ermöglicht wird. Struktur gibt Regeln vor, hilft Zusammenhänge zu erkennen, dient der Orientierung und schafft Sicherheit durch höhere Vorhersagbarkeit, durch sie werden räumliche und zeitliche Bezüge deutlich gemacht. Struktur kann Erwartungen klären, die an einen Menschen gestellt werden und steckt auch den Rahmen dessen ab, was der Mensch selbst von sich und seiner Umwelt erwarten kann, wodurch Überforderungssituationen vermieden werden können. Nach Häußler ist Struktur sowohl Hilfe zum Verstehen als auch Hilfe zum Handeln.

### 1.2.3.4 Ebenen der Strukturierung eines für Demenz adaptierten Lernformats

Im Demenzbereich sind diverse Elemente des diskreten und natürlichen Lernformats für die Anwendung in bestimmten Therapiesituationen geeignet, so z.B. die Handlungsinstruktionen des diskreten Lernformats sowie das Anbieten von kommunikationsrelevanten Auswahlhandlungen im Kontext kreativer Therapien und musikpsychologischer Interventionen. Aufgrund des durch den zunehmenden Verlust situativer, räumlicher und zeitlicher Orientierung gekennzeichneten klinischen Bilds einer Demenz bietet sich vor allem das visuell-strukturierte Lernformat für einen Transfer auf therapeutische Interventionen an.

Dem visuell-strukturierten Lernformat liegen zwei übertragbare Grundprinzipien zugrunde, die denen der Milieutherapie bei Demenz entsprechen: (1) Die Lebenswelt, d.h. die häusliche Umgebung, Institution, Pflegestation, Wohngruppe bzw. der Therapieraum soll so bedeutungsvoll wie möglich gestaltet werden, ihr soll Sinn und Zusammenhang gegeben werden. (2) Die Notwendigkeit einer defizit-und kompetenzorientierten, angepassten Umweltgestaltung muss erkannt werden. Entscheidend sind die Elemente Visualisierung und Strukturierung sowie ein klarer Kommunikationsstil. Die genannten Kernelemente tragen dazu bei, für den Patienten einen individuellen Orientierungsrahmen und ein Gefühl der Sicherheit zu schaffen (Kunce & Mesibov, 1998; zit. n. Probst et al., 2007).

In einem für die Anwendung bei Demenzpatienten adaptierten, individuellen strukturierten Lernformat sollte therapeutische Strukturierung sinnvollerweise auf den im Folgenden beschriebenen Ebenen stattfinden, wobei die Strukturierung durch musikalisches Erleben eine weitere Ebene darstellt und im Kontext musikpsychologischer Interventionen gesondert behandelt wird.

**(1) Räumliche Strukturierung durch bildlich-anschauliche Gestaltung der Umwelt**
Räumliche Strukturierung ist zur Prävention und Eindämmung der typischen Störungen der räumlichen Orientierung von Demenzpatienten bedeutsam. Orientierungsstörungen können nach Häußler (2005b, p. 4) entstehen bzw. verstärkt werden,

[…] wenn der Raum unübersichtlich ist, wenn man nicht erkennt, wo welcher Bereich beginnt und endet, wenn räumliche Zuordnungen für Objekte oder Aktivitäten nicht eindeutig sind. Oft entsteht Verwirrung […] durch Unklarheiten in den räumlichen Bezeichnungen, die wir wie selbstverständlich verwenden, die jedoch oft missverständlich oder interpretationsbedürftig sind. Was genau bedeutet zum Beispiel: "Warte [*Warten Sie*][3] an der Tür?" oder "Bleibe [*Bleiben Sie*] bei Ihrer Gruppe"? […]

Örtlich-räumliche Orientierung kann erleichtert werden, indem einzelne Bereiche klar voneinander abgegrenzt und damit funktional eindeutig definiert werden. Bereits durch vorhandene Gegenständen und Materialien wird die Funktion des jeweiligen Bereiches deutlich:

Bücher und Bücherregale werden in einer Leseecke platziert, Sitzmöbel oder ein Fernsehgerät befinden sich in einem Wohnbereich, Bastelmaterialien, Musikinstrumente und ein Schallplattenspieler in einem Bereich für Musiktherapie und kreative Therapieeinheiten.

Die Abgrenzung verschiedener Bereiche kann z.b. durch physische Grenzen wie Möbel oder Regale erfolgen. Ebenso können farbliche Markierungen, Teppiche oder farblich abgesetzte Fliesen oder Fußbodenbeläge eingesetzt und Orte mit Schildern, schriftlichen und bildlichen Hinweisen (Piktogramme, Symbole, Fotos) bezeichnet werden. Letzteres kann z.B. auf einem Wohnbereich geschehen, indem der gesamte Bereich durch eine bestimmte farbliche Kodierung definiert wird, was z.B. an der Gestaltung der Flure, auf Hinweisschildern oder auch der Arbeitskleidung des Personals erkennbar sein kann. Räumliche Orientierung kann ferner durch olfaktorische Elemente unterstützt werden (vgl. Wojnar, 2008), indem bestimmte Gerüche eindeutig bestimmten Räumen zugeordnet werden können:

Der Geruch von Badezusätzen und Seife kann über den Geruch helfen ein Badezimmer zu erkennen, der Geruch von Speisen und Gewürzen kann eine Küche oder einen Eßraum klarer erkennbar machen.

Durch Visualisierung können räumliche Bezeichnungen und Beziehungen konkretisiert und somit leichter verständlich werden. Die oben genannten visuellen Hilfsmittel können die örtliche Orientierung erleichtern, z.B. in dem sie den Weg zu bestimmten Räumen anzeigen. Namensschilder und Fotos können den Platz am Tisch oder die Wohnungstür bezeichnen, farbliche Kodierungen können helfen den eigenen Bereich zu erkennen ("der in blau gehaltene Platz ist meiner"). Zur räumlichen Strukturierung gehört neben dem Einsatz visueller Mittel auch die sinnvolle Raumaufteilung. Dies bedeutet z.B., dass bei einem weglaufgefährdeten

---

[3] Änderung: C. Fischer-Terworth

Patienten darauf geachtet wird, dass er seinen Platz nicht neben einer Tür hat. Bereits kleine Veränderungen in der Raumgestaltung, die den symptomatisch bedingten Besonderheiten der dort lebenden Personen Rechnung tragen, können dazu beitragen Schwierigkeiten zu minimieren und Problemen vorzubeugen (vgl. Häußler, 2005b, p. 4).

**(2) Zeitliche Strukturierung durch klare Kommunikation und überschaubare Abläufe**
Demenzpatienten leiden typischerweise unter zeitlicher Desorientiertheit bzw. zeitlich unscharfer Orientierung. Sie können oftmals Uhrzeit, Wochentag und Jahr nicht angeben, verwechseln Tag und Nacht oder leben innerhalb ihrer subjektiven Welt in einem lang zurückliegenden Abschnitt ihrer biographischen Vergangenheit. Zeitliche Orientierung beginnt nach Häußler (2005b)

[…] damit zu wissen, was als nächstes auf einen zukommt, und mündet in einen langfristigen Überblick über zukünftige Ereignisse […] Unsicherheit kommt auf, wenn man nicht weiß, was als nächstes passieren wird, ob ein gewünschtes Ereignis auch eintreffen wird und wann es soweit ist. Aussagen wie: "Warte [warten Sie] noch ein bisschen!" […] sind sehr schwammig und unkonkret. Jemand, der Schwierigkeiten hat, sich Reihenfolgen zu merken oder ein Gefühl für Zeit zu entwickeln, wird davon profitieren, wenn man […] Anfang und Ende einer Aktivität […] konkret erfahrbar macht […] (p. 5)

Demenzpatienten können aufgrund von Kommunikationsdefiziten nicht in konventioneller Weise ihre Standpunkte klarmachen, weswegen eine klare Wissenslücke hinsichtlich ihrer Bedürfnisse und Erfahrungen entsteht (Murphy et al., 2007). Wie auch autistische Patienten profitieren sie von einem klaren und einfachen Kommunikationsstil (Probst, 1998; Wojnar, 2008). So sind klare und verständliche Ankündigungen dessen, was unmittelbar als nächstes folgt, eine große Orientierungshilfe. Oftmals ist es aufgrund von Erinnerungsdefiziten sinnvoll, sich nur auf die jeweils nächste Aktivität zu beschränken. Dadurch wird auch das häufig anzutreffende, mit psychomotorischer Unruhe einher gehende Warten erleichtert, denn die sichtbare Zusage, dass z.B. als nächstes oder übernächstes eine gewünschte Aktivität auf dem Plan steht, kann helfen das Gefühl subjektiver Sicherheit zu erhöhen.

Für die Strukturierung der Zeit gilt, die Zukunft in für den Betreffenden überschaubare Abschnitte einzuteilen und diese deutlich voneinander abzugrenzen. Wichtig sind vorhersehbare Ereignisse, Rituale und gleich bleibende Tagesabläufe mit regelmäßig wiederkehrenden Aktivitäten. Letztere vermitteln Sicherheit und Struktur, stärken die situative Präsenz und verbessern die zeitliche Orientierung. Beginn und Ende von Aktivitäten und therapeutischen Interventionen sollen deutlich signalisiert werden (vgl. Häußler, 2005b). Dies kann auf verbaler Ebene durch einfache Hinweise, situationstypisches Verhalten der Bezugspersonen (Betreten und Verlassen von Räumen, Vorbereiten von Aktivitäten) oder durch klare Strukturierung des Ablaufs von Therapieeinheiten geschehen. Neben der Komplexität, d.h. der Menge und Verschiedenheit der Informationen über zukünftige Ereignisse, ist auch die Individualisierung der

Darstellungsform sinnvoll. Visuelle Repräsentationen können von realen Objekten über Ablaufpläne, Fotos, Piktogramme, Symbole bis hin zu schriftlichen Hinweisen alles umfassen. Dem Betroffenen muss genügend Zeit zum Verarbeiten und Reagieren gelassen werden, weiter dürfen Kommunikationsangebote durch Reizüberflutung nicht überfordernd sein.

**(3) Strukturierung der Kommunikation durch visuelle Hilfsmittel**
Reize sollten bei Demenzpatienten nicht ausschließlich sprachlich, sondern auch visuell dargeboten werden, so z.b. die Alternativen in Entscheidungssituationen (Wojnar, 2008). Durch die Auswahl visueller Repräsentationen sowie die Verwendung nonverbaler Kommunikation können sich Demenzpatienten bei ausreichender Zeit indirekt verständigen und ihre Absichten besser zum Ausdruck bringen, ferner erhalten Angehörige und Pflegekräfte Ressourcen zur Kommunikation. Die von Murphy et al. (2007) entwickelten *Talking Mats* sind ein einfach handhabbares Instrument, welches Menschen mit Kommunikationsdefiziten hilft sich der Umwelt besser mitzuteilen und Emotionen auszudrücken. Talking Mats bestehen aus einer beschriebenen Vorlage, auf der Piktogramme den Ablauf der Konversation anzeigen, wobei drei Typen von Piktogrammen Verwendung finden: (1) Themen, die besprochen werden (2) Meinungen, die sich auf ein spezielles Thema beziehen (3) Eine visuelle Skala, mit der die Menschen ein Gefühl zur jeweiligen Situation ausdrücken können.

**(4) Strukturierung von Aufgaben und Aktivitäten durch Kompetenzorientierung**
Aufgaben und Aktivitäten in Alltag und Therapiesituationen müssen dem eigenen Kompetenzprofil angepasst sein und möglichst selbstständig durchgeführt werden können. Demenzpatienten haben das Bedürfnis, dem jeweiligen Krankheitsstadium angepasste alltagspraktische oder kreative Tätigkeiten auszuführen, die dem Bedürfnis nach Strukturierung, Veranschaulichung, Sicherheit und Klarheit entsprechen.

### 1.2.3.5 Resümee
Das TEACCH-basierte visuell-strukturierte Lernformat scheint aufgrund der genannten Ebenen der Strukturierung einen geeigneten antezedenten therapeutischen Rahmen sowie ein eigenständiges Therapieelement für die Entwicklung eines bei Demenzpatienten anwendbaren Interventionskonzepts darzustellen. Die Prinzipien und Leitlinien lassen sich mit demenzbezogenen milieutherapeutischen Konzeptionen vereinbaren. Zusätzlich eignen sich bei individuell kombinierbare Elemente des natürlichen und diskreten Lernformats zur Integration in einzelne Therapieeinheiten.

### 1.2.4 Kognitiv-neuropsychologische Interventionen
Kognitive Interventionen bei dementiellen Erkrankungen werden aufgrund ihrer Vielfalt, der mangelnden Spezifität sowie ihrer unpräzisen Definition entsprechend uneinheitlich als

kognitives Training, kognitive Stimulation, kognitive Rehabilitation, Gedächtnistraining oder auch Hirnjogging bezeichnet. Derartige Interventionen zielen darauf ab, die Funktionsfähigkeit des Gedächtnisses sowie andere kognitive Funktionen zu verbessern und zu stabilisieren (Woods, 2002), oder erhaltene kognitive Ressourcen zu konservieren und zu fördern. Im Kontext der wachsenden Bedeutung der Neuropsychologie bei der Erforschung und therapeutischen Beeinflussung kognitiver Funktionen bei der Alzheimer-Demenz (Gauggel & Böcker, 2004) sowie aufgrund des allgemeinen Ziels wissenschaftlicher Fundierung psychologischer Interventionen, soll im Folgenden von *kognitiv-neuropsychologischen Interventionen* die Rede sein, wobei die sonstigen Termini im Kontext anderer Arbeiten gleichberechtigt verwendet werden.

### 1.2.4.1 Ziele und Strategien

Aufgrund neuerer Erkenntnisse über Neuroplastizität und der begrenzten Effektivität pharmakologischer Interventionen ist das Interesse an Methoden neurowissenschaftlich fundierter kognitiver Rehabilitation bei Demenz gestiegen (Cotelli, Calabria & Zanetti, 2006). Einige Ansätze zielen sogar bewusst auf die Erhaltung und Verbesserung präfrontaler Gehirnareale (Sekiguchi & Kawashima, 2007), in denen zahlreiche kognitive und kommunikative Funktionen lokalisiert sind.

Wenn auch die Einbeziehung der Erkenntnisse aus der Neuroplastizitätsforschung zukunftsweisend ist, muss der Begriff der Rehabilitation im Kontext dementieller Erkrankungen aufgrund des durch den Degenerationsprozess bedingten Fehlens eines ausreichenden biologischen Substrats (Gauggel, 2003) kritisch betrachtet werden. Die Zielsetzung der Verbesserung kognitiver Funktionen birgt Gefahren von Leistungsdruck, dem Demenzpatienten nicht mehr gewachsen sind. Strategien kognitiv-neuropsychologischer Interventionen lassen sich in kompensatorische und restaurative Strategien unterteilen, aus denen sich verschiedene Interventionsmethoden ableiten lassen (Sitzer, Twamley & Jeste, 2006).

*Kompensatorische Strategien* fokussieren Erhalt, Wiedererlernen und Training vorhandener kognitiver Ressourcen und zeigen dem Patienten Wege zum Umgang mit dem limitierten Gedächtnis auf (Gauggel, 2003). Die Anwendung kompensatorischer Strategien kann u.a. mit dem neuropsychologischen Konzept der kognitiven Reservekapazität begründet werden, welches beinhaltet dass kognitive Aktivitäten und damit einhergehende neurobiologische Veränderungen die Reservekapazität des Gehirns erhöhen und somit das Auftreten klinischer Symptome verzögern bzw. abschwächen können (Gauggel & Böcker, 2004). Kompensatorische Strategien sind z.B. die Strukturierung von Information durch Kategorisierung und Visualisierung oder die Entwicklung von Strategien zur Reaktivierung vorhandener Ressourcen des expliziten Gedächtnisses. Letztere geschieht durch strukturierte Unterstützung des Enkodierungsprozesses und des unmittelbaren Informationsabrufs, z.B. durch Mehrfachkodierung über multiple sensorische Kanäle. Andere Strategien sind die Ausschöpfung vorhandener, relativ intakter impliziter Erinnerungssysteme wie *Priming* und *prozedurales Gedächtnis* oder die Entwicklung von Copingstrategien zur Kompensation des limitierten expliziten Gedächtnisses durch Rückgriff auf externe Hilfsmittel wie Notizbücher, Fotos oder Kalender (De Vreese, Neri, Fioravanti, Belloi & Zanetti, 2002; Sitzer et al., 2006).

Ermini-Fünfschilling & Meier (1995) demonstrierten in mehreren kontrollierten Studien den Erfolg kompensatorischer kognitiver Strategien bei Patienten mit leichter Demenz, deren Anwendung zu einer Stabilisierung kognitiver Funktionen führte.

*Restaurative Strategien* zielen rehabilitativ (Cotelli et al., 2006) auf die bereichsspezifische Wiederherstellung des prämorbiden Funktionsniveaus. Hierzu gehören nach der Definition von Sitzer et al. (2006) neben Aufmerksamkeits-und Erinnerungsübungen der wiederholte Abruf von Erinnerungen über längere Zeitperioden (*Spaced Retrieval*; Gabriel, 2005), das Realitätsorientierungstraining und die Reminiszenztherapie, wobei die beiden letzteren Methoden auch kompensatorische Elemente enthalten.

Mahendra (2001) schlägt in einem integrativen, primär kompensatorischen Ansatz den Einsatz zahlreicher neuropsychologischer Interventionen zur Erhaltung und Verbesserung kommunikativer und kognitiver Fähigkeiten bei Alzheimer-Patienten vor, wobei auch restaurative Strategien einbezogen werden. Ziel ist es auch hier, erhaltene neuropsychologische Fähigkeiten zu fokussieren, um Funktionseinbußen zu kompensieren. Auch wird die Erleichterung des Erlernens und Enkodierens von Informationen und Fähigkeiten angestrebt. Genannt werden die Spaced Retrieval-Methode, Quizspiele, aber auch nicht-kognitive Ansätze wie multisensorische Stimulation, musikalische Aktivierung, strukturierte Aktivitätsprogramme und computergestützte, kognitiv-sprachbezogene Stimulation.

### 1.2.4.2 Forschungsstand

Bei verschiedenen Demenzformen und – stadien ist eine Vielzahl schwer vergleichbarer Methoden zur Stabilisierung des kognitiven Funktionsniveaus in Gebrauch. Generelle Aussagen über deren Wirksamkeit sind wegen der Schwierigkeit zur Isolierung der ausschlaggebenden Erfolgsparameter zumeist unmöglich (Clare, Woods, Moniz-Cook, Orrell & Spector, 2003; Frank & Conta, 2005; Werheid & Thöne-Otto, 2005). Um aussagekräftige Schlussfolgerungen über die Wirksamkeit einzelner Methoden zu ziehen, müssen qualitativ höherwertige Studien durchgeführt werden als dies bisher der Fall war.

Clare et al. (2003) fanden in ihrem Review zu kognitivem Training bei Alzheimer-Demenz und vaskulärer Demenz keine überzeugende Evidenz für die Anwendung verschiedener Methoden kognitiven Trainings, räumen jedoch moderate Verbesserungen in einzelnen Funktionsbereichen ein. Nach der Metaanalyse von Sitzer et al. (2006) von 19 kontrollierten Studien zur Effektivität kognitiven Trainings bei leichter bis mittlerer Alzheimer-Demenz zeigt sich eine durchschnittliche Effektstärke von $d = 0.47$ für alle kognitiven Strategien. Gut beeinflussbar sind danach vor allem Alltagsfähigkeiten, exekutive Funktionen sowie verbales und visuelles Lernen in Verbindung mit der Stabilisierung des Gedächtnisses. Moderate Effektivität zeigt generelle kognitive Stimulation, welche das Abrufen zurückliegender Erinnerungen, Lesen, kreative Übungen, das Einüben von Konversationsstrategien und Übungen zum problemlösenden Denken umfasst (Sitzer et al., 2006).

In drei von 14 randomisierten kontrollierten Studien zu verschiedenen Methoden kognitiver Interventionen bei fortgeschrittener Demenz zeigen sich nach der Übersichtsarbeit von Frank und Conta (2005) signifikante Unterschiede zwischen Behandlungs-und Kontrollgruppen. Auch wenn die als restaurative Strategien bezeichneten Ansätze durchaus Ressourcen aktivieren können, sollte grundsätzlich mehr die Stabilisierung erhaltener Funktionen durch kompensatorischen Rückgriff auf vorhandene Ressourcen als die Verbesserung stark beeinträchtigter Funktionsbereiche fokussiert werden. So kann z.b. das Verwenden externer Hilfsmittel insbesondere in weiter fortgeschrittenen Stadien den Abruf persönlicher Informationen und Gesprächsfertigkeiten verbessern (Woods, 2002).

Insgesamt sprechen die Ergebnisse systematischer Untersuchungen für eine gewisse Effektivität kognitiver Stimulation zur Stabilisierung des kognitiven Funktionsniveaus bei leichter bis mittlerer Alzheimer-Demenz, überzeugende Evidenz besteht für gruppentherapeutische Programme zur kognitiven Stimulation, moderate Evidenz für die Anwendung von Reminiszenztherapie (Fischer-Terworth et al., 2009).

### 1.2.4.3 Interventionsmethoden

*Programm zur kognitiven Stimulation*
Spector et al. (2003) entwickelten ein in 15 Sitzungen abgehaltenes gruppentherapeutisches Programm zur kognitiven Stimulation, eine Weiterentwicklung des sog. Realitätsorientierungstrainings (ROT). Beim klassischen Realitätsorientierungstraining, durchführbar in Gruppentherapie oder der Variante des sog. 24-Stunden-Realitätsorientierungstrainings, werden dem Demenzpatienten kontinuierlich Orientierung vermittelnde Informationen zu Person, Zeit und Ort präsentiert, um Orientierungsstörungen einzudämmen. In der gruppentherapeutischen Variante werden über verschiedene Abrufsignale wie Musik, Zeitungen oder Bilder aktuelle Ereignisse thematisiert (Füsgen, 2001; p. 152; Woods, 2002). Der klassische Ansatz wird aufgrund seiner uneinheitlichen Anwendung und der häufigen Konfrontation der Patienten mit ihren Defiziten mit Recht kontrovers diskutiert, zeigt jedoch Potential in modifizierten Therapiekonzepten.

Die jeweils 45 Minuten dauernden, einmal wöchentlich durchgeführten Sitzungen des Programms zur kognitiven Stimulation sind methodisch transparent in mehrere inhaltlich strukturierte Phasen unterteilt. Diese sind (1) Beginn: Singen eines Rituallliedes, Ballspiel zur psychomotorischen Aktivierung (2) Typisches Realitätsorientierungs-Material und Hauptthema der Sitzung (3) Zusammenfassung und Schlusslied. Die Intervention bewirkte in kontrollierten Studien mit Ergebnissen aus Antidementiva-Studien vergleichbare signifikante Besserungen kognitiver Funktionen (Spector et al., 2003; Woods, Thorgrimsen, Spector, Royan & Orrell, 2006) und wird von NICE/SCIE (2006) als wirksamer Ansatz zur Stabilisierung des kognitiven Funktionsniveaus empfohlen.

*Reminiszenztherapie*
In der Reminiszenztherapie thematisieren Patienten mit leichter bis mittlerer Demenz unter therapeutischer Anleitung länger zurückliegende Erinnerungen. Therapeutische Ziele sind die Förderung des Altgedächtnisses, die Aktivierung von Emotionen sowie die Stärkung des Selbstwertgefühls und des Bewusstseins für die eigene Identität (Pittiglio, 2000; Woods, 2002). Im Reminiszenzgruppen-Konzept wird durch die Aktivierung zurückliegender Erinnerungen im Gruppengespräch gleichzeitig die Basis für soziale Interaktion und Kommunikation geschaffen. Auslöser für Erinnerungen können sowohl Gespräche als auch z.B. Musik, Fotos, Filme, Bücher oder Zeitungen sein. In der individuellen Reminiszenzarbeit wird mit der individuellen Lebensgeschichte gearbeitet, die ggf. durch Beiträge von Angehörigen wie das Mitbringen von Fotos und Tonbändern unterstützt werden kann (Woods, 2002, p. 345).
In kontrollierten Studien zeigen sich bei teilweise defizitärer Studienmethodik teils signifikante Verbesserungen kognitiver Funktionen und neuropsychiatrischer Symptome, insbesondere von Depressivität (Woods, Spector, Jones, Orrell & Davies, 2005; Wang, 2007).

*Mehrkomponenten-Interventionen*
In zwei kontrollierten Studien konnte gezeigt werden, dass Interventionen zur kognitiven Stimulation kombiniert mit angehörigenzentrierten Interventionen (Bottino et al., 2005; Onder et al., 2005) den Effekt antidementiver Medikation auf kognitive Funktionen bei Patienten mit leichter bis mittlerer Alzheimer-Demenz potenzieren kann. Mit individuellen kognitiven Interventionen, in denen Komponenten verschiedener Ansätze, u.a. Realitätsorientierungstraining und Reminiszenztherapie mit anderen Therapieansätzen innerhalb integrativer Gesamtkonzepte kombiniert werden, konnten positive Effekte auf Kognition und Sprache dementer Patienten demonstriert werden (Savorani et al., 2004; Raggi et al., 2007).

### 1.2.5 Kognitiv-verhaltenstherapeutische Interventionen
Die spezielle behaviorale Pathologie von Demenzpatienten in verschiedenen Krankheitsstadien erfordert die Prüfung der Übertragbarkeit bestehender Methoden, ggf. deren Modifikation sowie die auf individuellen Verhaltensanalysen basierende Entwicklung neuer, individuell angepasster Interventionen. Kognitiv-verhaltenstherapeutische Interventionen bei Demenzpatienten streben je nach Krankheitsstadium die Vermittlung alltagspraktischer und emotionaler Bewältigungsstrategien zum Umgang mit störungsbedingten Defiziten, die Förderung von Selbstständigkeit sowie v.a. die Reduktion neuropsychiatrischer Symptome an. Typische Me-

thoden umfassen u.a. die Modifikation dysfunktionaler Gedanken durch kognitive Umstrukturierung, den systematischen Aufbau von Aktivitäten, behaviorale Umfokussierung auf sinnvolle Aktivitäten, Entspannungstraining, die Vermittlung von Problemlösestrategien, Techniken der Verhaltensmodifikation und Alltagsfähigkeitentraining. Dabei wird auch auf klassische behaviorale Prinzipien und Strategien zurückgegriffen. Zunehmende Bedeutung erlangt die Psychoedukation der Angehörigen und von Pflegefachkräften innerhalb spezieller Trainingsprogramme.

### 1.2.5.1 Forschungsstand

Innerhalb der Vielzahl psychologischer Interventionsmethoden zeigen sich hohe Evidenzlevels für die Anwendung kognitiver Verhaltenstherapie bei beginnender und fortgeschrittener Demenz. Ergebnisse der größeren kontrollierten Studien bestätigen stabile Effekte auf neuropsychiatrische Symptome, vor allem auf Depressivität (Livingston et al., 2005; Logsdon et al., 2007). Logsdon et al. (2007) sichteten in einer umfangreichen Übersichtsarbeit 57 randomisierte kontrollierte Studien hinsichtlich evidenzbasierter psychologischer Interventionsmethoden zur Behandlung neuropsychiatrischer, d.h. behavioraler und psychopathologischer Symptome, wobei 14 Studien nach strikten methodischen Kriterien selektiert wurden. In acht der Studien fanden sich signifikante Unterschiede zwischen Behandlungs-und Kontrollgruppen, wobei alle wirksamen psychologischen Ansätze kognitiv-verhaltenstherapeutischen Behandlungsprinzipien folgen.
Insbesondere effektiv sind nach dem aktuellen Forschungsstand die Psychoedukation der Angehörigen, Verhaltenstrainings für Pflegekräfte, patienten-und angehörigenzentrierte Therapieprogramme, gruppenpsychotherapeutische Frühinterventionen, die kognitiv-behavioral orientierte Selbsterhaltungstherapie, Entspannungstrainings und individuelle Interventionen für bestimmte Indikationsbereiche (Fischer-Terworth et al., 2009).

### 1.2.5.2 Kognitive Verhaltenstherapie bei leichter Demenz

Für Patienten mit beginnender Alzheimer-Demenz liegt das von Ehrhardt et al. (1998) entwickelte, an psychosozialen Risikofaktoren und dem charakteristischen Krankheitsbild orientierte verhaltenstherapeutische Kompetenztraining vor (vgl. Plattner & Ehrhardt, 2002).
Kognitiv-behaviorale Interventionen, deren Perspektive die erhaltenen Kompetenzen eines Demenzpatienten fokussiert, können insbesondere im Anfangsstadium das Fortschreiten einer Demenz verzögern und depressiven Symptomen entgegenwirken (siehe auch Haupt & Wielink, 2006; Scheurich, Schanz, Müller & Fellgiebel, 2007). Durch Mobilisierung persönlicher Ressourcen und die Entwicklung kompensatorischer Strategien zum Umgang mit eigenen Defiziten kann das Ausmaß eines Kompetenzdefizits reduziert werden, welches nicht den tatsächlich vorhandenen neuropsychologischen Defiziten entspricht. Weiterhin sollen die Demenzkranken bei der Bewältigung krankheits-und diagnosebedingter Belastungen unter-

stützt werden. Die Prävention depressiver Symptome erfolgt durch Verhinderung dysfunktionaler Kognitionen, die zu einem Teufelskreis von Kompetenzverlust und Vermeidungsverhalten führen.

Das verhaltenstherapeutische Kompetenztraining ist für ein Einzel-oder Kleingruppensetting konzipiert und setzt sich aus sechs Therapiemodulen zusammen: (1) Therapieplanung und Verhaltensanalyse (2) Psychoedukation (3) Defizitorientiertes Stressmanagement (4) Aufbau positiver Aktivitäten und Kompetenzförderung (5) Emotionale Bewältigung der Erkrankung und ihrer Auswirkungen (6) Präventive Modifikation depressogener Kognitionen (Plattner & Ehrhardt, 2002, p. 234).

Insbesondere im Anfangsstadium einer Demenz hat im Zusammenhang mit dem Erhalt von Kompetenzen das systematische Training von Alltagsfähigkeiten große Bedeutung für einen längeren Verbleib in der häuslichen Umgebung und der Depressionsprävention (Beck et al., 2002). Verhaltenstherapeutische Entspannungstrainings, wie z.b. die Anwendung progressiver Muskelentspannung nach Jacobson können bei Patienten mit leichter bis mittlerer Alzheimer-Demenz und ihren Angehörigen eine Stabilisierung kognitiver Funktionen sowie eine Reduktion neuropsychiatrischer Symptome nach sich ziehen (Suhr, 1999).

### 1.2.5.3 Verhaltenstherapeutische Interventionen bei mittlerer Demenz

Während im Anfangsstadium einer Demenz mit psychotherapeutischen Interventionen v.a. der Umgang mit Kompetenzverlust sowie die Prävention und Behandlung depressiver Symptome angestrebt wird, zielen behaviorale Interventionen bei mittlerer Demenz (Überblick bei Woods, 2002) primär auf das Management sowie die Reduktion verhaltensbezogener Symptome wie Agitation (Spira & Edelstein, 2006) oder Apathie (Fellgiebel & Scheurich, 2008). Dabei ist zumeist die Konzeption angepasster, auf individueller Verhaltensanalyse basierender Therapieprogramme und individueller Interventionen für bestimmte Indikationsfelder wie Agitation (Bakke et al., 1994) oder zielloses Umherwandern (Feliciano, Vore, LeBlanc & Baker, 2004) notwendig. So konnte in mehreren Studien der erfolgreiche Einsatz von sog. weißem Rauschen zur Reduktion störender Vokalisationen gezeigt werden (Burgio, Scilley, Hardin, Hsu & Yancey, 1996). Die gezielte Involvierung von Demenzpatienten in Aktivitäten kann zur Abnahme herausfordernden und agitierten Verhaltens sowie von repetitivem Fragen (Camp, 2001) beitragen. Obwohl es keinen allgemein gültigen Ansatz für die Behandlung der genannten demenzassoziierten Verhaltensweisen gibt (Woods, 2002, p. 351), kann in häuslicher und institutioneller Umgebung, idealerweise unter psychologischer Supervision, auf klassische behaviorale Strategien (vgl. Margraf, 2000) zurückgegriffen werden, die auch der Bund Deutscher Allgemeinmediziner (BDA, 2000) teilweise in einem praxisbezogenen Manual für das *Case Management Demenz* empfiehlt:

(1) **Modelllernen** (Bandura, 1976). Demonstration einzelner Verhaltensschritte durch den Therapeuten und anschließende Imitation, anwendbar z.b. bei Alltagsfähigkeitentraining.
(2) **Verstärkung und differentielle Verstärkung**. Auswahl und gezielte Bekräftigung erwünschter Verhaltensweisen durch Lob und positive Rückmeldung.
(3) **Löschung**. Nicht-Beachtung bzw. "diskretes Übergehen" unerwünschten Verhaltens bei Aggressivität, Agitation oder Enthemmung.
(4) **Shaping**. Schrittweise Verhaltensausformung zum Wiedererlernen selbstständigen Verhaltens, anwendbar bei Apathie (siehe auch Fellgiebel & Scheurich, 2008).
(5) **Prompting**. Verhaltensanregung oder Unterstützung durch Worte, Berührung oder Führung von Bewegungen (Stuhlmann, 2002)
(6) **Fading**. Schrittweises Ausblenden von Hilfestellungen, in Verbindung mit Shaping und Verstärkung (Fellgiebel & Scheurich, 2008)
(7) **Visuelle Strukturierung**. Geben von Hinweisreizen in Form von Signalen, Symbolen oder Bildern zur Erleichterung der Verhaltensorientierung
(8) **Antezedente Milieugestaltung**. Vermeidung von Überreizung und Unterstimulation zur Vermeidung von Stereotypien und selbststimulierendem Verhalten.

### 1.2.5.4 Psychoedukation und Verhaltenstraining

Psychoedukative Ansätze sind pädagogisch-didaktische, primär kognitiv-verhaltenstherapeutisch orientierte Interventionen, in denen Angehörigen, in frühen Stadien auch Demenzpatienten, umfangreiche Informationen über Demenzerkrankungen sowie Strategien zum bewussten Wahrnehmen und besseren Umgang mit krankheitsspezifischen Einschränkungen vermittelt werden (Füsgen, 2001, pp. 175f). Einige psychoedukative Ansätze fokussieren die Vermittlung konkreter Verhaltenstechniken zum verbesserten Umgang mit herausforderndem Verhalten der Betroffenen in Beratungen oder Trainings. Psychoedukation kann bei Angehörigen Bewältigungskompetenzen steigern, Stress reduzieren, psychopathologische Symptome reduzieren und durch positive Auswirkungen auf den Krankheitsverlauf bei den Patienten deren Zeit des Verbleibs in der häuslichen Umgebung verlängern (Fischer-Terworth et al., 2009).

Mehrere kontrollierte Studien zeigen teils signifikante Reduktionen von Depressivität, Angstsymptomatik und Aggressivität nach Durchführung psychoedukativer Trainings für Pflegekräfte zum Umgang mit neuropsychiatrischen Symptomen der Patienten (Livingston et al., 2005). Psychoedukative Programme für Angehörige (Callahan et al., 2006) sowie Verhaltenstrainings für Alzheimer-Patienten und ihre Angehörigen (Teri et al., 2000; Gormley et al., 2001) können nach Ergebnissen größerer Untersuchungen zeitlich stabile, moderate bis starke Reduktionen neuropsychiatrischer Symptome wie Agitation und Aggressivität bei den Patienten bewirken, die teilweise vergleichbar sind mit den Effekten von Cholinesterasehemmern sowie antipsychotischer bzw. antidepressiver Pharmakotherapie (vgl. Sink et al., 2005). Auch im Gruppensetting durchgeführte, kognitiv-behaviorale psychoedukative Frühinterventionen für Patienten mit leichter Alzheimer-Demenz und ihre Angehörigen können zur Reduktion von Depressivität Angst, Apathie und Rückzugsverhalten bei den Patienten beitragen (Scheurich et al., 2007).

### 1.2.5.5 Spezielle Interventionen für Depressivität und Angstsymptome

Demenzassoziierte depressive Symptome und komorbide depressive Störungen (Lyketsos et al., 2003) gehören mit einer Prävalenz von 20-50% zu den häufigsten und bedeutendsten Begleitsymptomen einer Demenz. Sie schränken Alltagskompetenz und Lebensqualität erheblich ein und wirken sich ungünstig auf das kognitive Funktionsniveau aus. Angstsymptome, die im Rahmen einer Demenz häufig nicht diagnostiziert werden, sind mit einer schlechteren Prognose, Alltagskompetenz und Lebensqualität assoziiert (Seignourel et al., 2008). Die effektive Behandlung von Depressivität und Angstsymptomen durch spezielle Interventionen hat wichtige Bedeutung für das psychische Wohlbefinden Demenzkranker.

Bei leicht bis mittelschwer dementen Patienten können gruppenpsychotherapeutische Interventionsprogramme zur signifikanten Reduktion von Depressivität und Angstsymptomen beitragen (Cheston, Jones & Gilliard, 2003).

Mit einem kognitiv-verhaltenstherapeutischen Programm (Teri, Logsdon, Uomoto & McCurry ,1997) konnten bei Demenzpatienten robuste antidepressive Effekte *(Cohen's d* = 0.9 – 1.7) erzielt werden, die mit denen von SSRI vergleichbar waren (Lyketsos et al., 2003). Nach kognitiv-behavioraler Psychoedukation der Angehörigen (Teri et al., 2003) sowie einem psychoedukativen Training für Pflegekräfte zur Verbesserung der Patientenkommunikation (McCallion, Toseland, Lacey & Banks, 1999) konnten jeweils statistisch signifikante und zeitlich stabile Verbesserungen depressiver Symptome erzielt werden.

Die klinisch relevante antidepressive Wirkung der auch in der stationären Pflege einsetzbaren, speziell auf die Psychopathologie von Demenzen zugeschnittene Selbsterhaltungstherapie konnte in mehreren kontrollierten Studien bei Patienten mit Alzheimer-Demenz und solchen mit fronto-temporaler Demenz gezeigt werden (Romero & Wenz, 2002).

Individuelle kognitiv-verhaltenstherapeutische Interventionen können teils signifikante Besserungen von Angstsymptomen bei Demenzpatienten bewirken, sowohl im Einzelsetting (Koder, 1998; Suhr, 1999; Kraus et al., 2008; Qazi, Shankar & Orrell, 2003) als auch in Gruppentherapien (Cheston et al., 2003; Scheurich et al., 2007). Insbesondere bei mit dem typischen kognitiven Abbau assoziierten Angstsymptomen können kompensatorische kognitive Strategien und Elemente der antidepressiven Verhaltenstherapie wie Selbstsicherheitstraining, Stressmanagement und Aktivitätenaufbau Ängste reduzieren. Bei mittlerer Demenz sollten kognitiv-behaviorale Therapien durch supportiv-psychotherapeutische Elemente, Musiktherapie, sensorische Interventionen und spezielle milieubezogene Modifikationen ergänzt werden.

## 1.2.6 Musikpsychologische Interventionen

Musiktherapie ist ausgehend von einem bio-psycho-sozialen Krankheitsverständnis ein psychotherapeutisches Verfahren, welches wissenschaftlich fundiert mit dem psychologischen Mittel Musik arbeitet (Deutsche Gesellschaft für Musiktherapie 1998; siehe Landsiedel-Anders, 2003a, pp. 38). Basierend auf dieser Definition werden die beschrieben Interventionsstrategien als Teil eines psychologischen Interventionsprogramms als *musikpsychologische Interventionen* bzw. *Therapie* bezeichnet, wobei der Terminus *Musiktherapie* im Kontext von Zitaten und bisheriger Konzeptionen gleichberechtigt zur Anwendung kommt.[4]

Es lassen sich für die klassische, professionelle Musiktherapie zwei wesentliche methodische Ausrichtungen feststellen: Aktive und rezeptive Musiktherapie. Bei aktiver Musiktherapie ist der Patient bei der Musikausübung aktiv mit seiner Stimme oder einem Instrument beteiligt, der Therapeut spielt i.d.R. mit und ist in das Geschehen eingebunden. Im Zentrum stehen Improvisationen, die ohne vorbereitende Absprache oder strukturiert durch Vorgaben ablaufen können. Bei der rezeptiven Musiktherapie steht das Musikhören im Zentrum, wobei Musik vom Tonträger vermittelt werden kann bzw. der Therapeut auf einem Instrument spielt oder singt (Landsiedel-Anders, 2003a).

### 1.2.6.1 Interventionsmethoden bei dementiellen Erkrankungen

Zur Methodik musiktherapeutischer Interventionen bei Demenz liegen bisher wenige wissenschaftliche Studien vor, wobei sich die Autoren primär auf Praxisberichte, Fallstudien und Diplomarbeiten stützen müssen. Methoden psychologisch fundierter Musiktherapie bei Demenzpatienten sind primär solche der *aktiven Musiktherapie,* auch solche der *rezeptiven Musiktherapie* kommen zum Einsatz. Demenzpatienten aller Krankheitsstadien bevorzugen das Singen und Spielen auf elementaren Instrumenten (Trommeln, Triangel, Klangstäbe, Percussion-Instrumente etc.) sowie das Tanzen und Sich-Bewegen zur Musik gegenüber der musikalischen Improvisation (Grümme, 1998; zit. n. Landsiedel-Anders, 2003a), die in der klassischen Musiktherapie im Zentrum der Interventionen steht.

Für Demenzpatienten können spezifische Effekte musikpsychologischer Therapie gut identifiziert werden (vgl. Muthesius, 2007), wobei die grundsätzlichen methodischen Möglichkeiten gemäß den individuellen Kompetenzen der Demenzpatienten im jeweiligen Krankheitsstadium angepasst werden müssen. Dies hat zur Folge, dass musikalische Angebote „den

---

[4] Musiktherapeutische Ansätze werden auch innerhalb anderer Disziplinen wie z.B. der Heil-und Sonderpädagogik oder der Medizin mit teilweise ähnlichen und teilweise verschiedenen Zielsetzungen und Methoden durchgeführt, weswegen eine terminologische Abgrenzung nicht auf fachliche Überlegenheit, sondern auf eine disziplinäre methodische Differenzierung hinweisen soll.

komplexen Stimulus Musik [...] entsprechend nach und nach in einer einfacheren Struktur darbieten müssen" (Landsiedel-Anders, 2003a).

Insbesondere das gemeinsame Singen in der Gruppe (Clair, 2000) ist in allen Demenzstadien effektiv, da die Fähigkeit mehrstrophige Lieder mit Text zu singen trotz erheblicher Störungen des Gedächtnisses und des verbalen Ausdrucksvermögens häufig bis ins Stadium einer schweren Demenz erhalten bleibt (Muthesius, 2007). Weiterhin erfolgreich eingesetzt wird das Hören individuell bevorzugter, biographisch bedeutsamer Musik (Aldridge, 2000; Landsiedel-Anders, 2003a). Nach Grümme (1998), die verschiedene Praxisberichte von Musiktherapeuten studierte, lässt sich bilanzieren, dass sich über verschiedene Demenzstadien die Kombination des Singens mit Instrumentenspiel unter Einbeziehung des Musikhörens und Tanzen am besten bewährt hat (vgl. Landsiedel-Anders, 2003). Letzteres deckt sich mit eigenen Erfahrungen aus dem klinischen Bereich. Landsiedel-Anders zieht folgende Bilanz:

Aufgrund der [...] uneinheitlichen Ergebnisse der Studien, aber auch in Verbindung zu den [...] Befunden der Grundlagen von Musik aus Sicht der kognitiven Neurowissenschaften ist eine breite Angebotspalette von Singen, Hören, elementarem musikalischem Gestalten und Bewegen sinnvoll, also eine Integration aller musiktherapeutisch verfügbarer Methoden, die soweit möglich alle genannten Hirnbereiche inklusive der verbliebenen Gedächtnissysteme aktivieren kann [...] (p. 40)

Diese Angebotspalette sollte v.a. auch individuelle Präferenzen berücksichtigen und die Bereiche aufgreifen, welche den Menschen mit Demenz aus ihrem früheren Leben bekannt, vertraut und emotional bedeutsam sind.

### 1.2.6.2 Forschungsstand

In den letzten Jahren konnte die Wirksamkeit von Musiktherapie als sichere Methode zur zumindest kurzfristigen Reduktion neuropsychiatrischer Symptome bei mittlerer bis schwerer Alzheimer-Demenz in mehreren kontrollierten Studien belegt werden, Evidenz für Langzeiteffekte gibt es nicht (Fischer-Terworth et al., 2009).
Nach Ergebnissen mehrerer systematischer Reviews zur Anwendung von Musiktherapie bei Demenz (Sherrat, Thornton & Hatton, 2004; Vink, Birks, Bruinsma & Scholten, 2004) lässt die schwache methodische Qualität der Studien keine allgemeinen Schlussfolgerungen über deren Wirksamkeit zu. Verschiedene Aspekte sind dafür ausschlaggebend, dass eine Generalisierbarkeit und Quantifizierbarkeit der bisherigen Ergebnisse nicht oder nur unzureichend gegeben ist:
(1) der Mangel an präzisen Kenntnissen über neurophysiologische Korrelate und psychologische Wirkmechanismen der Musiktherapie (2) die mangelnde Spezifität allgemein gefasster Outcome-Variablen wie Kognition, Verhalten, Sprache und Lebensqualität (3) Defizitäre Studiendesigns mit zu kleinen Stichproben (4) die häufige Anwendung nicht standardisierter

Untersuchungsinstrumente sowie (5) die allgemeine Schwierigkeit, die im Vordergrund stehenden subjektiven Aspekte musikalischen Erlebens quantitativ zu erfassen (vgl. Riello & Frisoni, 2001; Sonntag, 2005).

Die Effektivität musiktherapeutischer Interventionen bei der Beeinflussung kognitiver Funktionen ist nach Ergebnissen der Studie von Bruer, Spitznagel & Cloninger (2007) zeitlich begrenzt, jedoch eindeutig feststellbar. Bis zu einem Tag nach der Intervention zeigten sich bei den Patienten Verbesserungen von 3.7 Punkten im Mini Mental Status Test, wobei eine Woche später keine signifikanten Verbesserungen mehr zu objektivieren waren.

Neuere, fast ausnahmslos randomisiert-kontrollierte Studien belegen bei zunehmender Präzisierung der Designs differenzierte Effekte musiktherapeutischer Interventionen auf Agitation, Angst, Aggressivität und Apathie.

Clark et al. (1998) zeigten eine signifikante Reduktion aggressiven Verhaltens während der Durchführung rezeptiver Musiktherapie bei Alzheimer-Patienten. Eine weitere Studie (Holmes, Knights, Dean, Hodkinson & Hopkins, 2006) berichtet von einer Besserung von Apathie bei Demenzpatienten verschiedener Stadien während der Durchführung aktiver Musiktherapie. Sung, Chang, Lee und Lee (2006) demonstrierten eine signifikant niedrige Auftretenshäufigkeit agitierten Verhaltens bei Alzheimer-Patienten nach Durchführung einer vierwöchigen Gruppenmusiktherapie, eine andere Studie berichtet von einer Abnahme desselben unmittelbar nach wöchentlichen Sitzungen (Ledger & Baker, 2007). Bei Patienten mit mittlerer bis schwerer Alzheimer-Demenz konnte nach einer sechswöchigen musiktherapeutischen Intervention eine unmittelbare, vier Wochen später nicht mehr quantifizierbare, signifikante Reduktion von Apathie, Angst und Aggressivität verzeichnet werden (Svansdottir & Snaedel, 2006). Raglio et al. (2008) zeigten in einer größeren Studie nach 30 Sitzungen Musiktherapie über einen Zeitraum von 16 Wochen signifikante Verbesserungen auf den Subscores Agitation/ Aggression, Angst, Irritabilität, Apathie, Psychomotorische Symptome, Wahnvorstellungen und Schlafstörungen des Neuropsychiatric Inventory (NPI). Die Verbesserungen blieben im Gegensatz zur o.g. Studie von Svansdottir und Snaedel (2006) bei einem Follow-Up vier Wochen nach Abschluss der Intervention stabil.

### 1.2.6.3 Neurowissenschaftliche Befunde und psychologische Wirkungen

*Neuronale Korrelate musikalischer Erfahrung bei Alzheimer-Demenz*
Befunde aus Neuroimaging-Studien zeigen, dass bei musikalischer Erfahrung zahlreiche und komplexe neuronale Netzwerke aktiviert sind (Spitzer, 2002), d.h. „das gesamte Gehirn macht Musik" (Landsiedel-Anders, 2003a). Beteiligt sind z.B. kortikale Areale, der Hippocampus und die für die emotionale Verarbeitung entscheidende Amygdala, wobei biochemische Mediatoren wie Melatonin (Kumar et al., 1999), Endocannabioide, Endorphine und Dopamin beteiligt sind (Boso, Politi, Barale & Enzo, 2006). Die genannten Befunde implizieren, dass

über die Wirkung von Musik in verschiedensten Hirnarealen zahlreiche kognitive und psychische Funktionen beeinflussbar sein können.

Musikpsychologische Interventionen bei Demenz werden aufgrund der zunehmenden Erkenntnisse über neurobiologische Korrelate musikalischer Erfahrung (Spitzer, 2002) sowie neuronale Effekte psychologischer Therapien (Grawe, 2004) verstärkt im Zusammenhang mit neurowissenschaftlichen Erkenntnissen betrachtet.

Da sich bei Alzheimer-Patienten unmittelbar nach musikalischer Aktivität und Musikhören neuropsychologische Funktionen wie Orientierung, Merkfähigkeit, Erinnerungsvermögen und verbales Ausdrucksvermögen verbessern können (Brotons, 2000; Landsiedel-Anders 2003b; Bruer et al., 2007), kann Musik zunehmend der neuropsychologischen Forschung als Mittel zur Untersuchung funktionaler Plastizität und somit der zugrunde liegenden Pathophysiologie der Erkrankung dienen (Johnson, Cotman, Tasaki & Shaw, 1998). Durch starke emotionale Beteiligung können Aufmerksamkeit, situative Präsenz, Ausdauer und Motivation gesteigert werden (Muthesius, 2007), was sich in neurochemischer Hinsicht mit der von Boso et al. (2006) beobachteten, für Aufmerksamkeit und Motivation bedeutsamen verstärkten Aktivierung des dopaminergen Systems vereinbaren lassen könnte.

Weiterhin kann Musikerleben die autobiographische Erinnerungsfähigkeit verbessern (Irish et al., 2006). Verschiedene Studien (vgl. Janata, 2005) zeigen, dass in dem bei der Musikwahrnehmung aktivierten Areal des rostralen medialen präfrontalen Kortex autobiographische Erinnerungen, die kognitive Regulation von Emotionen, affektive Reaktionen auf musikalische Stimuli sowie Musikverstehen lokalisiert sind. Da diese Region von der bei Alzheimer-Demenz stattfindenden Atrophie noch lange Zeit ausgenommen ist, könnte dies zumindest teilweise das positive Ansprechen von Alzheimer-Patienten auf autobiographisch bedeutsame Musik erklären. Diese Hinweise unterstützen die Hypothese, dass insbesondere das beschriebene Areal für die Verknüpfung von Musik, Emotion und Erinnerungen innerhalb des komplexen Netzwerks eine wichtige Rolle spielt (Janata, 2005). Aufgrund der Beteiligung zahlreicher Hirnareale an der Musikverarbeitung (Spitzer, 2002) ist es nicht ausgeschlossen, dass bei atrophiebedingtem Ausfall einzelner Bereiche auch andere Hirnareale aktivierbar sind (vgl. Muthesius, 2007), die via Neuroplastizität eine substituierende Funktion erfüllen. Dies könnte teilweise erklären, dass Musikerleben auch bei einem hohen Grad an neuronaler Degeneration möglich ist.

*Psychologische Wirkungen*

Musikpsychologische Interventionen können grundsätzlich in gewissem Grade zur emotionalen Stabilisierung und Stressbewältigung beitragen (Probst et al., 2007). Über die Beeinflussung des auch in späteren Demenzstadien erhaltenen emotionalen Erlebens kann Musik dazu beitragen, negative Emotionen zu lindern (Bonder, 1994; Aldridge, 2000) und durch musikalische Strukturierung eine Möglichkeit des kontrollierten Ausdrucks und der Verarbeitung solcher Emotionen schaffen, die mit im Langzeitgedächtnis gespeicherten Erinnerungen assoziiert sind (Landsiedel-Anders, 2003a).

Die emotionale Wirkung von Musik unterscheidet sich abhängig vom jeweiligen Krankheitsstadium. Bei leichter Demenz kann Musik eine Form kontrollierten Emotionsausdrucks ermöglichen sowie erhaltene Ressourcen und Fähigkeiten zur Wahrnehmung erlebbar machen, was dem Erleben des defizitbedingten Kontrollverlusts entgegenwirken kann. Mit dem Fortschreiten der Demenz tauchen Affekte bei intensivem emotionalem Erleben häufig zunehmend ungefiltert auf. Verlässlichkeit und Wiedererkennbarkeit musikalischer Strukturen bieten dabei starke Orientierung, wobei Musik für den Austausch von Affekten und somit für die emotionale Kommunikation in dieser Phase ein wichtiges Hilfsmittel sein kann (vgl. Muthesius, 2007).

Bewegung zu Musik fördert als akustische und kinästhetische Stimulation Psychomotorik, Sensorik, Koordination und allgemeines Körperempfinden und trägt somit Elemente basaler Stimulation (vgl. Fröhlich, 1997). Sie kann durch gestisch-mimischen und körperlich-rhythmischen Mitvollzug der Musik zur Vitalisierung beitragen (Muthesius, 2007). Der ungerichtete Bewegungsdrang von Demenzpatienten spiegelt oft das Suchen nach Bekanntem und Vertrautem wieder. Durch Kanalisierung dieses Bewegungsdrangs innerhalb vertrauter musikalischer Strukturen und die gleichzeitige Verbesserung des Körperempfindens kann auch die teilweise Zurückgewinnung des bei Demenzerkrankungen oftmals verlorenen Bewusstseins für die eigene Identität unterstützt werden (vgl. Hörmann & Weinbauer, 2006).

### 1.2.6.4 Förderung sozialer Kommunikation und Interaktion

Probst et al. (2007) konnten bei Patienten mit Autismus-Spektrum-Störungen die Hypothese untermauern, dass musikalische Aktivitäten kommunikative und sozial-interaktive Fähigkeiten fördern können. Die Ergebnisse zeigen teilweise Kongruenz mit bisherigen Ergebnissen der Musiktherapie-Forschung bei Demenzerkrankungen (u.a. Schmitt & Frölich, 2006).

Musik stellt ein eigenständiges Kommunikationssystem dar, das bei beiden Syndromkomplexen verbale Kommunikation ergänzen kann. Grundsätzlich kann gemeinsames Musikerleben Geborgenheit vermitteln und Isolationstendenzen entgegenwirken (Bonder, 1994). In Gruppentherapien können durch Musik ausgelöste Erinnerungen Ausgangspunkt für die Initiierung sozialer Kommunikation sein, ferner kann Musikausübung die Kommunikation und Interaktion mit Angehörigen oder Betreuern verbessern (Brotons & Marti, 2003). Musikpsychologische Interventionen erlauben eine indirekte Kontaktaufnahme, die einen subjektiv sicheren Raum für Interaktion schaffen kann. Bei gemeinsamer, interaktiver musikalischer Aktivität von Musiktherapeut und Patient (z. B. beim Spiel auf Instrumenten) können kommunikative Kompetenzen wie die Herstellung gemeinsamer Aufmerksamkeit und die Initiierung verbaler oder nonverbaler Kommunikationsakte aufgebaut werden (vgl. Probst et al., 2007).

Die Förderung sozialer Interaktion kann bei Demenzpatienten zu einer Reduktion neuropsychiatrischer Symptome und der Angehörigenbelastung führen (Orange & Colton-Hudson, 1998), weiterhin gibt es einen Zusammenhang zwischen der Qualität sozialer Interaktion zu Symptomen der Agitation (Kolanowski & Litaker, 2006). Durch Eingehen auf die speziellen musikalischen Interessen der Patienten kann die Motivation für soziale Kommunikation und Interaktion verbessert werden (Probst et al., 2007).

### 1.2.6.5 Musiktherapie innerhalb strukturierter Lernformate

In der Demenztherapie gibt es trotz der in den letzten Jahren verstärkten Anwendung von Musiktherapie keine standardisierten Therapiekonzepte. TEACCH-basierte strukturierte Lernformate (Lovaas, 2003) liefern einen geeigneten Konzeptrahmen für musikpsychologische Interventionen. Musikalisches Erleben im therapeutischen Kontext hat per se strukturierendes Potential, einmal auf der Ebene zeitlicher Strukturierung sowie zum anderen durch das Erfahren musikalischer Struktur. Musik kann einen auf sensorischer Ebene erfahrenen, geordneten zeitlichen Orientierungsrahmen darstellen (Hörmann & Weinbauer, 2006). Sie kann durch gezielt eingesetzte Begrüßungs-und Abschiedslieder Zeit strukturieren und dem Bedürfnis nach Klarheit und Vorausschaubarkeit alltäglicher Abläufe dienen (Probst et al., 2007). Das Erfahren musikalischer Strukturen kann Aufmerksamkeit und situative Präsenz von Demenzpatienten verbessern, da Musik Vertrautheit und Wiedererkennbarkeit symbolisiert (Muthesius, 2007).

Die Gliederung von Musikstücken in harmonische, melodische, rhythmische und sprachliche Einheiten repräsentiert die strukturierenden Elemente der Musik. Musikalische Strukturen, d.h. Lieder, Takte, Motive und Harmonien werden wiederholt, variiert, moduliert oder sequenziert, wobei Vertrautes abgewandelt wird und wieder erscheint. Insbesondere bekannte Volkslieder haben klare und einfache textliche, melodische, harmonische und rhythmische Strukturen sowie immer wiederkehrende Melodien, die den meisten demenzkranken Menschen bekannt sind. Aktive Musikausübung in der Gruppe, v.a. das gemeinschaftliche Singen, vollzog sich insbesondere in den 20er bis 40er Jahren zu bestimmten Anlässen und Zeiten wie in Schulstunden, im Kirchenchor, Vereinen, bei Wanderungen und Festen. Musikausübung diente als Ritual und war mit Gemeinschaft und sozialen Kontakten verknüpft. Durch diesen Ritualcharakter ergibt sich ein weiteres strukturierendes Element der Musik auf gesellschaftlich-sozialer Ebene. Innerhalb der Musiktherapie ist ferner die Integration von Elementen aus den klassischen strukturierten Lernformaten möglich und förderlich.

(1) Die räumliche Orientierung während Therapiesitzungen kann durch visuelle Strukturierung des Settings beeinflusst werden, in dem Therapiesitzungen immer in einem farblich abgegrenzten, durch typische Materialien (Platzierung von Musikinstrumenten, Schallplattenspielern, Liederbüchern, Fotos von Instrumenten) definierten Raum stattfinden und die Sitzordnung der Teilnehmer unverändert bleibt (vgl. Häußler, 2005b).

(2) Die jeweilige Methode der musiktherapeutischen Intervention muss analog zum TEACCH-Prinzip der Strukturierung durch Kompetenzorientierung von musikalischen Interessen, Fähigkeiten und dem jeweiligen Krankheitsstadium abhängig sein (vgl. Muthesius, 2007). Singen und Musizieren auf elementaren Musikinstrumenten in der Gruppe sind bei mittlerer Demenz i.d.R. selbstständig durchführbar, während z.b. musikalische Improvisation nur bei leichter Demenz und/oder bei entsprechender musikalischer Vorbildung geeignet ist. Arbeitsmaterialien wie Noten oder Liedtexte sollten in großer Schrift gedruckt sein, Musikinstrumente als solche gut erkennbar und handhabbar sein. Lieder sollten allgemein bekannt sein und in angemessenem, nicht allzu schnellem Tempo gesungen werden.

Nur bei kompetenzorientierter Strukturierung können durch therapeutische musikalische Aktivität kognitive Defizite kompensiert und Musiktherapie als positive Aktivität erlebt werden.

(3) Elemente des *naturalistischen Lernformats* (Probst et al., 2007) eignen sich beim Umgang mit musikalischen Therapiematerialien. So können Musikinstrumente oder Liederbücher gut erreichbar auf einen bestimmten Platz gelegt werden, wo die Patienten zunächst die Instrumente auswählen, dann in die Hand nehmen, sich mit dem Gegenstand auf sensorischer Ebene vertraut machen und anschließend benutzen. Das Aufnehmen eines Instruments vor oder während eines Liedes ist als Kommunikationsangebot aufzufassen und kann mit positiver Rückmeldung verstärkt werden.

(4) Das *diskrete Lernformat* eignet sich für die Durchführung einzelner therapeutischer Einheiten und die Steigerung der Effizienz bei der Aktualisierung vorhandener Fähigkeiten in Lernprozessen. So kann der Therapeut (a) bestimmte Instruktionen bezüglich einer musikalischen Verhaltensweise wie *Singen eines Liedes*, *Klopfen eines Rhythmus* oder *Benutzung eines Instruments* geben und (b) auf eine bestimmte Verhaltensreaktion (Anstimmen eines Liedes, Beginnen eines Rhythmus) eine unmittelbare positive Rückmeldung im Sinne einer Verstärkung geben. Danach kann (c) eine Entspannungsphase erfolgen.

Therapeutische musikalische Aktivität innerhalb strukturierter Lernformate leistet somit einen Beitrag zur krankheitsgerechten Milieugestaltung bei Demenz und steht im Einklang mit den Prinzipien des TEACCH-Modells.

## 1.2.6.6 Musikalische Aktivierung als kognitive Stimulation

Da Musikerleben bei Demenzpatienten vorübergehend zur Verbesserung kognitiv-neuropsychologischer Funktionen führen kann, scheint musikalische Aktivierung einen unmittelbar kognitiv-stimulierenden Effekt auszuüben, was mit den vielschichtigen neuronalen Auswirkungen musikalischen Erlebens (Spitzer, 2002) teilweise erklärt werden könnte. Nach der Studie von Irish et al. (2006) kann die auditive Stimulation mit klassischer Musik eine signifikante Verbesserung des Abrufs autobiographischer Erinnerungen bei Alzheimer-Patienten bewirken. Diese geht zugleich mit signifikant niedrigeren Angstlevels bei Musikeinspielung im State Trait Anxiety Inventory (STAI; Laux, Glanzmann, Schaffner & Spielberger, 1981) einher, was auf eine mögliche Funktion von Angst als Mediatorvariable der Qualität autobiographischen Informationsabrufs hindeutet. Reminiszenzfokussierte Musiktherapie (Ashida, 2000) macht sich diesen Effekt in doppelter Hinsicht zunutze. Sie verwendet zum einen spezielle Musik als assoziativen Trigger für autobiographische Erinnerungen und nutzt zum anderen die Tatsache, dass Musikhören per se den Abruf aus dem autobiographischen Gedächtnis erleichtert. Auch van Winkel, Feys, de Weert und Dom (2004) konnten zeigen, dass ein kombiniertes Interventionsprogramm aus musikalischer und psychomotorischer Aktivierung die allgemeine Kognition und Wortflüssigkeit signifikant verbessern kann.

### 1.2.6.7 Kognitiv-verhaltenstherapeutische Elemente

Innerhalb musikpsychologischer Interventionen können kognitiv-verhaltenstherapeutische Strategien, Prinzipien und Techniken zur Anwendung kommen.

(1) Der systematische Aufbau positiver Aktivitäten hat sich bei der Therapie und Prävention depressiver Störungen im Alter (Hautzinger, 2002) bewährt, was auch für depressive Symptome im Kontext von Demenzerkrankungen zutrifft. Singen und Musizieren stellen dem Interessens-und Kompetenzprofil von Demenzpatienten angepasste positive Aktivitäten dar, sind größtenteils selbstständig durchführbar und schaffen oftmals ein Bewusstsein für verloren geglaubte eigene Ressourcen.

(2) Automatisiert-negative, mit erlebtem Kompetenzverlust assoziierte kognitive Schemata wie "Im Alter geht alles verloren" oder "Singen, das konnte ich früher einmal" können durch die Erfahrung erhaltener musikalischer Fähigkeiten teilweise zur kognitiven Umstrukturierung beitragen. Das bewusste Erleben der erhaltenen Ressourcen steigert das Selbstwertgefühl und kann depressogenen Gedankenmustern vorbeugen (Plattner & Ehrhardt, 2002).

(3) Modelllernen in Verbindung mit Imitationslernen geschieht z.B. durch Demonstration und Imitation musikalischer Verhaltensweisen. Im Gegensatz zu autistischen Patienten ist bei Demenzpatienten die Fähigkeit zum Imitationslernen zumindest bis ins mittlere Stadium häufig erhalten.

(4) Prompting, d. i. die Verhaltensanregung mit verbaler Unterstützung, Berührung oder Führung von Bewegungen (Stuhlmann, 2002), kann Modelllernen unterstützen. Es erleichtert die Anbahnung erwünschten Verhaltens und die Reaktivierung länger nicht mehr ausgeübter, erhaltener musikalischer Fähigkeiten auf psychomotorischer und kognitiv-emotionaler Ebene.

(5) Differentielle Verstärkung durch Bekräftigung erwünschter Aktivitäten (Singen, Musizieren) mittels Lob und positiver Rückmeldung geht mit der oben beschriebenen Aneignung kognitiv-affektiver Schemata einher.

## 1.2.6.8 Resümee

In der Demenztherapie könnte die Kombination von Musiktherapie mit kognitiver Stimulation, Reminiszenztherapie und/oder speziellen verhaltenstherapeutischen Techniken die Wirksamkeit der Therapie durch additive bzw. synergistische Effekte der einzelnen Interventionselemente steigern. Strukturierte Lernformate nach TEACCH-Prinzipien können insbesondere im musiktherapeutischen Bereich einen geeigneten Rahmen bieten.

## 1.2.7 Psychoedukation und Psychotherapie der Angehörigen

### 1.2.7.1 Definition und Methoden

Die Hauptlast der Versorgung Demenzkranker tragen die in vielen Fällen pflegenden Angehörigen, wobei sich 75% mittel-bis hochgradig psychisch belastet fühlen. Bei Zurückstellung bzw. der Aufgabe des eigenen Lebens und persönlicher Bedürfnisse (Füsgen, 2001, p. 175) ist die Belastung mit höheren Raten von Angstsymptomen (Akkerman & Ostwald, 2004) und Depressionen (Tremont, Davis & Bishop, 2006) assoziiert. Weiterhin existiert ein Zusammenhang zwischen höherer Angehörigenbelastung und der Ausprägung kognitiver Symptome der Patienten sowie mit einem schlechteren innerfamiliären Funktionsniveau (Tremont et al., 2006). Interventionen, die auf das psychische Wohlbefinden der Angehörigen zielen, sind:
(1) Unterstützung und Beratung der Angehörigen in organisatorischen, rechtlichen, wirtschaftlichen und ethischen Fragen (2) Psychotherapeutische Interventionen und psychologische Beratung hinsichtlich der Auswirkungen der Erkrankung, z.B. auf zwischenmenschliche Beziehungen (3) Psychoedukation zwecks Informationsvermittlung über Demenzerkrankungen, zum bewussten Wahrnehmen von krankheitsspezifischen Einschränkungen (Füsgen, 2001, pp. 175f) sowie zur Vermittlung konkreter Verhaltenstechniken zum verbesserten Umgang mit den Betroffenen in Beratungen oder Trainings.
Im Bereich psychoedukativer Interventionen finden sich innerhalb des TEACCH-Ansatzes Modelle, die sich gut auf den Demenzbereich übertragen lassen und als Basis für die Entwicklung psychoedukativer Angehörigentrainings dienen können (vgl. Probst, 2003). Kommunikation und Kooperation zwischen Fachkräften und Eltern stellen ein zentrales Element des TEACCH-Ansatzes dar, wobei sich ein Transfer auf die Kooperation von pflegerisch-therapeutischen Fachkräften mit Angehörigen im Bereich der Dementenbetreuung anbietet:
(1) Fachkräfte können als *Lehrer*/Kooperationspartner von Eltern (Autismus)/ Angehörigen (Demenz) fungieren, indem sie fachlich begründetes Wissen vermitteln.
(2) Eltern/ Angehörige sind *Lehrer*/ Kooperationspartner von Fachkräften, indem sie ihr individuelles Wissen über das autistische Kind/ den dementen Menschen vermitteln.
(3) Eltern/Angehörige sind sich gegenseitig *Lehrer*/Kooperationspartner.
(4) Eltern/Angehörige und Fachkräfte unterstützen sich gegenseitig, etwa bei Problemkonstellationen oder Fehlschlägen im Betreuungsalltag.

(5) Eltern/Angehörige und Fachkräfte setzen sich als "Anwälte" gemeinsam für die Interessen des Kindes/ des Demenzpatienten ein. Insbesondere die dargestellte symmetrische Kooperation zwischen Eltern und Fachkräften trägt zur Effektivität des TEACCH-Programms bei (vgl. Schopler, 2005; siehe auch Probst, 1998; 2003) und kann als Anregung für die Entwicklung ähnlicher Konzepte im Demenzbereich dienen.

### 1.2.7.2 Forschungsstand

Aus den Resultaten neuer randomisierter kontrollierter Studien ergibt sich überzeugende Evidenz für angehörigenzentrierte psychoedukative und psychotherapeutische Interventionen. Psychoedukation in Verbindung mit psychologischer Beratung kann bei Angehörigen Bewältigungskompetenzen steigern, psychischen Stress und psychopathologische Symptome reduzieren sowie den Krankheitsverlauf der Demenz positiv beeinflussen (Fischer-Terworth et al., 2009). Gallagher-Thompson und Coon (2007) geben einen Überblick zu evidenzbasierten psychologischen Interventionen, die zur Stressreduktion und Verbesserung des Wohlbefindens Angehöriger geeignet sind. Als besonders effektiv erwiesen sich psychoedukative Programme, in denen Wissen über Demenzerkrankungen, Strategien zum Umgang mit demenztypischem Verhalten, Stresssituationen, Depressivität und Ärger vermittelt wurden. Weiter fand sich überzeugende empirische Evidenz für die Wirksamkeit kognitiver Verhaltenstherapie sowie für Mehrkomponenten-Interventionen.

Selwood et al. (2007) fanden in einem systematischen Review überzeugende Evidenz für die Effektivität einer Intervention bestehend aus mindestens sechs Sitzungen kognitiv-behavioraler Psychoedukation im Einzelsetting, welche über Vermittlung von Strategien zum Umgang mit demenztypischem Verhalten das psychische Befinden der Angehörigen unmittelbar und über einen Zeitraum von zwei bis drei Jahren stabil verbesserte.

Kognitiv-behaviorale psychoedukative Gruppenprogramme können Depressivität und Ärger Angehöriger signifikant verringern und Copingstrategien zum Umgang mit psychischer Belastung vermitteln (Coon, Thompson, Stephen, Sorocco & Gallagher-Thompson, 2003; Hepburn, Lewis, Tornatore, Sherman & Bremer, 2007). Weiterhin können psychoedukative Programme einen im Mittel signifikant längeren Verbleib in der häuslichen Umgebung der Patienten bewirken (Mittelman, Ferris, Shulman, Steinberg & Lewin ,1996; Eloniemi-Sulkava et al., 2001). Der Aufbau organisierter Beratungs-Netzwerke für Patienten und pflegende Angehörige kann sich günstig auf depressive Symptome Angehöriger auswirken (Roth, Mittelman, Clay, Modan & Haley, 2005).

Kognitiv-behaviorale gruppentherapeutische Interventionen, so z.B. Frühinterventionen für Patienten und Angehörige, können zur Reduktion von Schlafstörungen, Reizbarkeit, Aggressivität (Scheurich et al., 2007) und Angstsymptomen (Akkerman & Ostwald, 2004) bei Angehörigen beitragen. Eine Verbesserung von Depressivität, innerer Unruhe und chronischer

Müdigkeit pflegender Angehöriger zeigte sich nach Ergebnissen mehrerer kontrollierter Studien nach Durchführung des Selbsterhaltungstherapie-Programms (Romero & Wenz, 2002). Durch Entspannungsverfahren (Suhr, 1999) und den Aufbau positiver Aktivitäten (Hasselkuss & Murray, 2007) können sich Angstsymptome und das allgemeine psychische Befinden bei Angehörigen verbessern.

### 1.2.8 Zusammenfassende Bewertung des Forschungsstands

Demenzerkrankungen werden mit einer Vielzahl methodisch heterogener psychologischer Interventionen behandelt, wobei bisher nur wenige Ansätze systematisch untersucht wurden. Die Ergebnisse neuerer Studien zeigen die Bedeutung unterschiedlicher psychologischer Interventionen in verschiedenen Stadien einer Demenz. Im Einzelnen zeigt sich Evidenz für die Anwendung verschiedener Interventionsansätze in verschiedenen Indikationsbereichen (s. Tabelle 7).

(1) *Antezedente Milieutherapeutische Interventionen* scheinen sich bei großer sozialer Akzeptanz unter Ärzten, Angehörigen und Patienten zu etablieren. Ergebnisse aus den letzten drei Jahren demonstrieren substantielle Effekte des Interventionstyps auf die allgemeine Betreuungsqualität sowie auf neuropsychiatrische Symptome.

(2) *Kognitiv-neuropsychologische Interventionen*, vor allem Gruppenprogramme zur kognitiven Stimulation, können das kognitive Funktionsniveau von Patienten mit leichter bis mittlerer Alzheimer-Demenz günstig beeinflussen und Ressourcen zur Kompensation vorhandener Defizite aktivieren. Reminiszenztherapie eignet sich zur günstigen Beeinflussung von Depressivität bei mittlerer Demenz.

(3) *Kognitiv-verhaltenstherapeutische Interventionen* zeigen stabile Langzeit-Effekte bei der Reduktion neuropsychiatrischer Symptome wie Aggressivität, Agitation und herausforderndem Verhalten bei leichter bis mittlerer Demenz, vor allem bei psychoedukativer Einbeziehung Angehöriger. Die Ansätze sind insbesondere effektiv bei der Behandlung demenzassoziierter Depressivität. Entsprechende Studien zur Effektivität der Methoden bei Angstsymptomen sind erforderlich.

(4) *Musikpsychologische* Intervention etablieren sich zunehmend als sichere und effektive Methode zur kurz-bis mittelfristigen Reduktion von Agitation, Aggressivität, Apathie und Angstsymptomen bei mittlerer bis schwerer Demenz.

(5) *Angehörigenzentrierte Psychoedukation und Psychotherapie* können bei pflegenden Angehörigen effektiv zur Prävention und Reduktion psychischer Symptome und zur Entwicklung von Coping-und Verhaltensmanagement-Strategien beitragen.

(6) *Basale Stimulation, multisensorische Stimulation und Aromatherapie,* teilweise auch Validation und tiergestützte Therapien, sind nach bisherigen Ergebnissen bedingt wirksame, in der klinischen und pflegerischen Praxis bedeutsame Interventionsansätze, vor allem bei Integration in milieutherapeutische Konzepte.

Tabelle 7: *Psychologische Interventionen bei Demenz (adaptiert nach Fischer-Terworth et al., 2009)*

| Interventionsansatz | GE | Indikationsfeld | Population |
|---|---|---|---|
| **Antezedente Milieutherapie** | B | Betreuungsqualität | Mittlere/schwere Demenz |
| **Kognitiv-neuropsychologische Interventionen** | B | Kognitive Funktionen | Leichte/mittlere DAT |
|  | C | NPS | Demenz |
| Kompensatorische Strategien | A | Kognitive Funktionen | Leichte Demenz |
| Programm zur Kognitiven Stimulation | A | Kognitive Funktionen | Leichte/ mittlere Demenz |
| Reminiszenztherapie | C | Kognitive Funktionen | Mittlere Demenz |
|  | B | Depressivität | Mittlere Demenz |
| Realitätsorientierungstraining | C | Kognition, NPS | Mittlere/schwere Demenz |
| Spaced Retrieval | C | Kognitive Funktionen | Leichte/mittlere Demenz |
| **Kognitive Verhaltenstherapie** | B | Kognitive Funktionen | Leichte Demenz |
|  | A | NPS allgemein | Leichte/mittlere Demenz |
|  | A | Depressive Störungen | Leichte/mittlere Demenz |
|  | C | Angststörungen | Leichte/mittlere Demenz |
| Psychoedukative Trainings | A | NPS, Krankheitsverlauf | Mittlere Demenz |
| Selbsterhaltungstherapie | B | Depression | DAT, FTD |
| Gruppenpsychotherapie | B | Depression, Angst | Leichte Demenz |
| **Musiktherapie** | C | Kognition (kurzfristig) |  |
|  | B | NPS: Agitation, Apathie, Aggressivität, Angst | Mittlere/schwere Demenz |
| **Sensorische Therapien** | C | NPS | Mittlere/schwere Demenz |
| Snoezelen | B | NPS (kurzfristig) |  |
| Aromatherapie | B | Agitation |  |
| Handmassage | B | Agitation (kurzfristig) |  |
| Reduzierte sensorische Stimulation | D | NPS |  |
| **Basale Stimulation** | B* | NPS | Schwere Demenz |
| **Sonstige Ansätze** |  | NPS |  |
| Validation | C | NPS, Kognition | Schwere Demenz |
| Tiergestützte Therapie | C | Agitation | Demenz |
| **Psychoedukation Psychotherapie** | A | Belastung, Coping, Depression, Angst | Angehörige Demenzkranker |

*Legende*
GE: Grad der Evidenz für oder gegen Anwendung der Intervention im jeweiligen Indikationsfeld aus wissenschaftlichen Studien ; A = Überzeugende Evidenz; B = Moderate Evidenz für die Empfehlung einer Intervention; C = Schwache Evidenz für/gegen die Empfehlung; D= Moderate Evidenz für Nicht-Empfehlung; E = Überzeugende Evidenz für die Nichtempfehlung; DAT = Alzheimer-Demenz; FTD = Fronto-temporale Demenz; NPS = Neuropsychiatrische (behaviorale und psychopathologische) Symptome einer Demenz

* Überzeugende Evidenz aus Praxisberichten und klinischer Erfahrung

# 2. Fragestellungen und Hypothesen

## 2.1 Ableitung der Fragestellung aus dem Forschungsstand

Wie bereits ausgeführt wurde, besteht nach dem aktuellen Forschungsstand ein Mangel an kontrollierten Untersuchungen zu psychologischen Interventionsmethoden zur Behandlung von Demenzpatienten. Dies gilt im allgemeinen für alle psychologische Interventionen und im besonderen für einige spezifische definierte Indikationsfelder und Interventionstypen, so z.B. (1) Interventionen zur Behandlung von Patienten mit mittlerer Demenz (2) systematisch konzipierte Mehrkomponenten-Interventionen, in denen antezedente Interventionen mit verschiedenen Therapieelementen kombiniert werden (3) Interventionsansätze, für deren Anwendung nach dem bisherigen Forschungsstand moderate Evidenz besteht, für die jedoch überzeugendere Wirksamkeitsnachweise erbracht werden müssen.

Die Mehrzahl der Forschungsbemühungen konzentriert sich derzeit auf Interventionen im Bereich leichter kognitiver Beeinträchtigung und beginnender Demenz, während das mittlere Demenzstadium leicht unterrepräsentiert scheint. Im Bereich leichter bis mittlerer Demenz erweisen sich nach derzeitiger Datenlage kognitive Verhaltenstherapie sowie Psychoedukation und Psychotherapie der Angehörigen als sehr gut wirksam (Empfehlungsgrad A), Milieutherapie, Gruppenprogramme zur kognitiven Stimulation, Reminiszenztherapie, Musiktherapie und sensorische Interventionen sind moderat wirksam (Empfehlungsgrad B). Für einige Interventionsansätze, die Therapiekomponenten aus verschiedenen Verfahren kombinieren, ergeben sich Hinweise auf Effektivität. Hierzu gehören z.B. die Kombination von kognitiver Stimulation sowie Reminiszenztherapie mit musikalischer Aktivierung (Ashida, 2000; Spector et al., 2003; van Winkel et al., 2004; Irish et al., 2006).

Eine Kombination verschiedener Therapieelemente darf nicht zwecks Kompensation eines Mangels an theoretischem Fundament und methodischer Klarheit durch Vielfalt erfolgen. Entscheidend ist vielmehr, ob die Kombination mehrerer Komponenten zu synergistischen Effekten führen kann. Die Durchführung einer Mehrkomponenten-Intervention, die Elemente aus Interventionen mit Empfehlungsgrad B in sich vereinigt, scheint ein in der Praxis gut durchführbarer Ansatz zu sein. Der beschriebene Ansatz ist ein im Gruppensetting durchführbares Interventionsprogramm mit musikpsychologischen Interventionen als Kernelement, die mit kognitiven Interventionen kombiniert werden, hinzu kommen integrierte, ergänzende oder situativ einsetzbare psychologische Interventionen. Als milieutherapeutische Basis des Programms dienen TEACCH-basierte antezedente Interventionen, deren Zentrum ein kognitiv-verhaltenstherapeutisch orientiertes, für Demenzpatienten adaptiertes strukturiertes Lernformat darstellt. Auf Grundlage der genannten Überlegungen wurde die Entwicklung und Erprobung des psychologischen Interventionsprogramms **TEACCH-basierte M**usikpsychologische **I**nterventionen (TMI) für Patienten mit leichter und mittlerer Demenz durchgeführt.

## 2.2 Fragestellung

Im Rahmen der vorliegenden Arbeit soll untersucht werden, ob sich die im Rahmen einer leichten bis mittleren Demenz auftretenden neuropsychiatrischen Symptome, Störungen der sozialen Kommunikation, des emotionalen Ausdrucks und des Aktivitätsniveaus sowie die typischen Beeinträchtigungen des kognitiven Funktionsniveaus mittels des psychologischen Interventionsprogramms **TEACCH-basierte** **M**usikpsychologische **I**nterventionen (TMI) günstig beeinflussen lassen.

## 2.3 Hypothesen

Im Einzelnen sollen dabei folgende Hypothesen überprüft werden:

(1) Im Mittel findet sich nach der Intervention eine stärkere Reduktion neuropsychiatrischer Symptome in der Interventionsgruppe verglichen mit der Kontrollgruppe. Im Einzelnen wird eine günstigere Beeinflussung in den Bereichen Angstsymptomatik, Depressivität, Agitation, Aggressivität und Apathie erwartet.

(2) Nach der Intervention weist die Interventionsgruppe im Mittel eine günstigere Entwicklung im Bereich sozial-emotionaler Kommunikation und Aktivität im Vergleich zur Kontrollgruppe auf. Im Einzelnen bezieht sich dies auf die Fähigkeit zur sozialen Kommunikation, das Aktivitätsniveau sowie die Fähigkeit zum Ausdruck von Emotionen.

(3) Das allgemeine kognitive Funktionsniveau verschlechtert sich in der Interventionsgruppe in Relation zur Kontrollgruppe in geringerem Ausmaß.

# 3. Methoden

Das Programm *TEACCH-basierte Musikpsychologische Interventionen (TMI)* wurde im Rahmen eines von der Heimleitung des DRK Seniorenzentrums initiierten, mit der vorliegenden Dissertation gekoppelten Forschungsprojekts in Kooperation mit dem Fachbereich Psychologie der Universität Hamburg entwickelt. Mit dem Projekt begann der Aufbau des Arbeitsbereiches Psychologie und Musiktherapie am DRK Seniorenzentrum, den der Doktorand[5] leitet. Neben der Implementierung des 2006 gestarteten Therapie-und Forschungsprojekts *Wie beeinflusst Musik den dementiell erkrankten Menschen im DRK Seniorenzentrum Kaiserslautern?* war der Aufbau der *Hausgemeinschaft für dementiell erkrankte Menschen* die zweite entscheidende Bedingung für die Durchführung der Intervention.

Die Hausgemeinschaft ist eine gerontopsychiatrisch orientierte Pflegestation und Therapieeinheit, in der das milieutherapeutische Konzept der besonderen stationären Dementenbetreuung (Weyerer et al., 2005) umgesetzt wird. Innerhalb des Milieus der Hausgemeinschaft war die Durchführung einer TEACCH-basierten Intervention möglich. Der Doktorand erwarb seine Kompetenzen zu TEACCH im Rahmen seines Psychologiestudiums während 50 Stunden Mitarbeit an der Forschungsstelle Autismus-Spektrum-Störungen unter Anleitung von Prof. Paul Probst am Fachbereich Psychologie der Universität Hamburg.

## 3.1 Stichprobe

### 3.1.1 Stichprobe der Fachkräfte

Für die psychometrische Diagnostik mit Fremdbeurteilungsverfahren sowie die Evaluation von Effekten und Akzeptanz des Interventionsprogramms wurde eine aus drei Fachkräften bestehende Beurteiler-Stichprobe bestimmt. Sie bestand aus einer Krankenschwester mit gerontopsychiatrischer Zusatzausbildung, einer examinierten Altenpflegerin und Validationsanwenderin sowie einer Ergotherapeutin. Zwei der Fachkräfte waren über drei Jahre, eine Fachkraft über ein Jahr in der Institution beschäftigt.

---

[5] M.A.-Abschluss in Pädagogik, Musikpädagogik und Psychologie, Promotionsstudium in Psychologie, Abschlussprüfung im Fach Klinische Psychologie.

## 3.1.2 Probandenstichprobe

### 3.1.2.1 Gesamtstichprobe

Die an der Studie teilnehmenden Patienten sind ohne Ausnahme Klienten der DRK Hausgemeinschaft sowie des Haupthauses des DRK Seniorenzentrums. Die Gesamtstichprobe umfasst N = 49 Patienten mit fachärztlicher Diagnose einer leichten bis mittleren, irreversiblen Demenz, davon sind 87.8% weiblich, 12.2% männlich. Das Durchschnittsalter zum Messzeitpunkt Prä beträgt 83.6 Jahre. Eingeschlossen sind Patienten mit folgenden Diagnosen: (1) Demenz vom Alzheimer-Typ inklusive atypische oder gemischte Form (2) Nicht näher bezeichnete Demenzen. Ausschlusskriterien sind die folgenden diagnostischen Merkmale: (1) Reversible Demenz (2) Pseudodemenz (3) Schwere Demenz (4) Suizidalität (5) Ausgeprägte Aggressivität (6) Fehlendes Seh-oder Hörvermögen. 98 % der Patienten weisen demenzassoziierte neuropsychiatrische Symptome auf, bei 47 % ist die Diagnose einer komorbiden psychiatrischen Störung gerechtfertigt, in den meisten Fällen depressive Störungen.

Tabelle 8: *Gesamtstichprobe: Demographische, diagnostische und neuropsychiatrische Merkmale*

| Merkmal | N | % |
|---|---|---|
| Patienten gesamt | 49 | 100 % |
| **Geschlechterverteilung** | | |
| männliche Patienten | 6 | 12.2 % |
| weibliche Patienten | 43 | 87.8 % |
| **Demenzdiagnose nach ICD-10** | | |
| Alzheimer-Demenz inkl. gemischte Form    F 00.0 – 00.2 | 40 | 81.6 % |
| Demenz nicht näher bezeichnet    F 03 | 9 | 18.4 % |
| **Psychiatrische Komorbidität nach ICD-10** | | |
| Depressive Störungen    F 32, F 33.1-33.3 | 12 | 24.5 % |
| Angststörungen und Zwangsstörungen    F 41, F 42 | 8 | 16.3 % |
| Psychotische/ Schizoaffektive Störungen    F 22, F 25, F 33.4 | 6 | 12.2 % |
| Komorbidität gesamt | 26 | 46.9 % |
| **Neuropsychiatrische Merkmale** | **M-Prä** | **SD** |
| Mini Mental Status Test (MMST)* | 16.8 | 4.8 |
| Global Deterioration Scale (GDS-Reisb) | 4.2 | 0.8 |
| Neuropsychiatric Inventory gesamt (NPI-ges) | 21.3 | 12.4 |
| Geriatric Depression Scale (GDS-Depr)** | 4.7 | 3.8 |
| **Lebensalter** | 83.6 | 6.6 |

*Legende*
N = Anzahl der Patienten Gesamtstichprobe; M-Prä = Mittelwert Messzeitpunkt Prä; SD = Standardabweichung
* MMST: N = 44;   ** GDS-Depr: N = 42

*Eingangsdiagnostik*

Die diagnostischen Daten wurden gewonnen durch die Zusammenschau der Ergebnisse einer neurologisch-psychiatrischen Untersuchung durch den jeweils behandelnden Facharzt sowie der psychologischen Eingangsdiagnostik durch den Doktoranden (s. Tabelle 9). Diese umfasste zugleich die Datenerhebung zum Messzeitpunkt Prä (s. 3.5). Innerhalb der fachärztlichen Diagnostik wurde die Diagnose einer irreversiblen Demenz gestellt. Die psychologische Diagnostik umfasste eine Patientenexploration, in den meisten Fällen ein Angehörigeninterview, ein Interview mit einer mit dem Patienten vertrauten Pflegefachkraft sowie ein Beratungsgespräch mit dem Facharzt. Sie enthielt die folgenden Komponenten:

**(1) Eigenanamnese**

Die Erhebung der Eigenanamnese erfolgte durch ein an einem Leitfaden orientierten, die Demenzsymptomatik berücksichtigendes, individuell angepasstes Interview mit Fragen zum aktuellen psychischen Befinden, zur Biographie und zu familiären Beziehungen. Fragen zur Demenzsymptomatik und zum Krankheitsverlauf wurden nur gestellt, wenn Krankheitseinsicht vorhanden war und der Patient die Erkrankung von sich aus thematisierte.

**(2) Fremdanamnese**

Bei 37 von 49 Patienten wurde ein 20-30 Minuten dauerndes Interview mit einem Familienangehörigen, bei sechs Patienten alternativ mit einem Betreuer durchgeführt. Bei weiteren sechs Patienten waren keine Angehörigen vorhanden oder Angehörige bzw. Betreuer zu einem Gespräch nicht bereit. Die befragten Angehörigen und Betreuer wurden nach folgendem Interviewleitfaden befragt: (a) Beginn und Verlauf der Symptomatik (b) Frühere und aktuelle Psychopathologie und Persönlichkeitsmerkmale (c) Psychobiographie (d) Beziehung zum Patienten. Die Pflegefachkräfte wurden in einem 15-30 Minuten dauernden Gespräch über Beobachtungen der kognitiven und psychischen Symptomatik sowie zu typischen Verhaltensmustern und -auffälligkeiten im Alltag befragt. Die Fachärzte gaben in einem 10-15 Minuten dauernden Beratungsgespräch Informationen über die neurologisch-psychiatrische Anamnese inklusive Medikation. Die Informationen wurden ergänzt durch das Studium der Patientenakten, die Diagnosen, ärztliche Befundberichte und Pflegedokumentation enthalten.

**(3) Erhebung des psychischen Befunds**

Die Patientenexploration umfasste die Erhebung des psychischen Befundes, die Erfassung der aktuellen Demenz-Symptomatik sowie die Diagnostik aktueller Komorbidität bzw. Psychopathologie nach ICD-10-Kriterien.

**(4) Psychometrische Diagnostik**

Mittels psychometrischer Diagnostik mit neuropsychologischen Testverfahren, strukturierten Interviews und Fremdbeurteilungsinstrumenten wurden vom Doktoranden die für die Prä-Messung relevanten Symptombereiche erfasst (s. 3.2). Die Fremdbeurteilungen wurden vom Doktoranden durchgeführt, wobei zwecks Gewinnung eines umfassenden Bildes Informationen aus den Interviews mit der Pflegefachkraft, den Angehörigen sowie den Fachärzten in die Beurteilung mit einflossen.

Tabelle 9: *Eingangsdiagnostik*

| Diagnostik-Bereich | Durchführung und Methode |
|---|---|
| Neurologisch-psychiatrische Diagnostik | Facharzt |
| Diagnose der Demenzerkrankung | Ärztliche Untersuchung |
| Psychologische Diagnostik | Doktorand |
| Eigenanamnese, Fremdanamnese | Patientenexploration |
| Fremdanamnese | Interviews mit Angehörigen, Pflegefachkraft, Arzt |
| Erhebung des psychischen Befundes | Patientenexploration |
| Psychometrische Diagnostik | Testungen, strukturierte Interviews, Fremdrating |

*Diagnostik nach Beendigung der Intervention*

Die Diagnostik nach Beendigung der Intervention entsprach der Datenerhebung zum Messzeitpunkt Post. Mit denselben Evaluationsinstrumenten wurden die verschiedenen Outcome-Variablen erfasst (s. 3.2). Das Vorgehen erfolgte analog zur Eingangsdiagnostik bzw. der Prä-Messung, die Anamneseerhebung wurde durch eine Verlaufsbeurteilung ersetzt.

### 3.1.2.2 Vergleich von Experimental- und Kontrollgruppe

Eine Randomisierung war aus ethischen, therapeutischen und organisatorischen Gründen nicht möglich. Für viele Patienten, auf die als Probanden nicht verzichtet werden konnte, war die Teilnahme am TMI-Programm indiziert, weswegen sie nicht der Kontrollgruppe zugewiesen werden konnten. Tabelle 10 zeigt, dass die Gruppen bezüglich demographischer Merkmale, Demenz-Diagnose, psychiatrischer Komorbidität und spezifischer neuropsychiatrischer Merkmale hinreichend parallelisiert sind. Abgesehen vom Merkmal Lebensalter
($p = 0.03$) ergeben sich keine signifikanten Unterschiede auf 5%-Signifikanzniveau.

Tabelle 10: *Vergleich von Experimental-und Kontrollgruppe: Demographische Merkmale, Diagnosenverteilung und neuropsychiatrische Merkmale*

| Merkmal | n-EG | % | n-KG | % | $\chi^2$ | p |
|---|---|---|---|---|---|---|
| Patienten gesamt | 26 | 100 % | 23 | 100 % | | |
| **Geschlechterverteilung** | | | | | 0.03 | 0.87 |
| männliche Patienten | 3 | 11.5 % | 3 | 13.0 % | | |
| weibliche Patienten | 23 | 88.5 % | 20 | 87.0 % | | |
| **Demenzdiagnose** | | | | | 0.03 | 0.87 |
| Alzheimer-Demenz inkl. gemischte Form | 21 | 80.8 % | 19 | 82.6 % | | |
| Demenz nicht näher bezeichnet | 5 | 19.2 % | 4 | 17.4 % | | |
| **Psychiatrische Komorbidität** | | | | | 1.87 | 0.60 |
| Depressive Störungen | 6 | 23.1 % | 6 | 26.1 % | | |
| Angststörungen und Zwangsstörungen | 6 | 23.1 % | 2 | 8.7 % | | |
| Psychotische/Schizoaffektive Störungen | 3 | 11.5 % | 3 | 13.0 % | | |
| Komorbidität gesamt | 15 | 57.7 % | 11 | 47.8 % | | |
| **Neuropsychiatrische Merkmale** | M-EG | SD | M-KG | SD | t | p |
| Mini Mental Status Test* | 16.1 | 16.1 | 17.6 | 4.8 | -1.08 | >0.10 |
| Global Deterioration Scale | 4.3 | 0.8 | 4.0 | 0.7 | -1.40 | >0.10 |
| Neuropsychiatric Inventory total | 21.7 | 13.1 | 20.8 | 11.9 | -0.25 | >0.10 |
| Geriatric Depression Scale** | 5.2 | 3.5 | 4.0 | 4.0 | -1.05 | >0.10 |
| **Lebensalter** | 81.6 | 5.7 | 85.8 | 7.0 | 0.36 | <0.05 |

*Legende*
n-EG = Anzahl Patienten Experimentalgruppe; n-KG = Anzahl Patienten Kontrollgruppe; $\chi^2$ = Chi-Quadrat-Wert; p = asymptotische Signifikanz; M-EG = Mittelwert Experimentalgruppe zum Messzeitpunkt Prä; M-KG = Mittelwert Kontrollgruppe zum Messzeitpunkt Prä; SD = Standardabweichung; T und p = T-Wert und p für unabhängige Stichproben zum Messzeitpunkt Prä
* MMST: n (EG) = 24, n (KG) = 20   ** GDS-Depr: n (EG) =23, n (KG) = 19

## 3.2 Evaluationsinstrumente

### 3.2.1 Instrumente und Outcome-Variablen

Als Outcome-Variablen wurden die folgenden Bereiche festgelegt: (1) Demenzassoziierte neuropsychiatrische Symptome (2) Sozial-emotionale Kommunikation und Aktivität (3) Demenz-Schweregrad und (4) Kognitives Funktionsniveau. Wichtigste Outcome-Variablen sind die beiden erstgenannten Bereiche. Tabelle 11 zeigt eine Übersicht zu den Outcome-Variablen und die eingesetzten Evaluationsinstrumente.

Tabelle 11: *Outcome-Variablen und Diagnostik-Instrumente*

| Outcome-Variable | Evaluationsinstrument | Methode |
|---|---|---|
| **Demenz-Schweregrad** | **Global Deterioration Scale** (Reisberg et al., 1982) | Fremdbeurteilung Quantitativ |
| **Kognitives Funktionsniveau** Konzentration, Orientierung, Kurzzeitgedächtnis, Langzeitgedächtnis, Alltagskompetenz | **Mini Mental Status Test** (Folstein et al., 1975) | Neuropsychologisches Testverfahren-quantitativ |
| | **Brief Cognitive Rating Scale** (Reisberg & Ferris, 1988); 5 Hauptachsen | Halbstrukturiertes Interview-quantitativ |
| **Neuropsychiatrische Symptome** *Behaviorale Symptome*: Apathie, Agitation, Aggressivität, Irritabilität, Enthemmung, Psychomotorische Störungen, *Psychopathologische Symptome*: Depression, Euphorie, Angstsymptome, Wahnvorstellungen, Halluzinationen | **Neuropsychiatric Inventory** 10-Item-Version (Cummings et al., 1994) | Fremdbeurteilung quantitativ |
| | **Geriatric Depression Scale** 15 Item-Version (Sheikh & Yesavage, 1986) | Strukturiertes Interview Quantitativ |
| **Sozial-emotionale Kommunikation und Aktivität** Fähigkeit zur Kommunikation und sozialer Interaktion, Emotionsausdruck, Aktivitätsniveau | **Inventar zur Beurteilung Sozial-emotionaler Kommunikation und Aktivität bei Demenz**[6] | Fremdbeurteilung-quantitativ |
| Akzeptanz und subjektive Beurteilung der Intervention durch Patienten | Selbst entwickeltes Interview zur Erfassung von Akzeptanz und subjektiver Beurteilung von TMI durch Patienten | Halbstrukturiertes Interview-qualitativ |
| Akzeptanz und Beurteilung der Interventionseffekte durch Fachkräfte | Selbst entwickeltes Interview zur Erfassung von Akzeptanz und Beurteilung der Interventionseffekte von TMI durch Fachkräfte | Halbstrukturiertes Interview-qualitativ |

## 3.2.2 Quantitative Evaluationsinstrumente

---

[6] Inventar sowie halbstrukturierte Interviews entwickelt von C. Fischer-Terworth

### 3.2.2.1 Demenz-Schweregrad

*Global Deterioration Scale*
Der Schweregrad der dementiellen Symptomatik wurde mit der Global Deterioration Scale (GDS-Reisb; Reisberg, Ferris, De Leon & Crook, 1982) erfasst, die zu den drei sog. *Reisberg-Skalen* gehört. Diese umfassen weiterhin die Brief Cognitive Rating Scale (BCRS) und das in der Dissertation nicht verwendete Functional Assessment Staging (FAST), ein Instrument zur Einschätzung der Alltagskompetenz.
Die Global Deterioration Scale ist ein Fremdbeurteilungs-Instrument, auf der ein Globalrating zur Beurteilung des Demenz-Schweregrads auf einer Skala von 1-7 durchgeführt wird. Je höher die Stufe, desto stärker die kognitiven Funktionseinbußen und der Schweregrad. Im Vergleich zum Clinical Dementia Rating (CDR) ist die Global Deterioration Scale für wissenschaftliche Zwecke besser geeignet, da sich der Demenz-Schweregrad differenzierter in fünf Stufen einteilen lässt und die dem klinischen Bild typischen Zwischenstufen erfassbar sind. Die Stufen 1 und 2 repräsentieren keine bzw. subklinische Symptome, Stufe 3 repräsentiert das frühe Stadium einer leichten Demenz unmittelbar nach Beginn der Erkrankung. Auf Stufe 4 werden Patienten mit einer leichten Demenz mit Übergang zum mittleren Stadium eingeordnet, Stufe 5 repräsentiert die mittlere Demenz, Stufe 6 das Übergangsstadium zwischen mittlerer und schwerer Demenz.
Insgesamt lassen sich zu den Stufen die folgenden kognitiven Profile zuordnen: 1 = keine kognitiven Einbußen, 2 = Normale, altersgemäße Vergesslichkeit; 3 = Beginnende, leichte Demenz, 4 = Leichte bis mittlere Demenz, 5 = Mittlere Demenz, 6 = Mittlere bis schwere Demenz, 7 = Schwere Demenz. Die Interrater-Reliabilität für die Global Deterioration Scale liegt zwischen $r = 0.82$ und $r = 0.97$; der Test-Retest-Korrelationskoeffizient (Mindestabstand eine Woche) bei $r = 0.92$.

### 3.2.2.2 Kognitives Funktionsniveau

*Mini Mental Status Test*
Der Mini Mental Status Test (MMST; Folstein et al., 1975) ist ein innerhalb von 7-10 Minuten durchführbares, im Demenzbereich bewährtes Testverfahren zur Bestimmung der kognitiven Leistungsfähigkeit, welches als Screening-Verfahren zur Feststellung eines dementiellen Syndroms geeignet ist und darüber hinaus der Bestimmung des Schweregrads dient. Kognitiv gesunde Personen erreichen nach Richtwerten Ergebnisse zwischen 30 und 28 Punkten, kognitiv beeinträchtigte Patienten Werte zwischen 25 und 28 Punkten, wobei ab 24 Punkten Hinweise auf eine leichte Demenz bestehen. Da das Testergebnis von Bildungsniveau und Intelligenz abhängig ist, gibt es verschiedene Grenzbereiche mit fließenden Übergängen zwi-

schen den Schweregrad-Stufen. Während bei der Differentialdiagnose von leichter kognitiver Beeinträchtigung, beginnender Demenz und Pseudodemenz zusätzliche Test-und Fremdbeurteilungsverfahren (u.a. CERAD, DemTect, Uhrentest) zum Einsatz kommen müssen, ist der Mini Mental Status Test vor allem zur Diagnostik von kognitiven Funktionen und Verlauf bei leichter bis mittlerer Demenz geeignet. Im mittleren Bereich werden zuverlässige Resultate erzielt, wobei die kurze Testdauer die Patienten nicht überbeansprucht. Der Test besteht aus Fragen und Aufgaben, die der Beurteilung von Orientierung, Merkfähigkeit, Arbeitsgedächtnis, Konzentration, Aufmerksamkeit, Sprache, exekutiver Funktionen und visuo-konstruktiver Fähigkeiten dienen. Der Mini Mental Status Test ist bei einer Interrater-Reliabilität von $r = 0.83$ sowie einer Test-Retest-Reliabilität von $r = 0.89$ (Abstand: 24 Stunden) in viele standardisierte Testbatterien integriert.

*Brief Cognitive Rating Scale*
Die Brief Cognitive Rating Scale (BCRS; Reisberg & Ferris, 1988) ist ein Fremdbeurteilungsinstrument zur Einschätzung kognitiver Funktionen bei Demenzpatienten und wird auf Grundlage eines 10-bis 15-minütigen klinischen Interviews angewandt. Sie besteht in ihrer Vollversion aus fünf Hauptachsen und fünf Nebenachsen. Für die vorliegende Arbeit wurden lediglich Ratings auf den fünf Hauptachsen vorgenommen. Die Skala ermöglicht auf diesen eine Einschätzung der Bereiche Konzentrationsvermögen, Kurzzeitgedächtnis, Langzeitgedächtnis, zeitliche und örtliche Orientierung sowie Alltagskompetenz und selbstständige Versorgung. Die auf den fünf Hauptachsen repräsentierten Symptombereiche sind durch im Inventar umschriebene Leitsymptome definiert, die als Anhaltspunkte für das Assessment dienen. Die Bereiche werden per Fremdbeurteilung auf Ratingskalen eingeschätzt, wobei pro Achse ein Punktwert zwischen 1 und 7 vergeben wird. Der jeweilige Punktwert wird durch Beschreibung der Qualität und Intensität der entsprechenden Leitsymptomatik definiert. Es ergeben sich Interrater-Reliabilitäts-Werte zwischen $r = 0.76$ und $r = 0.97$, für die Test-Retest-Reliabilität liegen die Werte zwischen $r = 0.82$ und $r = 0.85$.

### 3.2.2.3 Demenzassoziierte neuropsychiatrische Symptome

*Neuropsychiatric Inventory*
Das Neuropsychiatric Inventory (NPI) ist ein Fremdbeurteilungsinstrument zur Bestimmung neuropsychiatrischer Symptome bei neurologischen Erkrankungen, welches insbesondere bei Demenz geeignet ist. Es enthält in der verwendeten 10-Item-Version (Cummings et al., 1994) zehn Subskalen, die ihrerseits zehn Symptombereiche repräsentieren. Orientiert an der Klassifikation von Finkel et al. (1996) lassen sich die neuropsychiatrischen Symptome aus dem Neuropsychiatrischen Inventar in zwei Symptomgruppen untergliedern, die je fünf Symptome repräsentieren: (1) *Psychopathologische Symptome*: Wahnvorstellungen, Halluzinationen,

Depression/ Dysphorie, Euphorie und Angstsymptome (2) *Behaviorale Symptome*: Psychomotorische Symptome, Agitation oder Aggressivität, Enthemmung und Irritabilität. Ein Facharzt, Psychologe oder ein Pädagoge führt das Rating in Form eines Interviews i.d.R. mit einem Familienangehörigen durch, auch kann die Durchführung mit einer dem Patienten eng vertrauten Pflegefachkraft erfolgen. Auf einer Ratingskala wird die Intensität eines Symptoms mit Scores von 0 (Symptom nicht vorhanden) bis 3 Punkten (Symptom stark ausgeprägt) eingeschätzt, auf einer weiteren Ratingskala die Auftretenshäufigkeit von 0 (Symptom nicht vorhanden) bis 4 (Symptom permanent vorhanden).

Der Score für die Ausprägung eines Symptoms wird durch Berechnung des Produkts von Symptomintensität und Auftretenshäufigkeit bestimmt, wodurch sich pro Subskala Gesamtscores zwischen 0 und 12 Punkten ergeben. Bei Addition der zehn Subskalen-Scores kann ein maximaler Gesamtscore von 120 Punkten erzielt werden. Die Werte für die Test-Retest-Reliabilität betragen zwischen $r = 0.79$ und $r = 0.86$, die interne Konsistenz beträgt *Cronbach* $\alpha = 0.88$ für den Gesamtscore und liegt zwischen 0.87 und 0.88 für die Subskalen.

*Geriatric Depression Scale*

Die Geriatric Depression Scale (GDS-Depr; Yesavage et al., 1983) ist in ihrer ursprünglichen Version ein 10-20 Minuten dauerndes strukturiertes klinisches Interview mit 30 Items zur Erfassung depressiver Symptome bei geriatrischen und gerontopsychiatrischen Patienten. Sie wurde in einer Vielzahl von Studien als valides, reliables und ökonomisches Messinstrument mit guten psychometrischen Eigenschaften ermittelt, was sich in einer niedrigen Interitem-Korrelation ($r = 0.19$) und einer hohen internen Konsistenz (*Cronbach* $\alpha = 0.91$) zeigt (Gauggel & Birkner, 1999). Da die Aufmerksamkeitsspanne v.a. bei Patienten mit mittlerer Demenz deutlich eingeschränkt ist, wurde die verkürzte 15-Item-Version (Sheikh & Yesavage, 1986) gewählt, die für die Patientengruppe besser geeignet ist. Sensitivität und Spezifizität der 15-Item-Version betragen 88 % und 76 %. Werte von 5-7 Punkten zeigen leichte, Scores von 8-11 sowie von 12-15 Punkten mittlere bzw. schwere depressive Symptomatik an (Sheikh & Yesavage, 1986).

### 3.2.2.4 Sozial-emotionale Kommunikation und Aktivität

*Inventar zur Beurteilung von Sozial-Emotionaler Kommunikation und Aktivität von Demenzpatienten -ISEKAD*

Da zur Beurteilung von sozialer Kommunikation und Interaktion, emotionalem Ausdruck und Aktivitätsniveau bei Demenzpatienten bisher kein standardisiertes Untersuchungsinstrument vorgelegen hatte, wurde das Inventar ISEKAD entwickelt. Das Inventar wurde basierend auf der Analyse von Inventaren zur Erfassung von Kommunikation und Interaktion im Behindertenbereich sowie Erfahrungen aus der klinischen Praxis entwickelt und erfasst potentielle

Outcome-Variablen für Interventionsstudien. ISEKAD ist ein im ambulanten und stationären Bereich einsetzbares Fremdbeurteilungsinstrument, welches aus sechs Ratingskalen besteht, die verschiedene Merkmale von sozialer Kommunikation, Interaktion, emotionalem Ausdruck und Aktivität erfassen. Es kann von Ärzten, Psychologen und Pflegefachkräften durchgeführt werden. Einstufungen auf den einzelnen Ratingskalen sind jeweils durch Scores zwischen 0 und 4 vorzunehmen, wobei die einzelnen Stufen im Instrument pro Ratingskala inhaltlich definiert sind. Es ergibt sich bei einem maximalen Subscore von 4 Punkten pro Ratingskala konsequenterweise für insgesamt sechs Ratingskalen ein Gesamtscore von 6x4 = 24 Punkten.

### 3.2.3 Qualitative Evaluationsinstrumente

#### 3.2.3.1 Leitfaden zur Verhaltensbeobachtung während der Sitzungen

Während der Sitzungen wurden durch den Therapeuten Notizen zur Verhaltensbeobachtung angefertigt, zudem wurden von der während der Sitzungen anwesenden Fachkraft Therapieprotokolle erstellt. Bei Gruppenstärken von 6-10 Patienten wurden immer 2-4 Patienten pro Sitzung intensiver beobachtet. Zur Verhaltensbeobachtung wurde ein selbst entwickelter Leitfaden (s. Anhang) benutzt. Es wurden die folgenden Kategorien als Orientierungspunkte für die Verhaltensbeobachtung erfasst: Teilnahmeaktivität, Kommunikation und Interaktion, Ausdruck von Emotionen, Aufmerksamkeit und Konzentration, situative Orientierung, Erinnerungsvermögen, Stimmungslage, Verhaltensauffälligkeiten und Sonstiges.

#### 3.2.3.2 Instrumente zur Erfassung von Akzeptanz der Intervention

*Halbstrukturiertes Interview für Fachkräfte*

Mit jeder der drei Fachkräfte wurde ein 20 Minuten dauerndes, selbst konstruiertes, halbstrukturiertes Interview durchgeführt. Es wurden anhand eines Leitfadens (s. Anhang) folgende Bereiche erfasst: (1) Allgemeine und spezielle Vor-und Nachteile des TMI-Programms und dessen Wirkung auf die Fachkräfte (2) Unmittelbar_ und längerfristig_ beobachtbare Auswirkungen des Programms auf Psyche und Verhalten der Patienten (3) Reaktionen der Patienten auf das Programm innerhalb der Tagesstruktur (4) Akzeptanz des Programms durch die Angehörigen (5) Mögliche Auswirkungen auf die Kommunikation und Interaktion zwischen Patient und Fachkraft (6) Mögliche Entlastungen bzw. Belastungen, die durch die Implementierung des Programms für die Fachkraft entstanden sind.

*Patienteninterview*

Mit 15 Patienten der Experimentalgruppe konnte nach der Intervention ein selbst konzipiertes, je nach Aufmerksamkeitsspanne der Patienten zwischen 5 und 20 Minuten dauerndes halbstrukturiertes Interview durchgeführt werden. Im Interview wurden mithilfe eines flexibel anpassbaren Leitfadens (s. Anhang) die folgenden Bereiche erfasst, wobei häufig eine Auswahl getroffen werden musste: (1) Allgemeine Äußerung darüber, was den Patienten an den therapeutischen Aktivitäten gefallen und missfallen hat (2) Spontane Assoziationen und Emotionen in Verbindung mit den therapeutischen Aktivitäten (3) Fragen zur Wirkung des Programms auf das psychische Befinden (4) Fragen zum subjektiven Erleben der Übungen zur kognitiven Stimulation (5) Fragen zum Thema Musik und Erinnerung (6) Fragen zur Bedeutung der therapeutischen Aktivität im Tagesablauf

## 3.3 Beschreibung der Intervention

Der vorliegende Abschnitt befasst sich mit der Beschreibung von Struktur, Komponenten und Durchführung des Programms *TEACCH-basierte Musikpsychologische Interventionen (TMI)*, welches bei den Patienten der Experimentalgruppe durchgeführt wurde.

### 3.3.1 TEACCH-basierte antezedente Interventionen

Die folgenden TEACCH-basierten, antezedenten Interventionen (s. 1.2.3) wurden für das TMI-Programm adaptiert: (1) Ausrichtung des Interventionskonzepts an TEACCH-Leitlinien und Prinzipien (2) Mit TEACCH kompatible Milieugestaltung der besonderen stationären Dementenbetreuung (3) Angehörige-Fachkräfte-Kommunikation (4) Anwendung des für Demenzpatienten adaptierten strukturierten Lernformats.

### 3.3.1.1 Milieugestaltung und Leitbild

Die Intervention findet innerhalb des Milieus der besonderen stationären Dementenbetreuung statt. Das dreieckige, eingeschossige Gebäude der DRK Hausgemeinschaft für dementiell erkrankte Menschen hat die Grundform wie zwei aneinander gefügte, lang gezogene *L*s. In jedem *L* befinden sich je zwölf Einzelzimmer bei einer Gesamtkapazität von 24 Plätzen. In der Mitte des Gebäudes befindet sich ein größtenteils mit einer Glaskuppel überdachter, von den zwei Gemeinschaftsräumen sowie vom Therapieraum erreichbarer Garten in Form eines Innenhofs. Die Grundmöblierung (Bett, Tisch, Schrank etc.) ist vorhanden, mit zusätzlichen Möbeln aus dem häuslichen Umfeld der Patienten soll eine vertraute Wohnatmosphäre mit Wiedererkennungswert geschaffen werden. Von jedem Funktionsraum gibt es Sichtfenster in die Aufenthaltsbereiche und den Therapieraum (s. Abbildung 1).

Abbildung 1: *Hausgemeinschaft für dementiell erkrankte Menschen: Innenhof und Garten*

1a:  Blick vom Therapieraum in       1b: Garten       1c:  Innenhofüberdachung
     Innenhof und Garten                                   mit Glaskuppel

In der Hausgemeinschaft fungiert der mit TEACCH-Prinzipien vereinbare personzentrierte Ansatz (Kitwood, 2000) als Leitbild. Die Demenzpatienten leben soweit wie möglich nach eigenen Präferenzen und Vorlieben, wobei gesunde Anteile ebenso wie krankheitsbedingte Einschränkungen als Teil der individuellen Lebensgeschichte aufgefasst werden. Wichtig ist neben der Milieugestaltung die Kooperation mit den Angehörigen und das Bestreben, das Verhalten der einzelnen Patienten auf Grundlage ihrer Biographie zu verstehen. Ziel ist es für jeden Patienten ein Optimum an Lebensqualität und Selbstständigkeit zu erreichen und sich auf die Grundbedürfnisse des Individuums einzustellen. Die Pflege-und Therapiekräfte erwerben in ständiger Fort-und Weiterbildung fundierte Erkenntnisse über das Krankheitsbild Demenz und die damit verbundenen typischen Verhaltensauffälligkeiten, Ressourcen und Defizite. Das Verstehen des individuellen Menschen erfolgt durch umfassende interdisziplinäre Diagnostik, die nicht nur klinische Aspekte, sondern auch Informationen über Vorlieben und Abneigungen, Defizite und Ressourcen, Biographie und soziales Umfeld erfasst.

### 3.3.1.2 Bausteine und Struktur des TMI-Programms

Das TMI-Programm, eine Mehrkomponenten-Intervention, umfasst feste und variable Therapiebausteine, die gemäß TEACCH-Prinzipien nach Bedarf individuell ausgewählt und miteinander kombiniert werden können. Im Falle von Demenzpatienten empfiehlt es sich, verschiedene Therapieelemente bei einem Grundgerüst stabiler Strukturen situativ variabel einzusetzen, da der kognitive und psychische Zustand häufig Schwankungen unterworfen ist, die von Demenzform, Krankheitsstadium und Tagesverfassung abhängen.

Die Schwankungen führen zu Fluktuationen der kognitiven und emotionalen Verarbeitungskapazität bezogen auf therapeutische Anforderungen innerhalb der Gruppe und in verschiedenen Sitzungen. Kognitive Interventionen wie z.B. Gedächtnistraining sind nach klinischer Erfahrung durch Kombination mit psychomotorischer Aktivierung und Musiktherapie effektiver und leichter zu bewältigen als reines kognitives Training. Weiterhin führen Mehrkomponenten-Therapien zu einer Verbesserung von Aktivitätsniveau und Motivation. Tabelle 12 enthält eine Übersicht über miteinander kombinierbare Therapiebausteine. Das Interventionsprogramm ist in drei zeitlich-inhaltlich vorstrukturierte Phasen gegliedert, eine Eingangsphase, eine Hauptphase sowie eine Schlussphase. Durch die flexible Kombinationsmöglichkeit verschiedener Therapiebausteine bei vorgegebener Grundstruktur ergeben sich mehrere Gestaltungsvarianten. In der Praxis haben sich nach längerer Erprobung schließlich zwei Standardvarianten in der Hauptphase bewährt, die jeweils unterschiedliche Schwerpunkte setzen können. Eingangs-und Schlussphase sind gleich bleibend.

Tabelle 12: *TMI-Programm-kombinierbare Therapiebausteine und Standardvarianten*

| | **TEACCH-basierte antezedente Interventionen** | |
|---|---|---|
| | TEACCH-Leitlinien und Prinzipien, Personzentrierter Ansatz nach Rogers, Kitwood | |
| | Milieugestaltung: Besondere Dementenbetreuung, Domusprinzip | |
| | Methode: Strukturiertes Lernformat, kognitiv-verhaltenstherapeutisch orientiert | |
| | Angehörige-Fachkraft-Kommunikation: Psychologische Beratung, Psychoedukation | |
| | **Therapiesitzung** | |
| **Eingangsphase** | Begrüßung und Rituallied | |
| | Psychomotorische Aktivierung | |
| | Variante 1 | Variante 2 |
| **Hauptphase** | **Musikpsychologische Therapie** Singen, Spiel auf Instrumenten, Musikhören, musikgestützte kognitive Stimulation | **Kognitive Stimulation** mit musikalischer Aktivierung und/oder **Reminiszenztherapie** Reminiszenzfokussierte Musiktherapie |
| **Schlussphase** | Zusammenfassung | |
| | Rituallied und Verabschiedung | |
| | **Integrierte psychologische Interventionen und Methoden** | |
| | Verhaltenstherapeutische Techniken | |
| | Supportive Gesprächseinheiten | |
| | Situationsabhängige Interventionen | |

### 3.3.1.3 Strukturiertes Lernformat

Das für Demenz adaptierte strukturierte Lernformat als TEACCH-basiertes Grundkonzept des TMI-Programms fungiert als antezedente Intervention, welche innerhalb des Milieus der besonderen Dementenbetreuung für Konzeption und Methodik der einzelnen Therapiesitzungen als Basis dient und den therapeutischen Rahmen bildet. Das strukturierte Lernformat ist dabei nicht nur Rahmen, sondern fungiert selbst als Baustein des TMI-Programms.

**(1) Räumliche Strukturierung**

Durch differenzierte Farbgestaltung der Flure, der Wohnbereiche und des Therapieraums werden die verschiedenen Bereiche visuell voneinander abgegrenzt. Die Verwendung großer Zahlen für die Zimmernummern sowie eines Haustürschilds mit Namen und Foto des Patienten erleichtern die persönliche und örtliche Orientierung. Jede Teilhausgemeinschaft ist durch einen Straßennamen bezeichnet, wobei hoch angebrachte Wegweiser als visuelle Hinweisreize dienen (s. Abbildung 2).

Abbildung 2: *Räumliche Strukturierung auf visueller Ebene*

2a: Haustürschild: Bewohnerfoto   2b: Zimmernummer und Haustürschild   2c: Wegweiser

Große Sichtfenster und spezielle Beleuchtung sorgen für visuelle Transparenz und Helligkeit. In Aufenthaltsräumen und Fluren befinden sich Lichtinseln mit erhöhter Lichtfrequenz. Differenzierende optische Strukturen in Mauerwerk und Fußboden sorgen für visuell-strukturierende Kontraste, die dem Auge heterogene Reize in überschaubarem Ausmaß liefern und eine bessere visuelle Diskriminationsmöglichkeit innerhalb der Wohnumgebung gewähren. Die Mauern enthalten Greifnischen, wodurch differenzierende Strukturen auch auf taktiler Ebene erfahrbar werden. Fühlwände mit bunten Gebrauchsgegenständen aus dem Alltag gewähren sensorische Stimulation und Kontraste, die durch Erfahrung auf optischer und taktiler Ebene indirekt die Raumwahrnehmung fördern. Die optische Entschärfung langer Flure durch Sitzgruppen trägt ebenfalls zur Strukturierung des Raumes bei (s. Abbildung 3).

Abbildung 3: *Räumliche Strukturierung auf visuell-taktiler Ebene*

3a: Greifnischen   3b: entschärfende Sitzgruppe   3c: Fühlwände

*Räumliche Struktur des Therapiesettings*

Der Therapieraum ist durch die Fußbodenfarbe von den übrigen Räumen abgegrenzt, hat eine breite Fensterfront mit Blick auf den Garten und ist klar und übersichtlich gestaltet.

Abbildung 4: *Therapieraum*

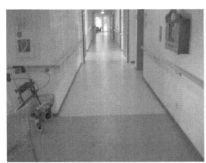 

4a: Visuelle Abgrenzung des Therapieraums
durch farbliche Gestaltung des Fußbodens

4b: Therapieraum

Die Patienten sitzen in einer Halbkreisanordnung etwa drei Meter vor dem Therapeuten, wobei jeder Patient immer denselben Platz behält (s. Abbildung 5).

Abbildung 5: *Therapiesetting*

In genannter Entfernung wird ein Tisch für das digitale Klavier aufgebaut, hinter dem der Therapeut steht und spielt. Zwischen Tisch und Halbkreis bleibt eine offene Fläche, in der der Therapeut den Abstand zu den Patienten je nach Kommunikationssituation variieren kann. Ebenso dient die Fläche für psychomotorische Übungen (s. Abbildung 5). Werden Instrumente oder Liedermappen ausgeteilt, werden diese den Patienten für die jeweiligen Einheiten gereicht.

**(2) Zeitliche Strukturierung**
Für die therapeutischen Aktivitäten werden in der Hausgemeinschaft jeweils ein gruppenbezogener (s. Tabelle 13) sowie ein individueller, patientenbezogener Tages-bzw. Wochenplan (s. Tabelle 14) erstellt, der alltagsbezogene und therapeutische Aktivitäten enthält. Der individuelle Plan enthält ein auf die therapeutischen Bedürfnisse des Patienten zugeschnittenes Interventionsprogramm. Eine in den Plänen festgehaltene, nicht inflexible, jedoch in Grundzügen konstante Tagesstruktur gewährleistet Sicherheit, ein Gefühl der Bestätigung sowie das Wohlempfinden, welches durch Wiedererernennung früherer, vertrauter Abläufe entsteht. In der Tagesstruktur wechseln sich Aktivitäten und Ruhephasen ab.

Tabelle 13: *Gruppenbezogener Tagesplan für therapeutische Aktivitäten*

| Uhrzeit | Intervention/ Aktivität | Beispiel |
|---|---|---|
| 9.00 | Frühstück<br>Alltagsorientierte Aktivierung | Wasch-, Anzieh-und Esstraining, Tische eindecken, Geschirr spülen, abtrocknen |
| 10.15 | Kognitive Stimulation und<br>Psychomotorische Aktivierung | Gedächtnistraining (Sprichwörter raten u.a.)<br>Ballspiele, Kegeln, Bewegung zu Musik |
| 12.00 | Mittagessen<br>Alltagsorientierte Aktivierung | Esstraining,<br>Geschirr spülen, abtrocknen, abräumen |
| 14.15 | Musiktherapie | Singen, Spiel auf Instrumenten, Musikhören |
| 14.15 | Kreative Therapie | Basteln, Malen, gestalterische Aktivitäten |
| 14.15 | Individuelle Ergotherapie | Förderung individueller Fähigkeiten |
| 15.15 | Kaffeetrinken<br>Alltagsorientierte Aktivierung | Esstraining<br>Geschirr spülen, abtrocknen, abräumen |
| 16.15 | Reminiszenztherapie | Sprechen über frühere Erlebnisse |

Tabelle 14: *Individueller Tagesplan für zwei Wochentage: Patientin mit leichter Demenz*

| Dienstag | Intervention/ Aktivität | Mittwoch | Intervention/ Aktivität |
|---|---|---|---|
| 9.00 Uhr | Alltagsorientierte Aktivierung | 9.00 Uhr | Alltagsorientierte Aktivierung |
| 10.00 Uhr | Kognitive Stimulation | 10.00 Uhr | Psychomotorische Aktivierung |
| 12.00 Uhr | Mittagessen | 11.00 Uhr | TMI-Programm |
| 14.00 Uhr | Ergotherapie/ kreative Therapie | 12.00 Uhr | Mittagessen |
| 15.00 Uhr | Kaffeetrinken<br>Evtl. Angehörigenbesuch | 15.00 Uhr | Kaffeetrinken<br>Evtl. Angehörigenbesuch |
| 16.00 Uhr | Reminiszenztherapie | 16.00 Uhr | Reminiszenztherapie |

*Zeitliche Struktur des Therapieprogramms*

Die Therapien finden immer in gleicher Häufigkeit (zwei Termine pro Woche), an gleichen Wochentagen zu gleichen Uhrzeiten im gleichen Therapieraum statt. Das Programm ist inhaltlich und zeitlich immer in drei Phasen gegliedert. Die Sitzung wird mit einer zeitlich-situativ strukturierenden Eingangsphase gestartet.

Vor Beginn der Sitzung werden die Patienten durch Pflegekräfte auf die Aktivität klar und deutlich hingewiesen und wenn nötig zum Therapieraum geleitet. Während sie ihre Plätze einnehmen, baut der Therapeut das Digitalklavier auf und legt ggf. weitere Materialien bereit. Es wird deutlich gemacht, dass nach dem Einnehmen der Plätze das Therapieprogramm beginnt. Zu Beginn jeder Sitzung begrüßt der Therapeut die Patienten und kündigt die Aktivität nochmals persönlich an. Anschließend wird auswendig immer dasselbe Rituallied zur Begrüßung angestimmt. Falls mit Liedtexten in Liederbüchern und/oder Musikinstrumenten gearbeitet wird, werden diese anschließend an das Rituallied ausgeteilt. Die Liedtexte befinden sich in einer roten DIN A 4-Liedermappe und sind mit einer i.d.R. gut lesbaren 16 pt-Schrift gedruckt.

Die Verwendung der immer gleichen Begrüßungsformel stellt ein verbal-kommunikatives, das Aufbauen des Klaviers ein visuelles Signal für den Beginn der Sitzung dar, welches der situativen Orientierung der Patienten dient. Nach Möglichkeit sollten die Teilnehmer alle mit Namen begrüßt werden, was persönliche Wertschätzung demonstriert und persönliche Orientierung fördert. Als Begrüßungslied wird die erste Strophe des beliebten Volksliedes *Die Gedanken sind frei* mit Klavierbegleitung gesungen. Das Rituallied dient als musikalisches Signal zur Eröffnung der Sitzung.

Die Schlussphase der Sitzung dient wie auch die Eingangsphase der zeitlich-situativen Strukturierung. Wichtig ist, dass die Teilnehmer das Sitzungsende als Abschluss der Therapieeinheit wahrnehmen und anschließend in ihrer Tagesstruktur fortfahren können. Das Sitzungsende wird durch eine klare verbale Ankündigung vorbereitet, die sich unmittelbar an den Abschluss der Hauptphase anschließt.

Es folgt das dem Begrüßungslied entsprechende Rituallied als Abschlusslied und musikalisches Signal zur Beendigung der Sitzung, anschließend erfolgt die Verabschiedung. Gleichzeitig werden die in ihrer Mobilität eingeschränkten Teilnehmer darauf hingewiesen, dass sie beim Verlassen des Therapieraums unterstützt werden. Der Therapeut weist darauf hin, welche Aktivität im Tagesplan nach der Therapie ansteht und informiert über die nächste Therapiesitzung mit Angabe von Wochentag und Uhrzeit. Im Anschluss erfolgt der Abbau des Klaviers, was visuellen Signalcharakter für das Ende der Sitzung hat, danach verlässt der Therapeut den Therapieraum. Bei Variante 2, in deren Zentrum kognitive Stimulation steht, erfolgt vor dem Rituallied eine verbal angekündigte Zusammenfassung des vermittelten Materials mit kurzen Wiederholungseinheiten, um Gedächtnisinhalte zu festigen.

Wichtig ist die Ankündigung einer folgenden Therapiesitzung, um den Teilnehmern das Gefühl einer Routine und der Regelmäßigkeit einer Aktivität zu vermitteln. Durch das Hilfsangebot zum Verlassen des Therapieraums wird die sowohl örtlich-räumliche als auch die situative Orientierung beim Übergang zu einer anderen Aktivität erleichtert.

### (3) Musik als strukturierendes Element
Es werden immer wieder beliebte, vertraute und wieder erkennbare Lieder, primär Volkslieder gewählt, die den meisten Mitgliedern der Generation bekannt sind. Immer wiederkehrende Refrains werden akzentuiert und wiederholt, gemeinsam gesungen und gespielt. Melodien werden deutlich ausgespielt, harmonische Begleitungsschemata auf dem Klavier in traditioneller Weise gewählt. Während der Lieder wird auf die Betonung rhythmischer Strukturen geachtet, Anfang und Ende eines Liedes werden klar abgegrenzt.

### (4) Strukturierung durch Kompetenzorientierung
Die Sitzungen finden keinesfalls später als 14.00 Uhr statt, da das für aktivierende Therapien entscheidende stabile Aktivitätsniveau von Demenzpatienten häufig am Nachmittag nachlässt. Die Therapieelemente des TMI-Programms werden so gewählt, dass sie über Varianten sowohl für Patienten mit leichter als auch für solche mit mittlerer Demenz verfügen. Die Anwendung erfolgt nach Möglichkeit derart, dass die Patienten nicht mit Defiziten konfrontiert werden und stattdessen erhaltene Fähigkeiten fokussiert werden.

Patienten, die ungern auf Instrumenten spielen, werden ermutigt zu singen und zuzuhören, solche die in vereinzelten Sitzungen nicht singen und trotzdem dabei sein möchten, sind eingeladen ausschließlich zuzuhören. Patienten mit gut erhaltener Lesefähigkeit, gutem Altgedächtnis bzw. Liedtextgedächtnis werden dazu motiviert Liedtexte vorzulesen oder vorzutragen bzw. in passender Situation eine Episode aus ihrer Biographie zu erzählen, wobei Eigeninitiative verstärkt und gefördert wird.

### 3.3.1.4 Psychologisch-beratende und psychoedukative Angehörigengespräche

Das im Rahmen der Eingangsdiagnostik geführte 20 bis 30-minütige Angehörigengespräch enthält neben der Aufklärung über die Studie und das Therapieprogramm auch psychologisch beratende und psychoedukative Elemente. Im Rahmen eines psychoedukativen Ansatzes werden Informationen zur Demenzerkrankung, Diagnostik und Interventionen gegeben und spezielle Aspekte im Umgang mit der Demenzerkrankung oder psychischer Belastung durch die Erkrankung thematisiert.

Es wurden weiterführende psychoedukative oder psychologisch beratende Gespräche angeboten, in denen Handlungsempfehlungen und mögliche Umgangsstrategien vermittelt werden. In beiden Gruppen wurde auf Unterstützungsmöglichkeiten sowie eine telefonische psychologische Beratung bei Fragen und in Krisensituationen angeboten. Auch wurde bei psychopathologischen Symptomen der Angehörigen auf Interventionsbedarf hingewiesen.

### 3.3.2 Musikpsychologische Therapie als Kernelement

Kernbestandteil der Hauptphase jeder Intervention ist als invariabler Therapiebaustein die aktive Musikausübung durch Singen und Spiel auf Musikinstrumenten. Bei der Variante *Musikpsychologische Therapie* kommen alle Therapieelemente, d.h. Singen, Spielen und Hören zum Einsatz, auch werden die speziellen musikalischen Elemente angewandt.

*Gemeinsames Singen*

Mit Klavierbegleitung singen die Patienten je nach kognitiver Kapazität oder Therapieziel auswendig oder mit Text in jeder Sitzung bekannte Volkslieder, manchmal auch Kirchenlieder oder Schlager aus den zwanziger, dreißiger und vierziger Jahren. Das Singen nimmt je nach Programmvariante zwischen 15 und 30 Minuten der Hauptphase in Anspruch, wobei fast alle Demenzpatienten dazu in der Lage sind mindestens zehn Volkslieder in mehreren Strophen auswendig zu singen. Der Therapeut gibt ein Lied vor, wobei es mehrere Methoden der Initiierung einer musikalischen Einheit gibt:

(1) Der Therapeut kündigt nach klassischer Chorleiter-Methode ein Lied an, gibt ein Einsatzsignal, singt und spielt den Liedbeginn auf dem Klavier, woraufhin die Patienten einsetzen.
Diese Methode ist älteren Menschen aus früheren Zeiten von gemeinsamem Singen in Chören, Kirchen und Gesangvereinen bekannt und erweckt Vertrauen durch die Repräsentation von Bekanntem.

(2) Bei der musikpädagogischen Methode kündigt der Therapeut ein Lied an, liest den Text vor. Die Patienten schlagen das Liederbuch auf, lesen den Text gemeinsam oder einzeln vor, sprechen ihn nach oder mit, daraufhin wird das Lied musikalisch umgesetzt. Während das Singen mit Liederbuch Wahrnehmung, Lesefähigkeit, Sprachverständnis sowie die simultane Bewältigung der Aufgaben "Singen" und "Lesen" fördert, wird beim Auswendigsingen v.a. das Langzeitgedächtnis aktiviert. Werden Mu-

sikinstrumente benutzt, ist das Auswendigsingen ohne die Benutzung von Liederbüchern vorzuziehen, um eine Überforderung durch parallele doppelt motorische (singen, spielen) und sprachlich-visuelle Handlungsanforderungen zu vermeiden.

(3) Bei der demonstrierenden Methode singt der Therapeut ohne Klavierbegleitung einleitend ein Lied vor oder spielt es an, die Patienten stimmen ein und nehmen das musikalische Angebot auf. Daraufhin setzt der Therapeut mit Klavierbegleitung ein. Hier wird orientiert am diskreten Lernformat eine musikalische Verhaltensweise vorgegeben und nach Umsetzung durch Lob positiv verstärkt. Genutzt wird das starke, Kommunikation fördernde Potential des gemeinsamen Singens, welches in der Generation ein festes Ritual in Familie, Schule, Kirche und Vereinen darstellte. Beim Vorsingen ist das Herstellen einer kommunikativen Ebene durch gezielten von Blickkontakt von Bedeutung.

(4) Alternativ greift der Therapeut spontan ein durch einen Patienten begonnenes Lied auf, begleitet es entsprechend der Art des Vortrags, dann setzen die anderen Patienten ein. Bei dieser Methode bietet der Therapeut orientiert am Prinzip des natürlichen Lernformats musikalisches Material an, welches die Patienten spontan aufgreifen. Es kommen innerhalb eines musikalischen Dialogs psychologisch-kommunikative Prozesse zustande, indem der Therapeut seine Begleitung dem durch die Art des Singens präsentierten Affekt anpasst und diesen spiegelt. Nach Aufbau einer Beziehung über den musikalischen Dialog können durch Modifikation musikalischer Elemente wie Lautstärke, Tonalität oder Tempo Affekte auf musikalischer und schließlich auf psychologischer Ebene beeinflusst werden.

### (2) Spiel auf Musikinstrumenten

Beim Singen oder Hören von durch den Therapeuten vorgetragener Musik auf dem Klavier können gleichzeitig elementare Klang-und Rhythmusinstrumente benutzt werden.

Zunächst werden die Patienten gefragt, ob und welche Instrumente die Patienten benutzen möchten. Die Musikinstrumente werden orientiert am natürlichen Lernformat gezeigt, ausgeteilt, wobei einige Patienten mehrere Instrumente zur Auswahl angeboten werden, darunter afrikanische Trommeln (Djemben), Rasseln, Triangeln, Klanghölzer, Klangstäbe, Glockenspiele und andere Percussion-Instrumente.

Abbildung 6: *Musikinstrumente*

5a: Digitales E-Piano     5b: Djembe     5c: Percussioninstrumente

Die Benutzung der Instrumente (s. Abbildung 7) wird vom Therapeuten demonstriert, somit werden musikalische Verhaltensweisen initiiert. Es ist wichtig, den Patienten das Instrument bewusst in die Hand zu geben, diesen Vorgang zu kommentieren und/oder die Bedienung zu demonstrieren (Modelllernen). Weiter erfolgt Verhaltensanregung durch die Führung von Bewegungen (Prompting). Durch Lob und positive Rückmeldung erfolgt die Benutzung der Instrumente mit der Zeit zunehmend selbständig wobei die Hilfestellung schrittweise ausgeblendet werden kann (Fading).

Abbildung 7: *Benutzung von Musikinstrumenten – verhaltenstherapeutische Anleitung*

7a: Prompting – Verhaltensanregung durch Führung von Bewegungen

7b: Selbständige Benutzung der Musikinstrumente

Während Benutzung der Instrumente kommen verhaltenstherapeutische Techniken zur Anwendung, die weitgehend dem diskreten Lernformat (Lovaas, 2003) entsprechen. Bei Benutzung der Instrumente ist das Auswendigsingen von Liedern dem Singen mit Text vorzuziehen, da die meisten Patienten durch simultanes Singen, Lesen, Blättern und Spielen der Instrumente kognitiv und motorisch überfordert sind.

**(3) Spezielle musikalische Elemente**

Spezielle musikalische Elemente zur Anpassung der Musik an Atmosphäre, Stimmung, Emotionen und Verhaltensreaktionen sind Beschleunigen oder Verlangsamen des Tempos, Tonartenwechsel, flexible Modulation der Lautstärke oder ein spontaner Wechsel des Liedes durch musikalische Übergänge. Bedeutsam ist das Ermutigen und spontane Aufnehmen musikalischer Eigeninitiative der Patienten, das spontane Begleiten von seitens der Patienten begonnenen Liedern und somit aktive Umsetzung aktueller Stimmungen in musikalische Form.

**(4) Musikhören**

Bei der rezeptiven Musiktherapie erfolgt das gemeinsame Musikhören von CD oder der Vortrag von Musikstücken auf dem Klavier. Letztere Variante ist nach praktischen Erfahrungen beliebt, insbesondere der Vortrag klassischer Klavierstücke.

### 3.3.3 Kognitive Interventionen

#### 3.3.3.1 Kognitive Stimulation

Bei der Programmvariante *Kognitive Stimulation* werden – orientiert an dem Programm zur kognitiven Stimulation nach Spector et al. (2003)-nach dem Rituallied und psychomotorischer Aktivierung in der Hauptphase zwei bis drei Einheiten kognitiver Stimulation von jeweils fünf bis zehn Minuten Dauer durchgeführt, wobei zwischen den Einheiten Lieder mit Klavierbegleitung gesungen werden. Je nach individueller kognitiver Kapazität der Patienten und Tagesform werden folgende Übungen durchgeführt:

Tabelle 15: *TMI-Programm -Kognitive Stimulation*

| Therapieelement | Beispiele für die Durchführung |
|---|---|
| Realitätsorientierung | Spielerisches Erinnern/ Erfragen von Jahr, Jahreszeit, Wochentag, Namen der Patienten; Visualisierung durch Materialien: Herbstblätter, Weihnachtsdekoration, Blumen, Namensschilder, Uhren, Kalender |
| Intervallgestützter Abruf (Spaced Retrieval) | Erfragen einer Information (z.B. Hauptstadt), Aufforderung sich diese zu merken, Abfrage nach 1, 2, 5 min, danach Vergrößerung des Intervalls |
| Sprichwörter/ geflügelte Worte | Man soll den Tag..., mit Schimpf und...; |
| Synonyme und Gegenteile | Bank: Geldinstitut – Sitzbank; hoch-tief |
| Wortassoziationsübungen | Was verbinden Sie mit dem Wort Frühling? Frühling-Blumen-Narzissen, Tulpen; Frühling-Jahreszeiten; Frühling-autobiographische Erinnerungen |
| Wortreihen und Kategorien | Welches Wort passt nicht? Hund-Katze-Stuhl-Vogel Herbst – Bunte Blätter, November, Sturm, Ernte etc. |
| Themenzentrierte Konversation | Politik: Aufzählen von Bundeskanzlern; Bräuche und Feste, Essen und Trinken, Urlaube etc. |
| Musikgestützte kognitive Stimulation | Assoziationen zu Liedern: Wasser-Brunnen-Am Brunnen vor dem Tore, Loreley-Lied-Rhein– Flüsse– Donau -Walzer: An der schönen blauen Donau; Nennen des Anfangs einer Liedzeile, dann Ergänzung; Liedtexte werden vorgesprochen, gemeinsam nachgesprochen oder vorgelesen |

### 3.3.3.2 Reminiszenztherapie und reminiszenzfokussierte Musiktherapie

Innerhalb der Reminiszenztherapie werden in der Therapiesitzung durch verbale, visuelle oder musikalische Trigger Assoziationen zu autobiographischen Erinnerungen ausgelöst. Wird Musiktherapie mit Reminiszenztherapie kombiniert, rufen Singen mit Klavierbegleitung oder Musikhören häufig autobiographische Erinnerungen hervor, die mit bestimmten Emotionen verbunden sind. Es werden in Form eines konversationsähnlichen Dialogs anschließend freie Fragen zu solchen Erinnerungen gestellt, wodurch Kommunikations-und Interaktionsprozesse zwischen Therapeut und den Patienten sowie den Patienten untereinander initiiert werden.

*Abbildung 8: Kommunikation zwischen Therapeut und Patienten während reminiszenzfokussierter Musiktherapie*

Häufig beginnen die Patienten auch spontan zu kommunizieren, assoziieren frei, wobei sich Gespräche über mehrere Minuten ergeben können. Oftmals ist ein Eingreifen des Therapeuten nicht nötig bzw. das Gewähren Lassen der spontanen Kommunikation erwünscht. Zuweilen ist es sinnvoll das Gespräch zu lenken, zu moderieren bzw. Anregungen aufzugreifen, an die sich weitere Therapieeinheiten anschließen können.

### 3.3.3.3 Psychomotorische und psychosensorische Übungen

Integriert in die verschiedenen Phasen werden vereinzelte Übungen zur Förderung von Psychomotorik und Sensorik. In der Eingangsphase unmittelbar nach dem Rituallied sowie in der Schlussphase unmittelbar vor dem Rituallied folgt ein kurzes Ballspiel zur psychomotorischen Aktivierung.

Verwendet werden Bälle verschiedener Größe, Farbe und Materialien, die der Therapeut den Patienten zuwirft. Die Patienten fangen und werfen zum Therapeuten zurück oder werfen den Ball anderen Patienten zu. Die Übungen führen zumeist zu einer Verbesserung der Stimmung und regen Kommunikation und Interaktion an. Gefördert werden situative Präsenz, Aufmerksamkeit, Konzentration, Reaktionsvermögen, Psychomotorik und Sensorik. Gelingt stärker psychomotorisch beeinträchtigten Patienten das Werfen und Fangen nicht, wird ermöglicht die verschiedenen Bälle und Materialien zu spüren und in der Hand zu halten, was zumeist als angenehm empfunden wird und eine Art taktil-sensorischer Stimulation darstellt. Die Werfbewegung und das Fangen des Balls sind auch bei mittelschwer dementen Patienten zumindest in Ansätzen in den meisten Fällen durchführbar und bei regelmäßiger Förderung trainierbar.

Abbildung 9: *Psychomotorische Aktivierung und sensorische Stimulation durch Ballspiel*

Psychomotorische Aktivierung findet ebenso durch das aktive Sich-Bewegen zur Musik statt, welches simultan zum Singen spontan erfolgt und in noch stärkerem Ausmaß beim Musikhören praktiziert wird. Märsche, Walzer und andere rhythmisch akzentuierte Musikstücke lösen oftmals spontane motorische Aktivität aus. Während aktiver Musikausübung werden immer wieder gezielte psychomotorisch-aktivierende Übungen durchgeführt, indem die Patienten gezielt zum Mitklatschen oder Mitklopfen des Rhythmus aufgefordert werden. Die Klatschbewegung wird teilweise wiederholt demonstriert.

Beim Hörmemory, einer Übung zur Förderung des sensorischen Unterscheidungsvermögens werden wie kleine Glocken zu schüttelnde Holzblöcke eingesetzt, die minimale Klangvarianten aufweisen.

Abbildung 10: *Psychosensorische Aktivierung durch Hörmemory*

Die Patienten sollen gleiche und unterschiedliche Klänge identifizieren, wodurch die akustische Differenzierungsfähigkeit geschult wird.

### 3.3.4 Integrierte psychologische Interventionen

#### 3.3.4.1 Verhaltenstherapeutische Techniken

Verschiedene grundlegende verhaltenstherapeutische Techniken spielen eine wichtige Rolle in der Musiktherapie. Über Modelllernen und Prompting werden musikalische Verhaltensweisen initiiert. beim Fading werden Hilfestellungen schrittweise ausgeblendet (s. 1.2.6.7). Durch differenzielle Verstärkung erfolgt Motivation und Ermutigung unmittelbar auf wünschenswertes Verhalten, wobei immer Erfolge betont, Defizite ignoriert und übergangen werden. Keinesfalls darf eine Form der *Bestrafung* bei Passivität und Nicht-Beteiligung erfolgen. Durch Akzeptieren von Passivität kann die Motivation gesteigert werden. Mittels Refokussierung kann bei Zwangsphänomenen, herausforderndem Verhalten, teilweise auch bei Unruhe und Ablenkbarkeit die Aufmerksamkeit gezielt immer wieder auf die therapeutische Aktivität gelenkt werden. Durch das Ignorieren unerwünschten Verhaltens wird die Verstärkung desselben vermieden und evtl. ein Löschungsvorgang eingeleitet. So erfolgt z.B. das Übergehen enthemmten und aggressiven Verhaltens oder unpassender Bemerkungen, gleichzeitig wird ein Refokussieren auf erwünschtes Verhalten angestrebt.

#### 3.3.4.2 Situative Interventionen

(1) Bei psychomotorischer Unruhe und während der Sitzung auftretender Angstzustände, Panikattacken kann das Demonstrieren von Sicherheit und Vertrauen durch verbale Beruhigung oder Berührung als kurzfristiges Angstmanagement hilfreich sein.

(2) Beim durch Musik ausgelösten Ausdruck intensiver Emotionen wie Freude oder Trauer können kurze Einzelgespräche von 1-2 Minuten geführt werden, um den gefühlsmäßigen Zustand der Teilnehmer zu spiegeln und diese emotional zu stützen. Im Bereich mittlerer Demenz geschieht es oft, dass eine aktualisierte, lang zurückliegende autobiographische Erinnerung mit der emotionalen Reaktion in Verbindung steht, die der Patient spontan äußert. Hier können in einigen Fällen ein anschließendes aufarbeitendes Gespräch oder validierende Maßnahmen sinnvoll sein, in anderen Fällen ist die behaviorale Refokussierung auf die therapeutische Aktivität zu bevorzugen. Ist ein Musikstück auslösend für eine extrem belastende affektive Reaktion, kann kurzfristig die Wegnahme des Auslösers im Sinne einer beabsichtigten Vermeidung durch Wechseln des Musikstücks hilfreich sein.

(3) Bei Konflikten zwischen Patienten während der Sitzungen ist die Vermeidung einer Verstärkung durch Nicht-Beachtung, Deeskalation und gleichzeitige Refokussierung auf andere Themen oder idealerweise auf musikalische Aktivität das "Mittel der Wahl".

(4) Bei Apathie und Passivität kann sanftes Ermutigen und Motivieren bei Respektieren einer Nicht-Beteiligung hilfreich sein. Bei der Initiierung einer gewünschten Aktivität durch den Patienten ist Verstärkung durch positive Rückmeldung und Lob wichtig.

(5) Bei Verhaltensweisen, die auf körperliches Unwohlsein hindeuten, wird darauf geachtet ob z.B. eine unangenehme Sitzposition, Temperaturempfinden oder Flüssigkeitsmangel auslösend sein kann. Hierbei werden die assistierenden Therapie-oder Pflegekräfte aktiv. Bei körperlichem und psychischem Unwohlsein oder extrem den Ablauf störenden Verhaltensweisen wie stereotypes Vokalisieren oder verbale Aggressivität wird die Möglichkeit gewährt, mit Hilfe einer Pflegekraft den Therapieraum zu verlassen.

## 3.4 Interventionen in der Kontrollgruppe

Alle Patienten der Experimental-und Kontrollgruppe erhielten eine dem Krankheitsbild gerecht werdende, an Standards der gerontopsychiatrischen Pflege und Therapie orientierte Betreuung. Neurologisch-psychiatrische sowie psychologische Diagnostik und Interventionen erfolgen standardmäßig, ebenso beratende und stützende Angehörigengespräche.

Die Patienten der Kontrollgruppe leben auf den Wohnbereichen des Haupthauses des DRK Seniorenzentrums. Sie werden dort nach dem Integrationsprinzip zusammen mit nicht dementen Klienten betreut. Auf den Wohnbereichen werden durch Ergotherapeutinnen und angeleitete Therapiehilfskräfte täglich in den Pflegealltag integrierte Einzel-und Gruppentherapien durchgeführt, die folgende Bausteine enthalten:

(1) Demenzgerechte Milieugestaltung durch Visualisierung und Orientierungshilfen wie Beschriftungen, Wegweiser, Namensschilder und farbliche Markierungen.

(2) Unspezifische psychosoziale und ergotherapeutische Interventionen: (a) Alltagsorientierte Aktivierung (b) Gedächtnistraining (c) Gemeinsames Singen und Musikhören (d) Gymnastik und Spaziergänge (e) Kontakt mit Haustieren (f) Kreative Beschäftigung

## 3.5 Design

Der Untersuchungsplan wurde bei der Ethikkomission der Landesärztekammer Rheinland-Pfalz eingereicht, dort geprüft und genehmigt. Die Untersuchung wurde in einem Zwei-Gruppen-Plan mit Prä-Post-Design, bestehend aus einer Experimentalgruppe und einer Kontrollgruppe durchgeführt. Die Experimentalgruppe (EG) bestand aus n = 26, die Kontrollgruppe (KG) aus n =23 Patienten. Es wurde alternativ zu der nicht durchführbaren Randomisierung (s. 3.1) eine Parallelisierung hinsichtlich demographischer und diagnostischer Merkmale vorgenommen. Zur Bestimmung der Zugehörigkeit zur Experimentalgruppe wurden die Patienten nach folgenden Kriterien ausgewählt: (1) Diagnostizierte leichte bis mittlere Demenz, operationalisiert durch einen Wert zwischen Stufe 3 und 6 auf der Global Deterioration Scale (2) Betreuung innerhalb des Milieus der besonderen stationären Dementenbetreuung nach dem Domusprinzip (3) Möglichkeit und Eignung, mindestens ein Mal pro Woche regelmäßig am TMI-Programm teilzunehmen. Für die Kontrollgruppe wurden analog folgende Kriterien bestimmt: (1) Leichte bis mittlere Demenz (2) Traditionelle Dementenbetreuung nach dem Integrationsprinzip.

Zusammen mit der Eingangsdiagnostik (s. 3.2) wurde die Datenerhebung zum Messzeitpunkt Prä (Prätest) durchgeführt. Die Patienten der Experimentalgruppe nahmen nach der Prä-Messung über einen Zeitraum von sechs Monaten am TMI-Programm teil, die Kontrollgruppe erhielt die in 3.4 beschriebene Intervention. Nach Durchführung der Intervention erfolgte nach sechs Monaten Datenerhebung zum Messzeitpunkt Post (Posttest).

Abbildung 11: *Studiendesign*

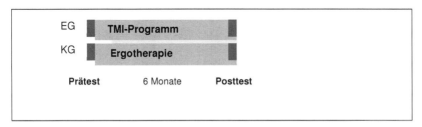

## 3.6 Ablauf

### 3.6.1 Entwicklung und Erprobung des TMI-Programms

Grundlage der Entwicklung des Programms *TEACCH-basierte Musikpsychologische Interventionen (TMI)* waren zum einen die Ergebnisse der Recherche zu evidenzbasierten psychologischen Interventionsmethoden und zum anderen die Erprobung des Programms. Theoretische Überlegungen zur Konzeption und fortlaufende Literaturrecherchen gingen mit der Programmerprobung einher, da die Erprobung von Therapieelementen fortlaufend neue theoretische Fragen aufwarf.

#### 3.6.1.1 Durchführung und Evaluation der Probephase

In einer Probephase wurde durch den Doktoranden eine musikalisch-aktivierende Gruppenintervention durchgeführt und anschließend evaluiert. In 24 Sitzungen nahmen über einen Zeitraum von 12 Wochen n = 14 Demenzpatienten zwei Mal wöchentlich an der Intervention teil. Die Sitzungen wurden mit Hilfe einer Ergotherapeutin beobachtet und in Therapieprotokollen dokumentiert. Beobachtungskategorien waren musikalische Aktivität, Aufmerksamkeit und Konzentration, Kommunikation, emotionaler Ausdruck, Verhalten und psychische Symptome. Auf Grundlage einer Zwischenevaluation nach der 12. Sitzung wurden die Therapieelemente Kognitive Stimulation, Reminiszenztherapie und verhaltenstherapeutische Techniken integriert, andere Therapieelemente wie z.B. *Spiel auf Instrumenten zu Musik von CD* wurden eliminiert oder modifiziert. Nach der Abschlussevaluation erfolgte die Integration TEACCH-basierten antezedenten Interventionen als inhaltlicher und struktureller Rahmen.

Tabelle 16: *Phasen der Entwicklung und Erprobung des TMI-Programms*

| Entwicklung und Erprobung der Intervention |
|---|
| Recherche |
| 1. Probephase: Intervention Musikalisch-aktivierende Gruppentherapie |
| Evaluation plus Recherche |
| 2. Probephase: Musiktherapie plus kognitive/verhaltenstherapeutische Interventionen |
| Evaluation plus Recherche |
| Endversion TMI:TEACCH-basierte Musikpsychologische Intervention plus Kognitive und verhaltenstherapeutische Interventionen/Integrierte Interventionen |

### 3.6.1.2 Ergebnisse der Evaluation

An den Sitzungen 1-12 beteiligten im Mittel 10 von 14 Patienten aktiv am Singen und Spiel auf Musikinstrumenten. Verbesserungen von Aufmerksamkeit, situativer Präsenz und Kommunikation mit dem Therapeuten und Mitpatienten zeigte sich mit zunehmender Anzahl der Sitzungen bei 11 Patienten. Etwa ein Drittel zeigte während der Sitzungen eine deutliche psychomotorischer Unruhe, bei der Hälfte zeigte sich Abnahme herausfordernden Verhaltens.

Tabelle 17: *Probephase: Veränderungen kognitiver, behavioraler und psychopathologischer Parameter während der Sitzungen zu drei Assessment-Zeitpunkten*

| Verbesserungen | Sitzung 1 | Sitzung 12 | Sitzung 24 |
|---|---|---|---|
| Aktive Teilnahme/ musikalische Aktivität | 21% | 43% | 71% |
| Verbesserung der situativen Präsenz | 21 % | 50% | 78% |
| Häufigere Kommunikation | 7 % | 21% | 78% |
| Stimmungsaufhellung während der Sitzung | 0% | 28% | 36% |
| Abnahme psychomotorischer Unruhe | 0% | 36% | 28% |
| Abnahme herausfordernden Verhaltens | 0 % | 43% | 50% |

Folgende Beobachtungen stellten sich für die Programmentwicklung als entscheidend heraus:
(1) Singen in der Gruppe mit Klavierbegleitung beeinflusst Stimmung, Emotionalität, Aktivitätsniveau und Aufmerksamkeit der Patienten während und bis zu einer Stunde nach den Sitzungen positiv und kann zur Reduktion von Angst, Aggressivität und Unruhe beitragen.
(2) Sich-Bewegen und Klatschen zur Musik und das Spiel auf Instrumenten tragen zu einer Verbesserung der Psychomotorik während und bis zu 1-2 Stunden nach den Sitzungen bei.
(3) Musikerleben ruft zumeist positive autobiographische Erinnerungen hervor.

(4) Über Musik kann kommunikativer Kontakt zu demenzkranken Menschen aufgenommen werden, der auf verbaler Ebene in dieser Form nicht möglich ist.

(5) Regelmäßige Musiktherapie-Sitzungen dienen als Tag strukturierendes, Sicherheit und Orientierung vermittelndes Ritual.

(6) Die simultane Darbietung zu vieler Anforderungen, visuelle und akustische Reizüberflutung wirken sich negativ auf Affekt und Aufmerksamkeitsfokussierung aus.

(7) Reines Musikhören ohne musikalische Aktivität zeigt geringere Effekte, das Spiel mit Musikinstrumenten zu von CD gehörter Musik ist weniger effektiv.

(8) Die Kombination mit musikalischer und psychomotorischer Aktivierung fördert die Aufnahmebereitschaft für kognitive Stimulation.

(9) Die Patienten verbalisieren zwischen den musikalischen Einheiten teils spontan weit zurückliegende Erinnerungen und äußern dabei Emotionen.

(10) Verhaltenstherapeutische Techniken helfen, die Reaktivierung musikalischer und kognitiver Fähigkeiten voranzutreiben.

### 3.6.2 Durchführung und Rahmenbedingungen

(1) Das Therapieprogramm fand über einen Zeitraum von insgesamt sechs Monaten immer zwei Mal wöchentlich statt. Bei 26 Patienten der Experimentalgruppe wurde das Programm insgesamt in drei Sechs-Monats-Blöcken durchgeführt, in denen je 8 bis 10 Patienten am TMI-Programm teilnahmen.

(2) Die Teilnehmerzahl pro Sitzung ist populationsbedingt unvermeidlichen Fluktuationen unterworfen, wobei sich effektiv zumeist eine Teilnehmeranzahl zwischen $n = 6$ und $n = 8$ Patienten (Min = 4; Max = 10; M = 7.4) pro Sitzung ergab. Aufgrund der Fluktuationen wurden zwei Termine pro Woche angeboten, so dass gewährleistet werden konnte, dass jeder Patient regelmäßig ein Mal pro Woche am TMI-Programm teilnahm.

(3) Die 45-minütigen Therapiesitzungen wurden im Therapieraum der Hausgemeinschaft, immer montags um 14.15-15.00 Uhr und mittwochs um 11.15-12.00 Uhr durchgeführt.

(4) Die Interventionen wurden durch den Doktoranden durchgeführt. Während der Sitzungen anwesend waren jeweils eine Ergotherapeutin, eine Krankenschwester oder Altenpflegerin mit gerontopsychiatrischer Zusatzausbildung. Letztere beobachteten und dokumentierten das Verhalten der Patienten und achteten auf physische und psychische Grundbedürfnisse wie Flüssigkeitszufuhr, Regulation der Raumtemperatur, Toilettengang oder den Wunsch eines Patienten, den Therapieraum zu verlassen. Sie sorgten für einen möglichst reibungslosen Ablauf der Sitzungen unter Minimierung von Störfaktoren.

## 3.7 Datenauswertung

Die statistische Auswertung der quantitativ erhobenen Daten erfolgte mit dem Programm SPSS 15.0. Es wurden bei der deskriptivstatistischen Darstellung von prozentualen Häufigkeiten Parallelisierungstests mit nonparametrischen Verfahren durchgeführt, zur Anwendung kam der kx1-Chi-Quadrat-Test (vgl. Bortz & Döring, 2006). Zur Feststellung der Interventionseffekte wurden bei den Mittelwertsvergleichen als statistische Verfahren T-Tests für unabhängige Stichproben, T-Tests für abhängige Stichproben durchgeführt, weiter wurden effektstärkenstatistische Auswertungen durchgeführt. Berechnet wurden unkorrigierte Effektstärken ES-g (Rustenbach, 2003, p. 94) sowie klassische Effektstärken ES-d nach Cohen, wobei die Ergebnisse der letzteren in die Auswertung eingingen. Die Werte für *Cohen's d* wurden gemäß Bortz und Döring (2006) als schwache ($d > 0.20$), mittlere ($d > 0.50$) und starke ($d > 0.80$) Effekte klassifiziert.

Zur Quantifizierung der Studieneffekte zwischen den Messzeitpunkten Prä und Post innerhalb der jeweiligen Gruppen wurden Längsschnitteffektstärken (ES-d-Prä-Post) ermittelt, zusätzlich wurden Netto-Effektstärken (ES-d-Netto) bestimmt, die sich durch die Subtraktion der jeweiligen Effektstärken für die KG von der der EG errechnen lassen. Für den Vergleich der Studieneffekte zwischen den beiden Gruppen wurden Querschnitteffektstärken (ES-d-Post-Post) ermittelt. Zur Bestimmung der Stärke des Interaktionseffektes wurden zweifaktorielle Varianzanalysen (ANOVA) mit Messwiederholung auf dem Faktor *Zeitverlauf* durchgeführt. Als Signifikanzniveau wurde $\alpha = 0.05$ festgelegt.

Die Auswertung der mit den Mitarbeitern und Patienten geführten halbstrukturierten Interviews sowie der Aufzeichnungen zur Verhaltensbeobachtung während der Sitzungen erfolgte mit Methoden der *Qualitativen Inhaltsanalyse* (Mayring, 2008).

# 4. Ergebnisse

## 4.1 Ergebnisse der quantitativen Untersuchungsinstrumente

Tabellen 18-21 enthalten die Ergebnisse der T-Tests, der effektstärkenstatistischen Auswertungen sowie der zweifaktoriellen Varianzanalyse (ANOVA) mit Messwiederholung auf dem Faktor Zeitverlauf für die folgenden Bereiche:

(1) Neuropsychiatrische Symptome (Tabelle 18; 4.1.1)
(2) Sozial-emotionale Kommunikation und Aktivität (Tabelle 19; 4.1.2)
(3) Kognitive Funktionen (Tabelle 20; 4.1.3)
(4) Demenz-Schweregrad (Tabelle 21; 4.1.4)

Mitgeteilt werden jeweils (a) die F-und p-Werte der Wechselwirkungseffekte zwischen Gruppenfaktor und Zeitfaktor (b) Mittelwerte und Standardabweichungen sowie t-und p-Werte für den Prä–Post-Vergleich und den Post-Post-Vergleich (c) Folgende effektstärkenstatistische Ergebnisse, repräsentiert durch den Wert für *Cohen´s d*: Längsschnitt-bzw. Prä-Post-Effektstärken (ES-Prä-Post), Netto-Effektstärken (ES-Netto-Prä-Post) und Querschnitt-bzw. Post-Post-Effektstärken (ES-Post-Post).

### 4.1.1 Neuropsychiatrische Symptome

#### Hypothese

Im Mittel findet sich nach der Intervention eine stärkere Reduktion neuropsychiatrischer Symptome in der Interventionsgruppe verglichen mit der Kontrollgruppe. Im Einzelnen wird eine günstigere Beeinflussung bei den psychopathologischen Symptomen Angstsymptomatik und Depressivität sowie bei den behavioralen Symptomen Agitation, Aggressivität und Apathie erwartet.

#### 4.1.1.1 Übersicht

Tabelle 18: *Ergebnisse zweifaktorielle ANOVA mit Messwiederholung auf Faktor Zeitverlauf für die Outcome-Merkmale: "Neuropsychiatrische Symptome": Geriatric Depression Scale (GDS-Depr; Spalte 2) und Neuropsychiatric Inventory (NPI; Spalten 3-13)*

|        | GDS | NPI  | Wahn | Hall | Depr | Euph | Enth | Apth | Ang | PMS | Ag/Ag | Irrt |
|--------|-----|------|------|------|------|------|------|------|-----|-----|-------|------|
|        |     |      |      |      |      | EG   |      |      |     |     |       |      |
| M-Prä  | 5.2 | 21.7 | 1.4  | 0.4  | 3.2  | 0.2  | 0.2  | 6.0  | 2.8 | 3.9 | 1.2   | 2.5  |
| SD     | 3.5 | 13.1 | 2.2  | 1.2  | 3.6  | 0.8  | 0.5  | 3.8  | 3.5 | 3.8 | 2.1   | 2.8  |
| M-Post | 4.6 | 18.0 | 1.8  | 0.8  | 3.1  | 0.2  | 0.8  | 4.1  | 1.9 | 3.4 | 0.7   | 1.4  |
| SD     | 4.0 | 9.9  | 2.3  | 1.7  | 2.8  | 0.6  | 1.6  | 3.0  | 2.1 | 3.3 | 1.4   | 1.8  |
|        |     |      |      |      |      | KG   |      |      |     |     |       |      |
| M-Prä  | 4.0 | 20.8 | 1.5  | 0.1  | 3.7  | 0.3  | 0.5  | 4.6  | 2.7 | 3.7 | 1.8   | 2.0  |
| SD     | 4.0 | 11.9 | 2.2  | 0.4  | 3.7  | 0.9  | 1.5  | 4.3  | 2.8 | 3.8 | 2.9   | 2.9  |

|        | GDS   | NPI   | Wahn  | Hall  | Depr  | Euph  | Enth  | Apth    | Ang   | PMS   | Ag/Ag   | Irrt     |
|--------|-------|-------|-------|-------|-------|-------|-------|---------|-------|-------|---------|----------|
| M-Post | 3.3   | 25.6  | 1.8   | 0.6   | 2.9   | 0.1   | 1.1   | 5.4     | 2.7   | 4.9   | 3.1     | 3.0      |
| SD     | 2.9   | 17.2  | 2.6   | 1.8   | 2.9   | 0.4   | 3.0   | 5.1     | 2.9   | 4.5   | 4.2     | 4.4      |
| **Prä-Post-Vergleiche** | | | | | | | | | | | | |
| t-EG   | 0.81  | 2.01  | -0.88 | -1.15 | 0.06  | 0.00  | -1.78 | 2.95    | 1.88  | 0.93  | 1.83    | 2.88     |
| p      | >0.05 | >0.05 | >0.05 | >0.05 | >0.05 | >0.05 | >0.05 | <0.01** | >0.05 | >0.05 | >0.05   | <0.01**  |
| t-KG   | 0.75  | -1.34 | -0.49 | -1.45 | 1.05  | 1.28  | -1.17 | -1.37   | 0.00  | -1.74 | -1.77   | -1.87    |
| p      | >0.05 | >0.05 | >0.05 | >0.05 | >0.05 | >0.05 | >0.05 | >0.05   | >0.05 | >0.05 | >0.05   | >0.05    |
| ES-EG  | 0.16  | 0.38  | -0.17 | -0.22 | 0.01  | 0.00  | -0.34 | 0.56    | 0.36  | 0.18  | 0.15    | 0.55     |
| ES-KG  | 0.16  | -0.28 | -0.10 | -0.29 | 0.21  | 0.25  | -0.24 | -0.27   | 0.00  | -0.35 | -0.36   | -0.38    |
| ES-Net | 0.00  | 0.66  | -0.07 | 0.07  | -0.20 | -0.25 | -0.10 | 0.83    | 0.36  | 0.53  | 0.51    | 0.91     |
| **Post-Post-Vergleiche** | | | | | | | | | | | | |
| T      | -1.17 | 1.87+ | -0.04 | -0.41 | -0.25 | -0.73 | 0.47  | 1.13+   | 1.19  | 1.36  | 2.65+   | 1.70+    |
| P      | >0.05 | >0.05 | >0.05 | >0.05 | >0.05 | >0.05 | >0.05 | >0.05   | >0.05 | >0.05 | 0.01*   | >0.05    |
| ES     | -0.36 | 0.54  | -0.01 | -0.12 | -0.07 | -0.20 | 0.13  | 0.33    | 0.33  | 0.38  | 0.79    | 0.50     |
| **ANOVA: Gruppenfaktor x Zeitfaktor** | | | | | | | | | | | | |
| F      | 0.004 | 5.05  | 0.01  | 0.36  | 0.61  | 1.00  | 0.00  | 9.41    | 1.52  | 3.91  | 6.04    | 10.54    |
| P      | >0.05 | <0.05*| >0.05 | >0.05 | >0.05 | >0.05 | >0.05 | <0.01** | <0.10 | 0.05* | <0.05*  | <0.01**  |

*Legende*

EG = Experimentalgruppe; KG = Kontrollgruppe; M-Prä und M-Post = Mittelwerte zum Messzeitpunkt Prä bzw. Post; SD = Standardabweichung; ES = Effektstärke d nach Cohen; ES-Net = Netto-Effektstärke; ANOVA = Varianzanalyse.

Spalte 1: Kennwerte; Spalte 2: GDS: Score Geriatric Depression Scale; Spalte 3: NPI: Gesamtscore Neuropsychiatric Inventory; Spalten 4-13: NPI-Subscores: Wahn = Wahnvorstellungen, Hall = Halluzinationen, Depr = Depression oder Dysphorie, Euph = Euphorie, Enth = Enthemmung; Apth = Apathie, Ang = Angstsymptome, PMS = Psychomotorische Symptome; Ag/Ag = Agitation oder Aggressivität, Irrt = Irritabilität

Zeile 1: Inventare und Subscores für die einzelnen Symptombereiche; Zeilen 2-11: Mittelwerte und Standardabweichung für EG und KG zu den Messzeitpunkten Prä und Post ; Zeilen 12-16: T-Test für gepaarte Stichproben (Prä-Post), t und p für EG und KG ; Zeilen 17-18: Längsschnitteffektstärken ES-d-Prä-Post für EG und KG; Zeile 19: ES-Net: Netto-Effektstärke ES-d-Netto-Prä-Post ; Zeilen 20-23: Ergebnisse für Post-Post-Vergleich: (1) T-Test für unabhängige Stichproben, t und p (2) Querschnitteffektstärken ES-d-Post-Post; Zeilen 24-26: Ergebnisse für zweifaktorielle ANOVA mit Messwiederholung auf dem Faktor Zeitverlauf: Wechselwirkungseffekte Gruppenfaktor x Zeitfaktor, F und p.

+ T-Test bei ungleichen Stichprobenvarianzen, wenn Levene-Test p < 0.01
* signifikant auf 5 %-Niveau (α = .05), ** 1%-Niveau (α= .01) *** 0,1% -Niveau (α= .001)

## 4.1.1.2 Statistische Auswertung

*Gesamtheit neuropsychiatrischer Symptome*
Für die mittels des Gesamtscores des Neuropsychiatric Inventory (NPI) erfasste Gesamtheit aller zehn neuropsychiatrischer Symptome zeigen sich folgende Ergebnisse:
(1) Die varianzanalytische Auswertung ergibt für den durch Addition der zehn Subscores errechneten Gesamtscore einen signifikanten Wechselwirkungseffekt zwischen dem Gruppenfaktor und dem Zeitfaktor (F = 5.0; $p<0.05$)
(2) Die Mittelwerte der Experimentalgruppe (EG) zeigen von Prä nach Post eine sich dem 5%-Niveau annähernde, eine Verbesserung repräsentierende Abnahme von 21.7 auf 18.0 *(p= 0.06)*, in der Kontrollgruppe (KG) findet sich im Mittel eine deutliche Zunahme von 20.8 auf 25.6 *(p>0.05)*. Es ergibt sich eine mittlere Netto-Effektstärke (d= 0.66).
(3) Zum Messzeitpunkt Post ist ein deutlicher Vorteil für die EG feststellbar, wiederum bei Annäherung an das 5%-Niveau *(p=0.07)*. Die Querschnitteffektstärke (d = 0.54) liegt im mittleren Bereich.

*Psychopathologische Symptome*
(1) Bei der Varianzanalyse zeigen sich für die fünf, psychopathologische Symptome repräsentierenden Subscores des NPI keine signifikanten Wechselwirkungseffekte zwischen Gruppenfaktor und Zeitfaktor (jeweils $p>0.05$). Dies gilt für die folgenden Werte: Wahnvorstellungen (F = 0.01), Halluzinationen (F = 0.36), Angstsymptome (F = 1.52), Euphorie (F = 1.00) sowie Depression/Dysphorie (F = 0.61). Für die Outcome-Variable Depressivität ergaben sich auch auf der Geriatric Depression Scale (GDS-Depr)[7] keine signifikanten Interaktionseffekte (F = 0.004; $p>0.05$).

(2) Von Prä nach Post ändern sich die NPI-Mittelwerte für Symptome aus dem psychotischen Spektrum in keiner der Gruppen signifikant. Für Wahnsymptome und Halluzinationen sind im Mittel geringfügige Anstiege zwischen 0.3 und 0.5 Punkten zu verzeichnen (jeweils $p>0.05$), die eine leichte Zunahme psychotischer Symptomatik widerspiegeln. Beim Post-Post-Vergleich sind die Mittelwerte für beide Symptomgruppen in EG und KG nicht wesentlich verschieden ($p >0.05$).

---

[7] Mit insgesamt n = 23 Patienten der EG und n = 19 Patienten der KG konnte zusätzlich zum NPI-Rating die Geriatric Depression Scale (GDS-Depr) durchgeführt werden.

(3) Es zeigt sich über den Untersuchungszeitraum eine Reduktion depressiver Symptomatik in beiden Gruppen.

(a) Von Prä nach Post nehmen die Mittelwerte in der GDS-Depr in beiden Gruppen ab, in der EG von 5.2 auf 4.6, in der KG von 4.0 auf 3.3 (jeweils $p>0.05$ und d = 0.16; d-Netto = 0). Beim Post-Post-Vergleich zeigen sich leichte Vorteile für die KG $(p>0.05)$, wobei der Mittelwert beim Prä-Prä-Vergleich (M = 4.0) deutlich unter dem der EG liegt (M = 5.2).

(b) Auch auf der NPI-Subskala für Depression/ Dysphorie sinken die Mittelwerte in beiden Gruppen von Prä nach Post bei leicht stärkerer Reduktion in der KG $(p>0.05;$ d-Netto = - 0.20). Beim Mittelwertsvergleich zum Messzeitpunkt Post ergeben sich nur geringfügige Differenzen zwischen den beiden Gruppen $(p>0.05)$.

(4) Für die NPI-Subskala zur Erfassung von Angstsymptomen sind folgende Ergebnisse zu verzeichnen: Angstsymptome nehmen lediglich in der EG von Prä nach Post ab. Die EG verbessert sich im Mittel von 2.8 auf 1.9 Punkte bei Annäherung an das 5%-Signifikanzniveau $(p=0.07)$, in der KG verändern sich die Werte nicht $(p>0.05)$. Entsprechend ergibt sich eine schwache Längsschnitteffektstärke von d = 0.36 zugunsten der EG. Auch beim Post-Post-Vergleich zeigen sich deutliche Vorteile für die EG $(p>0.05$; d = 0.33).

*Behaviorale Symptome*

(1) Die varianzanalytische Auswertung zeigt auf 5% bzw. 1%-Niveau signifikante Wechselwirkungseffekte zwischen Gruppenfaktor und Zeitfaktor zugunsten der EG für vier von fünf NPI-Subskalen relativ zur Kontrollgruppe, die eine starke Reduktion behavioraler Symptome anzeigen. Dies betrifft die folgenden Skalen: Psychomotorische Symptome (F = 3.91; $p=0.05$), Agitation/Aggressivität (F = 6.04, $p<0.05$), Apathie (F = 9.41; $p<0.01$) und Irritabilität (F = 10.54; $p<0.01$). Für die Skala zur Erfassung von Enthemmung ergibt sich ein Wert von F = 0 $(p>0.05)$.

(2) Für die NPI-Subskala *Enthemmung* zeigt sich von Prä nach Post in beiden Gruppen ein leichter Anstieg der Mittelwerte um jeweils 0.6 (jeweils $p>0.05$). Beim Post-Post-Vergleich ist die EG minimal im Vorteil $(p>0.05;$ d = 0.13), was allerdings auf die Differenz von 0.3 zum Messzeitpunkt Prä zurückführbar ist.

(3) *Psychomotorische Symptome* nehmen in der EG innerhalb des Untersuchungszeitraums ab, in der KG ist eine deutliche Zunahme zu verzeichnen. Auf der entsprechenden NPI-Subskala verbessert sich die EG von Prä nach Post im Mittel von 3.9 auf 3.4 $(p>0.05$; d = 0.18), die KG verschlechtert sich von 3.7 auf 4.9 $(p>0.05)$. Daraus ergibt sich eine mittlerer Netto-Effekt von d = 0.53. Beim Post-Post-Vergleich zeigen sich deutliche Vorteile für die EG $(p>0.05)$ bei einem schwachen bis mittleren Effekt (d = 0.38).

(4) Für die NPI-Subskala Agitation/Aggressivität ergibt sich zwischen Prä und Post im Mittel eine sich dem 5%-Niveau annähernde Verbesserung der EG von 1.2 auf 0.7 ($p>0.05$) i.S. einer Reduktion agitierten bzw. aggressiven Verhaltens. Die KG verschlechtert sich von 1.8 auf 3.1 ($p>0.05$), d.h. Agitation und Aggressivität nehmen zu. Daraus resultiert ein mittlerer Netto-Effekt (d = 0.51) zugunsten der EG. Der Post-Post-Mittelwertsvergleich zeigt einen signifikanten Vorteil für die EG ($p=0.01$) bei einem starken Effekt (d = 0.79).

(5) Im Bereich Apathie verbessern sich die NPI-Mittelwerte in der EG von Prä nach Post signifikant von 6.0 auf 4.1 ($p<0.01$), in der KG verschlechtern sie sich von 4.6 auf 5.4 ($p>0.05$). Für die EG zeigt sich eine mittlere Längsschnitteffektstärke von d= 0.56, bei Berücksichtigung der Verschlechterung in der KG ergibt sich ein starker Netto-Effekt (d-Netto = 0.83). Beim Post-Post-Vergleich findet sich ein Vorteil zugunsten der EG ($p>0.05$), der sich in einer schwachen Querschnitt-Effektstärke von d= 0.33 ausdrückt. Die Resultate zeigen, dass Apathie in der EG deutlich abnimmt, während sich die Symptome in der KG verschlechtern.

(6) Auch findet in der EG eine starke Reduktion von Irritabilität bei einer Symptomzunahme in der KG. Im Mittel vollzieht sich in der EG von Prä nach Post eine signifikante Verbesserung auf der entsprechenden NPI-Subskala ($p<0.01$), wobei einem Prä-Wert von M = 5.2 ein Post-Wert von M = 4.1 gegenübersteht. In der KG vollzieht sich eine Verschlechterung von 2.0 auf 3.0 ($p>0.05$). Daraus ergibt sich für die EG eine mittlere Längsschnitteffektstärke (d = 0.55) sowie ein starker Netto-Effekt (d = 0.93). Auch der Post-Post-Vergleich zeigt einen nicht signifikanten, aber deutlichen Vorteil für die EG ($p>0.05$; d = 0.51).

### 4.1.2 Sozial-emotionale Kommunikation und Aktivität

**Hypothese**

Nach der Intervention weist die Interventionsgruppe im Mittel eine günstigere Entwicklung der Fähigkeit zur sozialen Kommunikation im Vergleich zur Kontrollgruppe auf. Nach dem Therapieprogramm zeigt sich im Mittel eine Steigerung des Aktivitätsniveaus und der Fähigkeit zum Ausdruck von Emotionen in der Interventionsgruppe, in der Kontrollgruppe zeigt sich im Mittel keine Änderung oder eine Verschlechterung.

### 4.1.2.1 Übersicht

Tabelle 19: *Ergebnisse zweifaktorielle ANOVA mit Messwiederholung auf dem Faktor Zeitverlauf für die Outcome-Merkmale: "Sozial-emotionale Kommunikation und Aktivität"*

| | ISEKAD | S-Kom | Reakt-U | SI-Pfl | SI-Mp | Aktiv | Emot |
|---|---|---|---|---|---|---|---|
| | | | | EG | | | |
| M-Prä | 15.5 | 3.0 | 3.3 | 2.6 | 2.1 | 2.2 | 2.5 |
| SD | 4.0 | 0.9 | 0.7 | 0.8 | 1.1 | 1.0 | 1.0 |
| M-Post | 15.9 | 2.9 | 2.9 | 2.6 | 2.4 | 2.6 | 2.6 |
| SD | 3.9 | 0.9 | 1.0 | 0.6 | 1.1 | 0.7 | 0.8 |
| | | | | KG | | | |
| M-Prä | 14.1 | 3.4 | 3.0 | 2.3 | 1.6 | 1.9 | 2.0 |
| SD | 3.6 | 0.8 | 0.7 | 0.7 | 1.2 | 0.7 | 0.9 |
| M-Post | 11.3 | 2.8 | 2.4 | 1.7 | 1.3 | 1.5 | 1.5 |
| SD | 5.7 | 1.1 | 1.1 | 1.1 | 1.3 | 1.1 | 1.2 |
| | | | | Prä-Post-Vergleich | | | |
| t-EG | 0.41 | -0.57 | -3.07 | 0.00 | 1.27 | 1.90 | 0.21 |
| p | >0.05 | >0.05 | <0.01** | >0.05 | >0.05 | >0.05 | >0.05 |
| t-KG | -3.35 | -2.96 | -3.73 | -2.51 | -1.91 | -2.34 | -1.69 |
| p | <0.01** | <0.01** | 0.001** | <0.05* | >0.05 | <0.05* | >0.05 |
| ES-EG | 0.08 | -0.11 | -0.58 | 0.00 | 0.24 | 0.35 | 0.04 |
| ES-KG | -0.67 | -0.59 | -0.75 | -0.50 | -0.39 | -0.47 | -0.34 |
| ES-Net | 0.75 | 0.48 | 0.17 | 0.50 | 0.63 | 0.82 | 0.38 |
| | | | | Post-Post-Vergleich | | | |
| t | 3.33 | 0.34 | 1.38 | 3.39 | 3.15 | 4.00 | 3.64 |
| p | <0.01** | >0.05 | >0.05 | <0.01** | <0.01** | <0.01** | <0.01** |
| ES | 0.94 | 0.09 | 0.40 | 0.99 | 0.89 | 1.19 | 1.05 |
| | | | | ANOVA: Gruppenfaktor x Zeitfaktor | | | |
| F | 6.96 | 4.11 | 0.77 | 4.40 | 4.50 | 7.83 | 2.27 |
| p | <0.01 | 0.05 | >0.05 | <0.05* | <0.05* | 0.01* | >0.05 |

*Legende*
EG= Experimentalgruppe; KG = Kontrollgruppe; M-Prä bzw. M-Post = Mittelwerte zum Messzeitpunkt Prä bzw. Post; SD = Standardabweichung; ES = Effektstärke ES-d nach Cohen, ES-Net= Netto-Effektstärke; ANOVA = Varianzanalyse
Spalte 1: Kennwerte; Spalte 2: ISEKAD: Gesamtscore; Spalten 3-12: ISEKAD-Subscores:
F-Kom= Allgemeine Fähigkeit zur sozialen Kommunikation; Reakt-U = Qualität sozial-kommunikativer Reaktion auf die Umwelt; SI-P = Sozial-interaktives Verhalten gegenüber Pflegepersonal; SI-Mp = Sozial-interaktives Verhalten gegenüber Mitpatienten, Aktiv = Subscore Aktivitätsniveau, Emot = Fähigkeit zum Ausdruck von Emotionen.
Zeile 1: ISEKAD-Scores; Zeilen 2-11: Mittelwerte und Standardabweichung EG und KG zu den Messzeitpunkten Prä und Post; Zeilen 12-16: T-Test für gepaarte Stichproben, t und p Prä-Post für EG und

KG; Zeilen 17-18: Längsschnitteffektstärken ES-d-Prä-Post für EG und KG; Zeile 19: ES-Net: Netto-Effektstärke ES-d-Netto-Prä-Post; Zeilen 20-23: Ergebnisse für Post-Post-Vergleich EG vs. KG: (1) T-Test für unabhängige Stichproben, t und p; (2) Querschnitteffektstärken ES-d-Post-Post; Zeilen 24-26: Ergebnisse für zweifaktorielle ANOVA mit Messwiederholung auf dem Faktor Zeitverlauf: Wechselwirkungseffekte Gruppenfaktor x Zeitfaktor, F und p.

+ T-Test bei ungleichen Stichprobenvarianzen, wenn Levene-Test p < 0.01
\* signifikant auf 5 %-Niveau (α = .05), \*\* 1%-Niveau (α= .01) \*\*\* 0,1% -Niveau (α= .001)

### 4.1.2.2 Statistische Auswertung

*Varianzanalyse*

(1) Die varianzanalytische Auswertung zeigt signifikante Wechselwirkungseffekte zugunsten der EG zwischen Gruppenfaktor und Zeitfaktor für den ISEKAD-Gesamtscore (F = 6.96; *p<0.01*) die folgenden Subskalen (a) Allgemeine Fähigkeit zur sozialen Kommunikation (F = 4.11; *p=0.05*), (b) Sozial-Interaktives Verhalten gegenüber Pflegepersonal (F = 4.40; *p<0.05*), (c) Sozial-Interaktives Verhalten gegenüber Mitpatienten (F = 4.50; *p<0.05*) sowie (d) Aktivitätsniveau (F= 7.83; *p<0.01*) im Sinne einer klaren Überlegenheit der EG relativ zur KG. Keine signifikanten Ergebnisse zeigen sich für die Subskalen Qualität sozial-kommunikativer Reaktion auf die Umwelt (F = 0.77) und Fähigkeit zum Ausdruck von Emotionen (F = 2.27; jeweils *p>0.05*).

*Prä-Post-Vergleich*

(1) Der ISEKAD-Gesamtscore verbessert sich in der EG von Prä nach Post im Mittel um 0.4 Punkte (*p>0.05;* d = 0.08*).* Aufgrund der signifikanten Verschlechterung in der KG (*p<0.01*) ergibt sich ein mittlerer bis starker Netto-Effekt (d = 0.75). Für die Patienten der EG verbessern sich die Mittelwerte auf drei der sechs Subskalen, auf zwei Subskalen zeigen sich keine wesentlichen Veränderungen, auf einer Subskala eine Verschlechterung. In der KG sind auf allen Skalen Verschlechterungen der Werte zu verzeichnen, die in vier von sechs Subskalen signifikant ausfallen. Auf der Subskala "Reaktion auf die Umwelt" verschlechtern sich die Werte in beiden Gruppen signifikant (EG: *p<0.01*; KG: *p=0.001)* bei geringerer Verschlechterung in der EG (d-Netto = 0.17).

(2) Die Mittelwerte auf den Subskalen "Allgemeine soziale Kommunikation", "Soziale Interaktion Pflegepersonal" und "Emotionaler Ausdruck" verändern sich in der EG von Prä nach Post nicht oder unwesentlich (jeweils *p>0.05*). Durch die teilweise signifikanten Verschlechterungen in der KG ergeben sich Netto-Effekte zumeist im mittleren Bereich (Allgemeine soziale Kommunikation: *p<0.01;* d = 0.48*;* Soziale Interaktion Pflegepersonal*: p<0.05;* d = 0.50; Emotionaler Ausdruck*: p >0.05*; d = 0.38).

(3) Auf der Subskala "Soziale Interaktion Mitpatienten" verbessert sich die EG um 0.3 Punkte ($p>0.05$; d = 0.24). Die Verschlechterung in der KG ($p>0.05$) führt zu einer Netto-Effektstärke von d = 0.63. Auch Auf der Subskala "Aktivität" ist in der EG eine Verbesserung zu verzeichnen ($p>0.05$; d = 0.35). Die signifikante Verschlechterung in der KG ($p<0.05$) resultiert in einem starken Netto-Effekt (d = 0.82).

*Post-Post-Vergleich*

(1) Der Post-Post-Vergleich zeigt für den ISEKAD-Gesamtscore ein signifikantes Ergebnis zugunsten der EG *(p<0.01)* bei einer Querschnitteffektstärke im starken Bereich (d = 0.94). Auf allen Subskalen ist die EG gegenüber der KG im Vorteil, auf vier Skalen bei signifikanten Ergebnissen.

(2) Auf den Subskalen "Allgemeine soziale Kommunikation" ($p>0.05$; d = 0.09) und "Reaktion auf die Umwelt" ($p>0.05$; d = 0.40) liegt die EG zum Messzeitpunkt Post im Vorteil, bei letzterer mit einer Querschnitteffektstärke im mittleren Bereich.

(3) Für die Subskalen "Soziale Interaktion Pflegepersonal" *(p<0.01*; d = 0.99), "Soziale Interaktion Mitpatienten" *(p<0.01;* d = 0.89), "Aktivitätsniveau" *(p<0.001;* d = 1.19) und "Emotionaler Ausdruck" *(p = 0.001;* d = 1.05) ergibt der Post-Post-Vergleich substantielle Resultate im Sinne einer deutlichen Überlegenheit der EG. Dies äußert sich in auf 1%-Niveau signifikanten Ergebnissen beim T-Test für unabhängige Stichproben und hohen Effektstärken.

### 4.1.3 Kognitives Funktionsniveau

**Hypothese**

Im Mittel verschlechtert sich das allgemeine kognitive Funktionsniveau in der Interventionsgruppe in Relation zur Kontrollgruppe in geringerem Ausmaß.

#### 4.1.3.1 Übersicht

Tabelle 20: *Ergebnisse zweifaktorielle ANOVA mit Messwiederholung auf dem Faktor "Zeitverlauf" für die Outcome-Merkmale:"Kognitive Funktionen"*

|  | MMST | BCRS | Konz | Orient | KZG | LZG | Alltg |
|---|---|---|---|---|---|---|---|
| EG | | | | | | | |
| M-Prä | 16.1 | 23.5 | 4.6 | 4.7 | 4.9 | 4.5 | 5.0 |
| SD | 4.2 | 2.9 | 0.6 | 0.6 | 0.7 | 0.8 | 0.8 |
| M-Post | 13.9 | 26.5 | 5.2 | 5.2 | 5.5 | 4.9 | 5.8 |

|       | MMST | BCRS | Konz | Orient | KZG | LZG | Alltg |
|-------|------|------|------|--------|-----|-----|-------|
| SD    | 6.7  | 3.4  | 0.8  | 0.8    | 0.9 | 0.9 | 0.7   |
| **KG** | | | | | | | |
| M-Prä | 17.6 | 22.0 | 4.6  | 4.3    | 4.6 | 3.5 | 5.3   |
| SD    | 4.8  | 4.0  | 1.1  | 1.1    | 0.9 | 1.0 | 1.0   |
| M-Post| 13.1 | 26.3 | 5.4  | 5.0    | 5.5 | 4.5 | 5.9   |
| SD    | 9.3  | 5.6  | 1.3  | 1.3    | 1.1 | 1.6 | 1.0   |
| **Prä-Post-Vergleich** | | | | | | | |
| t-EG  | -2.05 | -6.21 | -5.30 | -3.89 | -4.17 | -4.05 | -6.40 |
| p     | 0.05  | <0.01 | <0.01 | <0.01 | <0.01 | <0.01 | <0.01 |
| t-KG  | -2.96 | -5.79 | -4.41 | -3.03 | -6.50 | -4.80 | -4.50 |
| p     | <0.10 | <0.01 | <0.01 | <0.01 | <0.01 | <0.01 | <0.01 |
| ES-EG | -0.40 | -1.18 | -1.00 | -0.74 | -0.79 | -0.77 | -1.22 |
| ES-KG | -0.63 | -1.16 | -0.88 | -0.61 | -1.30 | -0.96 | -0.90 |
| ES-Net| 0.23  | -0.02 | -0.12 | -0.13 | 0.49  | 0.19  | -0.32 |
| **Post-Post-Vergleich** | | | | | | | |
| t     | -0.34 | -0.18 | 0.40  | -0.61 | 0.21  | -1.09 | 0.41+ |
| p     | >0.05 | >0.05 | >0.05 | >0.05 | >0.05 | >0.05 | >0.05 |
| ES-d  | 0.10  | -0.05 | 0.11  | -0.18 | 0.06  | -0.31 | 0.11  |
| **ANOVA: Gruppenfaktor x Zeitfaktor** | | | | | | | |
| F     | 1.59  | 1.85  | 0.37  | 0.74  | 2.66  | 5.46  | 1.55  |
| p     | >0.05 | >0.05 | >0.05 | >0.05 | >0.05 | <0.05 | >0.05 |

*Legende*
EG = Experimentalgruppe; KG = Kontrollgruppe; M-Prä und M-Post = Mittelwerte zum Messzeitpunkt Prä bzw. Post; SD = Standardabweichung; ES = Effektstärke ES-d nach Cohen; ES-Net = Netto-Effektstärke; ANOVA = Varianzanalyse.
Spalte 1: Kennwerte; Spalte 2: MMST gesamt: Gesamtscore Mini Mental Status Test; Spalte 3: BCRS gesamt: Gesamtscore Brief Cognitive Rating Scale (Reisberg); Spalten 4–8: BCRS-Subscores: Konz = Konzentrationsvermögen; Orient = Zeitliche und räumliche Orientierung; KZG = Kurzzeitgedächtnis (Neugedächtnis); LZG = Langzeitgedächtnis (Altgedächtnis); Alltg = Alltagskompetenz und selbständige Versorgung der Person
Zeile 1: Inventare und Subscores Kognitive Funktionen; Zeilen 2-11: Mittelwerte und Standardabweichung EG und KG zu den Messzeitpunkten Prä und Post; Zeilen 12-16: T-Test für gepaarte Stichproben (Prä-Post), t und p für EG und KG; Zeilen 17-18: Längsschnitteffektstärken ES-d-Prä-Post für EG und KG; Zeile 19: ES-Net: Netto-Effektstärke ES-d-Netto-Prä-Post; Zeilen 20-23: Ergebnisse für Post-Post-Vergleich EG vs. KG: (1) T-Test für unabhängige Stichproben, t und p (2) Querschnitteffektstärken ES-d-Post-Post; Zeilen 24-26: Ergebnisse für zweifaktorielle ANOVA mit Messwiederholung auf dem Faktor *Zeitverlauf:* Wechselwirkungseffekte Gruppenfaktor x Zeitfaktor, F und p

+ T-Test bei ungleichen Stichprobenvarianzen, wenn Levene-Test p < 0.01
\* signifikant auf 5 %-Niveau (α = .05), ** 1%-Niveau (α= .01) *** 0,1% -Niveau (α= .001)

## 4.1.3.2 Statistische Auswertung

*Allgemeines kognitives Funktionsniveau*
(1) Der Mini Mental Status Test (MMST) konnte bei insgesamt n = 44 Patienten durchgeführt werden, davon bei n = 24 Patienten in der EG, bei n = 20 Patienten der KG[8]. Die maximalen Scores betragen 26 (Prä) und 24 (Post) Punkte, die Minimalwerte 8 (Prä) und 0 Punkte (Post). Beim MMST zeigt sich über den Untersuchungszeitraum eine Verschlechterung des kognitiven Funktionsniveaus in beiden Gruppen. Im Einzelnen lassen sich folgende Ergebnisse zusammenfassen: (a) Die zweifaktorielle Varianzanalyse ergibt keine signifikanten Wechselwirkungseffekte zwischen dem Gruppenfaktor und dem Zeitfaktor (F = 1.59; $p>0.05$).
(b) Es zeigt sich in beiden Gruppen von Prä nach Post eine signifikante Verschlechterung der Mittelwerte, in der EG von 16.1 auf 13.9 ($p<0.05$), in der KG von 17.6 auf 13.1 ($p<0.01$).
(c) Bei Betrachtung der Längsschnitt-Effektstärken lässt sich ein schwacher Netto-Effekt (d = 0.23) im Sinne einer geringeren Verschlechterung der EG errechnen.
(d) Beim Post-Post-Vergleich finden sich keine signifikanten Unterschiede zwischen EG und KG ($p>0.05$), entsprechend gering ist der Wert der Querschnitteffektstärke (d = 0.10).

(2) Auch der Gesamtscore der Brief Cognitive Rating Scale (BCRS) spiegelt eine Verschlechterung kognitiver Funktionen wieder. (a) Bei der varianzanalytischen Auswertung ergeben sich keine signifikanten Wechselwirkungseffekte zwischen dem Gruppenfaktor und dem Zeitfaktor (F = 1.85; $p>0.05$) (b) Der BCRS-Gesamtscore verschlechtert sich im Mittel in beiden Gruppen von Prä nach Post signifikant, in der EG um 3.5, in der KG um 4.3 Punkte (jeweils $p<0.01$). Entsprechend findet sich eine Netto-Effektstärke im Nullbereich (d = 0.02)
(c) Beim Post-Post-Vergleich ergeben sich im Mittel keine signifikanten Differenzen ($p>0.05$; d = -0.05).

*Einzelne Bereiche kognitiver Funktionen: Hauptachsen der BCRS*
(1) Auf der Hauptachse Langzeitgedächtnis ergibt die Varianzanalyse einen signifikanten Wechselwirkungseffekt zugunsten der EG zwischen dem Gruppenfaktor und dem Zeitfaktor (F = 5.46; $p<0.05$). Keine signifikanten Wechselwirkungseffekte (jeweils $p>0.05$) zeigen sich für die Hauptachsen Konzentrationsvermögen (F = 0.37), Orientierungsvermögen (F = 0.74), Kurzzeitgedächtnis (F = 2.66) und Alltagskompetenz (F = 1.55; jeweils $p>0.05$).

---

[8] Die fünf Patienten, bei denen der Test nicht oder nur unvollständig durchgeführt werden konnte, verweigerten die Kooperation aufgrund psychomotorischer Unruhe, Konfabulationstendenz bzw. oder zeigten keine Einsicht in die Notwendigkeit eines Testverfahrens.

(2) Die Mittelwerte für alle fünf BCRS-Hauptachsen verschlechtern sich in beiden Gruppen von Prä nach Post signifikant (jeweils $p<0.01$). Folglich liegt die gemittelte Längsschnitt-Effektstärke (ES-Prä-Post) für alle Hauptachsen in beiden Gruppen im Negativbereich und beträgt für die EG M-d = -0.91 und für die KG M-d = -1.19. Da die Verschlechterung in der KG stärker ausfällt, ergibt sich ein schwacher Netto-Effekt zugunsten der EG (d = 0.28).

(3) Die Mittelwerte auf der BCRS-Hauptachse Kurzzeitgedächtnis verschlechtern sich in beiden Gruppen *(p<0.01)*, in der EG von 4.9 auf 5.5, in der KG von 4.6 auf 5.5 Punkte. Dabei fällt die Verschlechterung in der EG geringer aus als in der KG, woraus ein mittlerer Netto-Effekt zugunsten der EG resultiert (d = 0.49). Auch auf der Achse Langzeitgedächtnis ergibt sich ein schwacher Netto-Effekt zugunsten der EG (d = 0.19).

(4) Zum Messzeitpunkt Post ergibt sich für keine der fünf BCRS-Hauptachsen ein signifikanter Unterschied zwischen EG und KG (jeweils *p>0.05*). Entsprechend bewegt sich die gemittelte Querschnitteffektstärke (ES-Post-Post) für alle Achsen bei einem Wert von M-d = -0.04 im Nullbereich. Auf den Hauptachsen Konzentrationsvermögen und Alltagskompetenz befindet sich die EG bei geringen Querschnitteffektstärken (jeweils d = 0.11) leicht im Vorteil, für die Hauptachse Orientierungsvermögen zeigt sich die EG im Nachteil (d = -0.18).

### 4.1.4 Schweregrad

Der Schweregrad einer Demenz im Krankheitsverlauf wird primär über die Erfassung des allgemeinen kognitiven Funktionsniveaus operationalisiert, hier durch die Global Deterioration Scale (GDS-Reisb).

#### 4.1.4.1 Übersicht

Tabelle 21: *Ergebnisse zweifaktorielle ANOVA mit Messwiederholung auf dem Faktor "Zeitverlauf" für das Outcome-Merkmal: Demenz-Schweregrad. Global Deterioration Scale (GDS-Reisb)*

| Mittelwerte EG | | Prä-Post-Vergleich | | Post-Post-Vergleich | |
|---|---|---|---|---|---|
| M-Prä (SD) | **4.3** (0.8) | t-EG (p) | -7.67 (<0.01) | t (p) | -0.19 (>0.05) |
| M-Post (SD) | **5.2** (0.9) | t–KG (p) | -5.35 (<0.01) | ES | -0.05 |
| Mittelwerte KG | | ES-EG | -1.45 | ANOVA | |
| M-Prä (SD) | **4.0** (0.7) | ES-KG | -1.08 | F | 1.11 |
| M-Post (SD) | **5.1** (1.4) | ES-Net | -0.37 | p | >0.05 |

*Legende*
EG = Experimentalgruppe; KG = Kontrollgruppe; M-Prä und M-Post = Mittelwerte zum Messzeitpunkt Prä bzw. Post; SD = Standardabweichung; ES = Effektstärke ES-d nach Cohen; ES-Net = Netto-Effektstärke; ANOVA = Varianzanalyse.

### 4.1.4.2 Statistische Auswertung

In den Ergebnissen zur GDS-Reisb zeigt sich: (1) die varianzanalytische Auswertung ergibt keinen signifikanten Wechselwirkungseffekt zwischen dem Gruppenfaktor und dem Zeitfaktor *(p>0.05)*, die Prä-Post-Verläufe sind in beiden Gruppen nicht bedeutsam verschieden.
(2) Der Demenzschweregrad steigt im Mittel von Prä nach Post in beiden Gruppen signifikant um durchschnittlich eine Stufe an (jeweils *p<0.01*) (3) Zum Messzeitpunkt Post ergeben sich keine signifikanten Unterschiede zwischen EG und KG *(p>0.05)*. Die Querschnitteffektstärke ES-Post-Post liegt entsprechend im Null-Bereich (d= -0.05)

## 4.2 Ergebnisse der qualitativen Outcome-Instrumente

### 4.2.1 Verhaltensbeobachtung während der Sitzungen

(1) Bei allen Komponenten des Programms *TEACCH-basierte Musikpsychologische Interventionen (TMI)* war ein hohes Aktivitätsniveau fast aller Patienten zu verzeichnen. Die intensivste Beteiligung fand bei musiktherapeutischen Einheiten statt. Beliebt waren im Bereich kognitiver Stimulation Sprichwortergänzung, Wortassoziationsspiele und themenzentrierte Konversation. Bei psychomotorischer Aktivierung durch ein Ballspiel beteiligten sich regelmäßig alle Teilnehmer, wobei die Aktivität zumeist zu Stimmungsaufhellung und Anregung der Kommunikation beitrug. Einige Patienten konnten motorische Fähigkeiten im Laufe der Sitzungen stabilisieren oder gar verbessern.

(2) Während der Sitzungen zeigten sich häufig verbale und nonverbale Kommunikation zwischen den Patienten untereinander und mit dem Therapeuten, dies bei starker Aufmerksamkeitsfokussierung auf das Geschehen. Auch prosoziales Verhalten im Sinne gegenseitiger Unterstützung zwischen den Patienten war beobachtbar. Selten kam es zu Konflikten zwischen Patienten, die fast immer durch die Patienten selbst, situative Interventionen oder Eingreifen der Fachkraft geschlichtet werden konnten.
(3) Bei fast allen Patienten zeigte sich im Zusammenhang mit dem Erleben der Musik der Ausdruck verschiedener Emotionen, wobei die Art des Ausdrucks weniger ungefiltertenthemmt als überwiegend kontrolliert erfolgte. Behaviorale Enthemmung sowie Aggressivität traten selten auf. Neben spontaner Freude wurden häufiger Rührung, Ergriffenheit oder auch Traurigkeit gezeigt, die mittels Verbalisierung, Mimik oder Körpersprache ausgedrückt wurden.
(4) Beobachtbar war in allen Sitzungen ein hohes Maß an Vitalität, Konzentration und situativer Präsenz der Patienten. Auch schwer depressive und apathische Patienten beteiligten sich häufig zumindest andeutungsweise durch Mitsingen sowie nonverbale Reaktionen auf Musik und antworteten auf Fragen bei kognitiver Stimulation und Reminiszenztherapie. Weiter fand

sich ein häufiges Hervortreten von Erinnerungen aus früheren Lebensabschnitten während Sitzungen reminiszenzfokussierter Musiktherapie.

(5) Die Stimmungslage innerhalb der Gruppe war in der Mehrzahl der Gruppensitzungen von Heiterkeit geprägt. Zu Sitzungsbeginn herrschte des Öfteren bei mehreren Patienten Antriebslosigkeit, die nach der Eingangsphase oftmals abnahm. Herausforderndes Verhalten, Unruhe und Angstzustände traten gelegentlich auf, legten sich jedoch zumeist durch erneute Refokussierung auf das therapeutische Geschehen oder durch situative Interventionen. Passagere Reizbarkeit und Unruhe waren primär bei Störungen des Ablaufs zu verzeichnen, so bei interferierenden Geräuschen oder beim Betreten des Therapieraums durch andere Personen.

(6) Die Strukturierung auf mehreren Ebenen bewirkte, dass das Programm von den Patienten als positives und vertrautes Ritual aufgefasst wurde. Dies erlaubte eine gute Emotionsregulation, Verhaltenskontrolle und die Möglichkeit der Erfahrung gemeinschaftlicher Aktivität.

### 4.2.2 Akzeptanz und Beurteilung der Intervention durch Fachkräfte

(1) Zum TMI-Programm äußerten sich die drei befragten Fachkräfte überwiegend positiv. Übereinstimmend positiv wurde das Milieu der besonderen Dementenbetreuung bewertet, das einen persönlicheren Kontakt zu den Patienten ermögliche als traditionelle Milieus und sich darüber hinaus das Wohlbefinden der Patienten positiv auswirke. Als Vorteil der TMI-Sitzungen wurde übereinstimmend die Freude der Teilnehmer vor und während der Durchführung des Programms genannt.

(2) Als wichtigste Programmkomponente wurde von allen Fachkräften die Musiktherapie genannt. Singen und Musizieren in der Gruppe sei den Patienten aus früheren Zeiten her vertraut, deshalb freuten sie sich, „dass sie etwas tun dürften, was sie kennen und können".

(3) Als positiv wurde ferner die zeitliche und räumliche Strukturierung durch gleich bleibende Zeiten, Rituallied, Sitzordnungen und Tagespläne genannt, die bei den Patienten Vorhersagbarkeit, Klarheit und Sicherheit erhöhe. Betont wurde die Wichtigkeit positiver Rituale. Alle Fachkräfte äußerten übereinstimmend, dass die Anforderungen des Programms von den Patienten bewältigbar seien. Eine Fachkraft nannte als Nachteil der Strukturierung, dass bei Demenzpatienten oftmals situativ flexibel gehandelt werden müsse, Interventionen auch ad hoc eingeplant werden müssten und die Vermeidung von Reizüberflutung nicht immer möglich sei.

(4) Hinsichtlich der kognitiven Stimulation wurde erwähnt, dass vor allem Sprichworträtsel den Patienten „Spaß bereiten", wichtig sei auch dass zwischen den Übungen immer wieder gesungen werde und innerhalb der Reminiszenztherapie „von früheren Zeiten erzählt" würde.

(5) Als Auswirkungen des Programms auf Emotionalität, Kognition und Verhalten wurden genannt: Freude und Vorfreude, erleichterte räumliche Orientierung beim Finden des Essbereichs nach den Sitzungen, verbesserte motorische Fähigkeiten beim nachfolgenden Mittagessen sowie Reduktion von herausforderndem Verhalten, Zwangshandlungen und Aggressivität während und bis zu einer Stunde nach den Sitzungen.

(6) Es wurde übereinstimmend erwähnt, dass das Programm die Häufigkeit und Qualität der Kommunikation der Patienten mit den Fachkräften und untereinander anrege, insbesondere kurz vor und bis zu einer Stunde nach den Sitzungen. Als Belastung für die Fachkräfte wurde genannt, dass es im Pflegealltag manchmal schwierig sei, bei zahlreichen gleichzeitigen Anforderungen viele Teilnehmer zu mobilisieren, zu motivieren, zu einer bestimmten Uhrzeit in den Therapieraum zu begleiten und regelgerecht auf den reibungslosen Ablauf zu achten. Auch sei es schwierig, den offenen Therapieraum gegen Lautstärkeeinflüsse von außen abzuschirmen. Vorteile lägen darin, dass bei strukturierter positiver Aktivität die Reduktion von negativer Affektivität, Apathie und herausforderndem Verhalten entlastend wirke.

### 4.2.3 Akzeptanz und Beurteilung der Intervention durch die Patienten

(1) Die überwiegende Mehrzahl der befragten Patienten berichtete, dass sie gerne am Programm teilnehmen. Zwei Patientinnen bemängelten, dass Lieder systematischer und häufiger eingeübt werden müssten. Über die Hälfte der Patientinnen sagten, dass sie ja eigentlich nicht mehr singen könnten, das Programm aber trotzdem Spaß bereite. Die meisten fügten hinzu, dass sie merkten „dass es doch noch ginge".

(2) Diejenigen Patienten, die das Stattfinden der Aktivität demenzbedingt vergessen hatten, reagierten fast ausnahmslos bei verbaler Erinnerung an das Programm und assoziierten damit die Person des Therapeuten. Im Mittelpunkt der Bewertung stand die Musikausübung, die gegenüber den kognitiven Übungen im Vordergrund stand. Über die Hälfte sagten, dass sie froh seien dass der Therapeut immer wieder komme und mit ihnen singe. Bezüglich des Singens äußerten über die Hälfte mindestens einmal, dass es "schade" sei, dass „heutzutage im Gegensatz zu früher so wenig gesungen" würde. Mehrere Patientinnen formulierten, dass Musik „etwas Bleibendes" sei, das „nicht wegginge", „immer da" sei und „bewahrt werden" müsse.

(3) Einige Patienten beschrieben dass die Teilnahme am Programm sie ihren „Kummer vergessen ließe". Andere erwähnten, dass sie beim Singen weniger Angst hätten und sich „sicher und vertraut" fühlten, da es sei „wie früher zuhause" oder in der Schule, „wo immer viel gesungen wurde. Zwei Patienten sprachen von einem Rückgang halluzinatorischer Erlebnisse, d.h. dass die „Bilder schlimmer Dinge" beim Singen und Musizieren nicht so häufig auftreten.

(4) Über die Hälfte der befragten Patienten beklagten im Zusammenhang mit der kognitiven Stimulation, dass das Gedächtnis nachlasse und „nichts mehr da sei". Einige konstatierten jedoch, dass die „Erinnerungen immer wieder zurück" kämen und „dass man immer wieder

üben" solle und „ja auch nicht alles weg und verloren" sei. Von fast allen Patienten wurde erwähnt, dass durch Musik die Erinnerungen an früher lebendig würden, wobei überwiegend angenehme Erlebnisse erinnert würden. Es kämen manchmal auch traurige Erinnerungen, aber dies sei nicht so schlimm, die Traurigkeit ginge wieder vorbei.

(5) Das strukturierte Lernformat entsprach eindeutig den Wünschen und Vorstellungen fast aller Patienten. Zur Bedeutung der Musik im Tagesablauf äußerte etwa die Hälfte der Patienten, dass das Programm ein wichtiges Ereignis im Tagesgeschehen sei, das sie nicht verpassen wollten. Auch wollten sie immer wissen, zu welcher Zeit der Therapeut wieder komme. Es wurde ausnahmslos begrüßt, dass dasselbe Rituallied am Anfang und Ende der Sitzungen gesungen wird. Auch bevorzugten die Patienten immer die gleichen Plätze, wobei die meisten Patienten betonten, dass sie sich bei Störungen des Ablaufs durch fremde Lautstärkequellen oder durch den Therapiebereich spontan betretende Personen ärgerten.

# 5. Diskussion

## 5.1 Diskussion der Ergebnisse

Ziel der vorliegenden Studie war es, mögliche Effekte des Interventionsprogramms *TEACCH-basierte Musikpsychologische Interventionen (TMI)* auf verschiedene Symptombereiche einer leichten bis mittleren Demenz zu untersuchen. Nach der Intervention zeigte sich bei den Patienten, die am TMI- Programm teilgenommen hatten, eine Reduktion neuropsychiatrischer Symptome, weiterhin besserten sich die Fähigkeit zur sozialen Kommunikation, zum Ausdruck von Emotionen sowie das Aktivitätsniveau. Obwohl einzelne kognitive Funktionen während und nach einzelnen Sitzungen vorübergehend günstig beeinflusst werden konnten, wurde erwartungsgemäß keine Stabilisierung des gesamten kognitiven Funktionsniveaus, folglich auch keine wesentliche Beeinflussung des Krankheitsverlaufs erreicht.

Daraus folgt, dass trotz des Fortschreitens der Demenzerkrankung durch die Reduktion Leidensdruck verursachender Symptome zumindest das psychische Wohlbefinden der Patienten gesteigert und positive Emotionalität gefördert werden konnte, was ein wichtiges Ziel psychologischer Therapien bei Demenzerkrankungen darstellt (vgl. Romero & Wenz, 2002). Zugleich konnte die Möglichkeit der Patienten zum aktiven kommunikativen Austausch mit ihrer Umwelt verbessert und eine stärkere Fokussierung auf positive, dem individuellen Kompetenzprofil angepasster Aktivitäten und Verhaltensweisen bewirkt werden. Dabei zeigte sich eine hohe Akzeptanz des Programms sowohl bei den Fachkräften als auch den Patienten. Gegliedert nach den drei Hypothesen lassen sich die folgenden zentralen Ergebnisse zusammenfassen, die im folgenden Abschnitt diskutiert werden.

*Hypothese 1: Reduktion neuropsychiatrischer Symptome*
Auf Grundlage der Evaluation mittels quantitativer Untersuchungsinstrumente ist in der Experimentalgruppe ein deutlicher Rückgang neuropsychiatrischer Symptome zwischen den Messzeitpunkten Prä nach Post zu erkennen. In der Kontrollgruppe zeigt sich dahingegen eine klare Verschlechterung. Zum Messzeitpunkt Post findet sich bei nahezu identischen Prä-Werten ($p>0.80$) im Gesamtscore des Neuropsychiatric Inventory (NPI) eine beträchtliche Mittelwertsdifferenz von 7.6 Punkten zwischen den beiden Gruppen, was einer Querschnitteffektstärke von $d = 0.54$ entspricht. Weiter ergibt sich in der Experimentalgruppe für *alle* zehn erfassten neuropsychiatrischen Symptome eine gemittelte Längsschnitteffektstärke von M-d-EG = 0.11, was verrechnet mit dem negativen Wert für die Kontrollgruppe (M-d-KG = -0.15) zu einer mittleren Netto-Effektstärke von M-d-netto = 0.26 führt.

Im Bereich behavioraler Symptome zeigen sich die deutlichsten Symptomreduktionen, wobei in erster Linie die Bereiche *agitiertes Verhalten, Aggressivität, psychomotorische Störungen, Apathie* und *Irritabilität* betroffen sind. In allen genannten Bereichen zeigt die varianzanalytische Auswertung auf 5%-sowie 1% signifikante Wechselwirkungseffekte zwischen Gruppen- und Zeitfaktor, was für die deutliche Überlegenheit der Interventionsgruppe Zeugnis ablegt. Die genannten Bereiche neuropsychiatrischer Symptome stellen einen im Demenzbereich so problematischen, gegenüber den kognitiven Symptomen häufig unterschätzten Symptomcluster dar. Hierzu gehören herausforderndes Verhalten, Aggressivität, eine durch Irritabilität gekennzeichnete Affektlage, psychomotorische Unruhe, zielloses Umherwandern, Weglauftendenz und demenztypische Zwangsphänomene. Symptomlinderungen durch nichtpharmakologische Interventionen in den genannten Bereichen sind für Demenzpatienten, ihre Angehörige sowie für Betreuungspersonal essentiell, da verhaltensbezogene Pathologie einmal zu großem Leidensdruck bei allen Beteiligten führt und zum anderen der Einsatz atypischer Antipsychotika, der die genannte Symptomgruppe positiv beeinflussen kann, aufgrund potentieller Nebenwirkungen auf schwere Symptomausprägungen begrenzt werden sollte (Ibach, 2008).

Das in der bisherigen Forschungsliteratur defizitär untersuchte Phänomen demenzassoziierter Apathie (Fellgiebel & Scheurich, 2008) ist gekennzeichnet durch einen Mangel an selbst initiiertem Verhalten, Teilnahms-und Antriebslosigkeit. Reduktionen apathischen Verhaltens sind folglich ein nicht zu unterschätzender Faktor für Lebensqualität und Aktivitätsniveau der Patienten.

Die Ergebnisse zur Reduktion von Agitation, Aggressivität und psychomotorischen Symptomen werden durch die Aussagen der Fachkräfte aus den geführten Interviews gestützt, in denen eine Reduktion herausfordernder Verhaltensweisen, Zwangshandlungen und Aggressivität sowie eine Verbesserung der Motivation für positive Aktivitäten berichtet wird.

Die Ergebnisse stehen im Einklang mit neueren Studien, in denen verschiedene Komponenten des TMI-Programms untersucht wurden, so z.B. Studien zu Musiktherapie, die von einem Rückgang von Agitation, Aggressivität und Apathie während und kurz nach Musiktherapie-Sitzungen berichten (s. 1.2.6.2). Die Ergebnisse der quantitativen Evaluation des TMI-Programms replizieren im Hinblick auf die genannten Outcome-Variablen die Resultate der Studie von Raglio et al. (2008), die von einer allgemeinen Verbesserung aller genannten Symptome nach 16 Wochen wöchentlicher Musiktherapie berichtet. Auch wenn Musiktherapie innerhalb des TMI-Interventionsprogramms nicht die alleinige Komponente war, scheint in Anbetracht der Ergebnisse deren Rolle als nicht unmaßgeblicher Wirkfaktor plausibel, was auch von Patienten und Fachkräften bestätigt wird.

Die ausgewählte Musik entsprach fast ausnahmslos den musikalischen Präferenzen der Patienten. Durch Eingehen auf die speziellen musikalischen Interessen kann die Motivation für soziale Kommunikation und Interaktion verbessert werden (Probst et al., 2007). Die Förderung sozialer Interaktion bei Demenzpatienten wiederum kann grundsätzlich zu einer Reduktion neuropsychiatrischer Symptome führen (Orange & Colton-Hudson, 1998), was insbesondere für das Symptom der Agitation beschrieben wird (Kolanowski & Litaker, 2006).

Auch wenn die in der aktuellen Literatur beschriebenen heterogenen milieutherapeutischen Interventionen im Demenzbereich nicht ohne weiteres mit TEACCH parallel gesetzt werden können, zeigen Befunde aus Studien zu zumindest teilweise vergleichbaren milieutherapeutischen Interventionen Reduktionen herausfordernder Verhaltensweisen (Dettbarn-Reggentin, 2005). Der Aufbau positiver, mit dem individuellen Kompetenzprofil kongruenter Aktivitäten innerhalb eines strukturierten Tagesablaufs kann, kombiniert mit speziellen verhaltenstherapeutischen Techniken, apathisches Verhalten reduzieren (Fellgiebel & Scheurich, 2008), wobei die Autoren definitiv die Anwendung mehrerer Komponenten beschreiben, die auch integraler Bestandteil von TEACCH-Modellen sind: Kompetenzorientierte Strukturierung von Aktivitäten, zeitliche Strukturierung des Tagesablaufs sowie kognitiv-behaviorale Interventionen. In Übereinstimmung mit Ergebnissen zu Interventionen, die von visuell-strukturierenden Modifikationen des Lebensumfelds Demenzkranker berichten (vgl. Livingston et al., 2005), werden auch die in der vorliegenden Studie angewendeten Elemente des TEACCH-Ansatzes, insbesondere die Methode der Strukturierung, von den Fachkräften als positiv bewertet: Es werden günstige Effekte auf die *verhaltensbezogene Orientierung* der Patienten durch erhöhte Klarheit und bessere Vorhersagbarkeit nachfolgender Ereignisse berichtet.

Interessant erscheint in diesem Zusammenhang, dass Studien zur Untersuchung TEACCH-basierter Interventionen bei autistischen Kindern einen Zusammenhang zwischen zunehmender visueller Strukturierung, der Implementierung zeitlich-strukturierender Tages-und Ablaufpläne und sinkendem Problemverhalten berichten (Mesibov, Browder & Kirkland, 2002). Letztgenannte Erkenntnisse sind deshalb bemerkenswert, da die genannten Therapiebausteine auch Bestandteile des TMI-Programms waren. Weitere Untersuchungen auf diesem Feld sind dringend notwendig.

Hinsichtlich demenzassoziierter Psychopathologie ist in der Experimentalgruppe ein Rückgang der Angstsymptomatik bei gleichzeitiger Zunahme in der Kontrollgruppe zu verzeichnen, depressive Symptome nehmen während des Untersuchungszeitraums in beiden Gruppen in vergleichbarer Größenordnung ab. Eine Erklärung für diese Diskrepanz könnte darin begründet liegen, dass die Reduktion der Depressionssymptomatik mit dem Fortschreiten der Demenzerkrankung einhergeht und sich als typisches Verlaufsmerkmal teilweise unabhängig von Interventionseffekten vollzieht. Neben neuropathologischen Veränderungen kann auf kognitionspsychologischer Ebene die Tatsache eine Rolle spielen, dass mit zunehmender Progredienz die bewusste Wahrnehmung der krankheitsbedingten kognitiven Defizite abnimmt, wodurch ein psychischer Stressfaktor mit depressogenem Potential wegfällt.

Gleichzeitig ergeben die Beobachtungen während der Sitzungen sowie die Beurteilung der Patienten und Fachkräfte einstimmig, dass das Programm zumindest kurz vor, während und bis zu einer Stunde nach den Sitzungen bei vielen Patienten zu einer erheblichen Stimmungsaufhellung beiträgt. Auch berichten viele Patienten von einer Verbesserung depressiver Symptome bei Involvierung in positive Aktivitäten innerhalb strukturierter Tagesabläufe sowie beim kommunikativen Austausch zumeist positiver autobiographischer Erinnerungen während der Reminiszenztherapie. Auch ist es denkbar, dass sich beide Interventionen, auch die der Kontrollgruppe günstig auf depressive Symptome ausgewirkt haben. Ein schwer zu beurteilender Einflussfaktor stellen antidepressive pharmakologische Interventionen dar, die in beiden Gruppen zur Anwendung gekommen sind.

Analog zur Abnahme von Depressivität im Krankheitsverlauf nehmen im Anfangsstadium vorhandene, durch Kompetenz-und Kontrollverlust bedingte Angstsymptome in späteren Stadien ab. Dafür treten jedoch im mittleren Demenzstadium andere typische Angstsymptome in den Vordergrund, oftmals handelt es sich um generalisierte Angst, Trennungsangst, psychotische Ängste und Panikattacken bei erlebtem Identitätsverlust und zunehmender Desorientierung. Zumindest ein Teil dieser Angstsymptome scheint auf die Intervention anzusprechen.

Wahnvorstellungen und Halluzinationen als Symptome aus dem psychotischen Spektrum waren nach der quantitativen Evaluation erwartungsgemäß durch die Intervention nicht beeinflussbar, was wohl auf das allgemein bekannte mangelnde Ansprechen der Symptomgruppe auf psychologische Interventionen zurückführbar sein dürfte. Im Bereich psychotischer Symptome, insbesondere bei gewisser Intensität, kann deshalb in vielen Fällen auf eine Behandlung mit atypischen Antipsychotika nicht verzichtet werden.

Immerhin berichten einige Patienten von einem auch mittels Fremdbeobachtung feststellbaren, zumindest temporären Abnehmen der genannten psychotischen Symptome während musikpsychologischer Therapie, insbesondere scheint sich eine gewisse Reduktion des Angst- und Bedrohungsgefühls zu vollziehen. Auch Raglio et al. (2008) konnten eine Reduktion demenzassoziierter Wahnsymptomatik nach der Anwendung von Musiktherapie zeigen.

Denkbar ist, dass das TMI-Programm den Kern demenztypischer psychotischer Symptomatik nicht beseitigen kann, jedoch über Angstreduktion sowie die Erhöhung eines Gefühls von Vertrauen wichtige Teilkomponenten psychotischen Erlebens, die die Bedrohlichkeit desselben ausmachen, positiv beeinflussen. So ist psychotisches erleben im Demenzbereich häufig durch affektneutrale oder gar positive Wahnideen, Illusionen und halluzinatorische Erlebnisse im Zusammenhang mit dem Erleben früherer Biographieabschnitte gekennzeichnet, die trotz Medikation persistieren. In diesem Zusammenhang kann alleine die „affektive Neutralisierung einer Halluzination" durch Abkopplung von Angst oder Aggressivität therapeutisch wertvoll sein.

Die Abnahme der für Kognition, Lebensqualität und Prognose einer Demenz relevanten Angstsymptomatik nach der Intervention bestätigt im Hinblick auf die musiktherapeutische Komponente des TMI-Programms die Ergebnisse neuer kontrollierter Studien, die von anxiolytischen Effekten nach Durchführung von Musiktherapie berichten (Fischer-Terworth et al., 2009). Auch ein Großteil der Patienten beschreibt eine Angstreduktion während der Sitzungen. Durch die Erhöhung von Sicherheit, Vertrauen und Vorhersagbarkeit durch die spezifische Gestaltung des krankheitsgerechten Milieus, ebenso durch räumliche und zeitliche Strukturierung von Wohnumgebung und Tagesablauf innerhalb der TEACCH-basierten Interventionskomponenten, konnte nach dem Urteil der Patienten und Fachkräfte ebenfalls Angst reduziert werden. Somit kann der Aussage Füsgens (2001, p. 52), dass demenzassoziierte Angst einer Psychotherapie kaum zugänglich ist, nicht in vollem Umfang zugestimmt werden. Neuere Studien zeigen, dass individuelle kognitiv-behaviorale Interventionen demenzassoziierte Angstsymptome effektiv beeinflussen können (Fischer-Terworth et al., 2009), auch werden solche Ansätze von NICE/SCIE als Therapie der Wahl bei der genannten Indikation empfohlen. Sowohl die milieutherapeutische Komponente der TEACCH-basierten Interventionen als auch das strukturierte Lernformat weisen eine kognitiv-verhaltenstherapeutische Basis auf, die sich in diversen Aspekten der individuell kombinierten Interventionselemente manifestiert.

Es ist auch im Falle der Angstsymptomatik nicht unwahrscheinlich, dass sich bei konsequenter und koordinierter neurologisch-psychiatrischer Betreuung pharmakologische Interventionen auf die Symptomatik positiv ausgewirkt haben, wobei dies sowohl für die Kontroll-als auch die Experimentalgruppe zutrifft und somit die Gruppenunterschiede nicht relativiert.

Bilanzierend kann festgestellt werden, dass Hypothese 1 sowohl im Hinblick auf die gesamte neuropsychiatrische Symptomatik als auch die einzelnen Ergebnisse zu Agitation, Aggressivität, Apathie und Angstsymptomatik bestätigt wird.

*Hypothese 2: Günstige Beeinflussung von sozialer Kommunikation, emotionalem Ausdruck und Aktivitätsniveau*

Bei den Patienten der Experimentalgruppe zeigt sich eine deutliche Verbesserung der sozialkommunikativen Fähigkeiten, des Ausdrucks von Emotionen und des Aktivitätsniveaus im Vergleich zur Kontrollgruppe. Die Unterschiede beim Post-Post-Vergleich fallen zum Großteil signifikant aus, dies bei einer überzeugenden gemittelten Querschnitteffektstärke (Post-Post) für alle im ISEKAD erfassten Bereiche von M-d-post-post = 0.77. Die Signifikanzwerte für die Bereiche *Ausdruck von Emotionen* und *Aktivitätsniveau* nähern sich teilweise dem 0,1%-Niveau. Die Gruppenunterschiede spiegeln sich ferner bei den Längsschnitteffektstärken in einer gemittelten Netto-Effektstärke im moderaten Bereich (M-d-netto = 0.50) wieder. Auch die varianzanalytische Auswertung zeigt robuste, signifikante Effekte hinsichtlich der allgemeinen Fähigkeit zur sozialen Kommunikation sowie den gesamten Bereich sozial-interaktiven Verhaltens.

Die Beeinträchtigung kommunikativ-interaktiver Kompetenz ist ein von der Forschung bisher wenig berücksichtigter, mit kognitiven Funktionseinbußen assoziierter Symptomkomplex einer Demenz, welcher großen Leidensdruck bei Patienten und Angehörigen bedingt (Murphy et al., 2007). Kommunikative Defizite resultieren in einer durch Sprach-, Auffassungs-und Aufmerksamkeitsstörungen bedingten eingeschränkten Möglichkeit des In-Kontakt-Tretens mit der Umwelt und führen sekundär zu einer teilweise erheblichen Einschränkung der Qualität sozialer Kontakte. Hinzu kommt die bei Demenzerkrankungen häufig beobachtbare eingeschränkte Möglichkeit des Ausdrucks von Emotionen, die im Widerspruch zu der auch im fortgeschrittenen Stadium erhaltenen Fähigkeit zur Erfahrung intensiver Emotionen steht. Durch eine Verbesserung sozialer Kommunikation und emotionalen Ausdrucks ist der von Demenz betroffene Mensch von seiner Umwelt besser zu erreichen. Er kann eher in die Lage versetzt werden Wünsche zu äußern und sich an Entscheidungen zu beteiligen. Zudem können Aufmerksamkeitsdefizite, zwanghaft-stereotype Fragen und Ablenkbarkeit reduziert werden (Murphy et al., 2007). Bezogen auf die innerhalb des TMI-Programms angewendeten Interventionskomponenten lässt sich bilanzieren:

(1) Eine verbesserte Kommunikation nach Einsatz TEACCH-orientierter Fördermethoden bei Autismus-Spektrum-Störungen wird von mehreren Autoren berichtet (u.a. Panerai, Ferrante & Zingale, 2002), ebenfalls beschrieben werden günstige Effekte TEACCH-orientierter musiktherapeutischer Förderprogramme (Probst et al., 2007). Die vorliegenden Ergebnisse legen zumindest eine Übertragbarkeit einiger Methoden aus dem sonderpädagogisch-psychologischen Bereich nahe und sprechen auch für eine zumindest teilweise gegebene Vergleichbarkeit der Ergebnisse, wobei weitere Untersuchungen dringend notwendig sind.

Die Steigerung des Aktivitätsniveaus nach Durchführung des TMI-Programms geht nachvollziehbar einher mit der signifikanten Abnahme apathischer Verhaltensweisen. Die innerhalb des strukturierten Lernformats durchgeführte Strukturierung von Tagesablauf und Aktivitäten nach Zeit und Kompetenzprofil kann, kombiniert mit individuellen verhaltenstherapeutischen Strategien, Apathie reduzieren (Fellgiebel & Scheurich, 2008) und als Folge dessen zu vermehrter sinnvoller Aktivität beitragen.

(2) Musiktherapie kann im Demenzbereich eine Verbesserung sozialer Interaktion bewirken (Schmitt & Frölich, 2006), zur Reduktion apathischen Verhaltens (Holmes et al., 2006) sowie zur emotionalen Stabilisierung beitragen (Probst et al., 2007). Durch musikalische Strukturierung wird eine Möglichkeit des kontrollierten Ausdrucks von Emotionen geschaffen, wobei Musik für die emotionale Kommunikation ein wichtiges Hilfsmittel darstellen kann (Muthesius, 2007). Verlässlichkeit und Wiedererkennbarkeit musikalischer Strukturen bieten für viele Demenzpatienten ein starkes orientierungsförderndes Element.

(3) Reminiszenztherapie kann durch Anregung biographiezentrierter Interaktion kommunikative Kompetenzen fördern (Woods, 2002), wobei es auch hier an kontrollierten Untersuchungen fehlt, die sich auf die Outcome-Variable Interaktion beziehen.

In Verbindung mit der von den Mitarbeitern berichteten verbesserten Patienten-Fachkraft - Interaktion sowie der während der Sitzungen beobachtbaren Verbesserung sozialkommunikativen Verhaltens, emotional-affektiver Responsivität und Aktivität kann Hypothese 2 als bestätigt gelten.

*Hypothese 3: Geringere Verschlechterung des kognitiven Funktionsniveaus*
In beiden Gruppen vollzieht sich die gemäß dem typischen Krankheitsverlauf einer Demenz zu erwartende Verschlechterung kognitiver Funktionen innerhalb des Untersuchungszeitraums. Bei den Patienten der Experimentalgruppe geschieht dies in etwas geringerem Ausmaß als in der Kontrollgruppe, wobei diesen Ergebnissen nicht allzu große Bedeutung beigemessen werden sollte. So ergibt sich beim Prä-Post-Vergleich für alle fünf mit der Brief Cognitive Rating Scale erfassten Einzelbereiche kognitiver Funktionen eine gemittelte Netto-Effektstärke von M-d-prä-post-Netto = 0.11. Beim Vergleich der beiden Gruppen zeigen sich nach der Intervention bezüglich des Langzeitgedächtnisses ein signifikanter Wechselwirkungseffekt zwischen Gruppenfaktor und Zeitfaktor in der zweifaktoriellen Varianzanalyse sowie ein schwacher Netto-Effekt beim Prä-Post-Vergleich (d = 0.19). Aufgrund der starken Abweichungen der Prä-Werte (t-prä-prä = -3.7, *p<0.01*), sind jedoch die Voraussetzungen für eine Vergleichbarkeit, die Schlussfolgerungen zulassen würde, nicht gegeben. Weiter findet sich auf der Subskala "Kurzzeitgedächtnis" beim Prä-Post-Vergleich eine Netto-Effektstärke von d-prä-post-Netto= 0.49, wobei diese primär durch eine erhebliche Verschlechterung in der KG erklärbar ist (d-KG-prä-post = -1.30). Denkbar ist ferner, dass ein Versuchsleiter-Effekt und Ratingfehler zu diesen Ergebnissen beigetragen haben. Es wäre bemerkenswert, jedoch unwahrscheinlich, dass die bei Demenzpatienten prinzipiell therapeutisch schwer beeinflussbaren Gedächtnisleistungen von den günstigen Auswirkungen der Intervention betroffen sein würden.
Die Fachkräfte berichten von einer Verbesserung der räumlichen und situativen Orientierung einiger Patienten vor, während und nach den Sitzungen, außerdem war während der Sitzungen durchgängig eine verbesserte Aufmerksamkeitsfokussierung sowie Konzentration zu beobachten.
Kognitiv-neuropsychologische Interventionen zeigen eine gewisse Effektivität bei Beeinflussung des kognitiven Funktionsniveaus bei leichter bis mittlerer Alzheimer-Demenz (Sitzer et al., 2006), auch konnten zeitlich begrenzte Effekte von Musiktherapie auf die Kognition gezeigt werden (Bruer et al., 2007). Da psychologische Interventionen nach dem momentanen Forschungsstand den kognitiven Abbau nicht aufhalten oder nachhaltige Verbesserungen bewirken können, überrascht es nicht, dass sich nach der Intervention keine substantielle Stabili-

sierung der kognitionsbezogenen Symptomatik zeigte. Die im Gruppenvergleich minimal geringere Verschlechterung der Gedächtnisfunktionen in der Experimentalgruppe sowie die von den Fachkräften beobachteten Verbesserung der Orientierungsleistungen könnten zumindest teilweise durch kumulierte Effekte mehrerer im TMI-Programm erhaltener Komponenten erklärbar sein:

Im TMI-Programm wurde musikpsychologische Therapie mit kognitiver Stimulation und Reminiszenztherapie innerhalb eines räumlich-visuell und zeitlich strukturierten Settings kombiniert. Das Gruppenprogramm zur kognitiven Stimulation (Spector et al., 2003), welches in einer adaptierten Version Bestandteil des TMI-Programms darstellt, ist erwiesenermaßen effektiv bei der Stabilisierung kognitiver Funktionen (Woods et al., 2006), wobei der Ansatz von NICE/SCIE (2006) als nicht-pharmakologischer Therapieansatz der Wahl zur Behandlung kognitiver Funktionseinbußen ausgewiesen wird. Therapieelemente sind neben kognitiver Stimulation die klare Strukturierung des Ablaufs sowie die Einbindung psychomotorischer Aktivierung und musikalischer Aktivität. Einige Patienten realisierten während der im TMI-Programm angewendeten Übungen zur kognitiven Stimulation, dass durch das Trainieren des Gedächtnisses verloren geglaubte Gedächtnisinhalte teilweise wieder abrufbar wurden.

Das Hören von Musik kann den Abruf autobiographischer Erinnerungen während Darbietung der Gedächtnisaufgabe verbessern (Irish et al., 2006). Viele Patienten bestätigten den besseren Abruf zurückliegender Erinnerungen während der Kombination von Musiktherapie mit kognitiver Stimulation oder Reminiszenztherapie, d.h. bei der Kombination von Singen, Musizieren bzw. Musikhören mit Gedächtnisübungen bzw. dem Verbalisieren früherer Erinnerungen. Bei Aktivierung der auch in fortgeschrittenen Demenzstadien relativ intakten kortikalen Areale, in denen autobiographische Erinnerungen und Musikerleben lokalisiert sind (Janata, 2005), ist es nicht ausgeschlossen, dass die autobiographische Erinnerungsfähigkeit und somit zumindest ein Bereich des Langzeitgedächtnisses durch kumulierte Effekte der genannten Interventionskomponenten günstig beeinflusst wurde. Die beschriebenen Effekte beziehen sich primär auf einen Zeitraum während oder kurz nach der Intervention, wobei es für zeitlich stabile, nachhaltige Effekte zwar schwache Hinweise gibt, die Evidenz jedoch zu schwach ist um generalisierende Schlussfolgerungen zu ziehen.

Trotz der geringfügig geringeren Verschlechterung einiger kognitiver Funktionen in der Experimentalgruppe kann Hypothese 3 nicht als bestätigt gelten, da sich die Besserungen nur aus vereinzelten statistischen Kennwerten und Fachkraft-Aussagen herleiten. Bei der Evaluation mangelt es an multimethodaler Konsistenz der Ergebnisse (s. 5.2), da sich bei keinem der einzelnen Outcomes übereinstimmende Ergebnisse aus quantitativen und qualitativen Untersuchungsverfahren ergeben.

## 5.2 Diskussion methodischer Aspekte

Zur Überprüfung der Hypothesen wurde sich sowohl quantitativer als auch qualitativer Untersuchungsmethoden bedient. Eingesetzt wurden im Bereich quantitativer Verfahren neuropsychologische Testverfahren, halbstrukturierte Interviews und Fremdbeurteilungsinstrumente. Die in der Untersuchung verwendeten Inventare können alle als bewährte, reliable und valide Instrumente betrachtet werden. Ferner erfolgten eine Verhaltensbeobachtung durch den Doktoranden sowie Befragungen von Fachkräften und Patienten mit halbstrukturierten Interviews, die mittels Techniken der qualitativen Inhaltsanalyse ausgewertet wurden. Durch die Kombination verschiedener Methoden, Erhebungstechniken und Datenquellen im Sinne des multimethodalen Evaluationsansatzes (vgl. Rossi, Lipsey & Freemann, 2004) konnte die Zuverlässigkeit der Interpretation der Daten zumindest erhöht werden.

*Stichprobe*

Im Gegensatz zu zahlreichen Studien im Demenzbereich ist es gelungen, eine kontrollierte Studie mit numerisch in etwa vergleichbaren Stichprobenumfängen durchzuführen. Quantität und Qualität der Behandlung in der Kontrollgruppe waren dem Anspruch einer ethisch vertretbaren, auf das Krankheitsbild zugeschnittenen Interventionsform angemessen, jedoch nicht mit dem systematisch konzipierten Mehrkomponenten-Programm der Experimentalgruppe (TMI) vergleichbar.

Einschränkungen der Validität bestehen aufgrund (1) der nicht randomisierten Stichprobe (2) der relativ geringen Stichprobengröße sowie (3) der numerischen Ungleichheit der beiden Gruppen.

Da die Umsetzung und Evaluation der innerhalb des TMI-Programms durchgeführten Komponenten des TEACCH-Ansatzes nur innerhalb des Milieus der besonderen Dementenbetreuung in der Hausgemeinschaft für dementiell erkrankte Menschen möglich war, war die Zuweisung der Patienten zur EG auf die Bewohner dieses Hauses beschränkt. So konnten pro Durchführungseinheit des Programms (6-10 Patienten über 3x 6 Monate) jeweils zwischen 24 Bewohnern ausgewählt werden. Einigen Patienten konnte die Teilnahme am Therapieprogramm aus ethischen Gründen nicht verwehrt werden, die sozusagen a priori der EG zugewiesen wurden. Dies war z.B. der Fall bei deutlicher medizinisch-psychologischer Indikation sowie auch bei ausdrücklichem Wunsch der Angehörigen. Bei der Zuweisung war jedoch die Erfüllung der Einschlusskriterien stets obligatorisch.

Die vorgenommene Parallelisierung ist abgesehen von Differenzen im Bereich des Patientenalters als erfolgreich einzuschätzen. Die Patienten der KG (M= 85.8) sind im Mittel etwa vier Jahre älter als die der EG (M = 81.6; $p = 0.03$). Es erscheint auf den ersten Blick plausibel, dass sich das höhere Alter der Patienten der KG in der Weise auf den Verlauf der Demenz ausgewirkt hat, dass sich eine stärkere Verschlechterung innerhalb der Gruppe vollzogen hat. Während das Lebensalter zwar aufgrund zunehmender Multimorbidität indirekt die Progredienz beschleunigen kann, ist im Hinblick auf die Geschwindigkeit der Progredienz des dementiellen Prozesses der Zeitpunkt der Erstmanifestation dementieller Symptome als entscheidend für den Verlauf zu sehen. Das Lebensalter spielt hier hingegen eine untergeordnete Rolle, da sich der pathologische dementielle Prozess sowohl in kognitiver, psychischer als auch behavioraler Hinsicht qualitativ vom normalen Alterungsprozess unterscheidet (vgl. u.a. Füsgen, 2001; Förstl, 2006). Das Problem bezüglich der Stichproben-Auswahl im Falle von Demenzpatienten besteht in der Rekrutierung einer präzise definierten Population hinsichtlich Demenz-Schweregrad und Demenzform. Durch die Definition der Population *Patienten mit leichter bis mittlerer Demenz* wurde eine gewisse Eingrenzung erreicht, die in den meisten anderen Studien nicht gewährleistet wird (s. u.a. Livingston et al., 2005; Fischer-Terworth et al., 2009).

Die am häufigsten gestellte Demenz-Diagnose war in beiden Gruppen die gemischte Alzheimer-Demenz (ICD 10 F 00.2), was sich aus der schwierigen Abgrenzung der Demenzformen in höherem Alter mangels neuropathologischer Klassifikationskriterien (Förstl, 2006) ergibt. Die DSM-IV-Klassifikation hält eine solche Kategorie nicht bereit, wodurch für Patienten im höheren Alter die ICD-10-Klassifikation zutreffender erscheint. Bei den neuropsychiatrischen Symptomen ist es grundsätzlich schwer zu unterscheiden, ob eine eigenständige prämorbide oder komorbide Psychopathologie vorliegt, oder ob es sich um demenzassoziierte Symptome handelt. DSM-IV hält für letzteren Fall im ICD-10 nicht vorhandene, passende Kategorien wie *Demenz mit depressiver Verstimmung* (290.12), *Demenz mit wahnhaften Symptomen* (290.13), *Psychotische Störung aufgrund einer Demenz* (297.3) sowie *Angststörung aufgrund einer Demenz (293.89)* bereit.

Als Kriterium für die Diagnose einer komorbiden Störung wurde jedoch in der vorliegenden Arbeit eine Orientierung an den auch von den Fachärzten zugrunde gelegten ICD-10-Kriterien bevorzugt, um ein einheitliches Vorgehen im diagnostischen Bereich zu gewährleisten. Die häufigste komorbide Störung waren depressive Störungen, wobei die Abgrenzung zu DSM-IV 290.12 nicht immer einfach ist. Aufgrund der häufigen Verschränkung affektiver und psychotischer Symptome innerhalb typischer Komorbiditäten bei Demenz wurde eine Subgruppe psychotischer sowie psychotisch-affektiver Störungen (ICD-10 F 22, F 25, F 33.4; vgl. DSM-IV 295.7) gebildet, wobei die Symptome im Falle der Diagnose einer komorbiden Störung im klinischen Bild so dominant sein mussten, dass sie nicht als integraler Bestandteil der Demenz betrachtet werden konnten.

*Datenerhebung und Evaluation*
Bei der Datenerhebung konnten verschiedene Untersuchungsverfahren, u.a. der Mini Mental Status Test (MMST) sowie die Geriatric Depression Scale (GDS-Depr) aufgrund erkrankungsspezifischer Faktoren, die das Verhalten der Patienten während der Datenerhebung beeinflussen, nicht bei allen Patienten durchgeführt werden. Die fünf Patienten, bei denen der Test nicht oder nur unvollständig durchgeführt werden konnte, verweigerten die Kooperation

aufgrund demenzspezifischer psychomotorischer Unruhe, Konfabulationstendenz bzw. zeigten keine Einsicht in die Notwendigkeit eines Testverfahrens. Letztere Einschränkungen sind bei der Population *Demenzpatienten* als unvermeidlich zu betrachten und müssen einkalkuliert werden. Weiterhin konnten einige Interviews bei der Prä-Messung aus ethischen Gründen nicht in *einer* Explorationssitzung durchgeführt werden, da zeitlich ausgedehnte Befragungen einige Patienten körperlich und psychisch überfordern. Aus genannten Gründen wurde entschieden, die *Geriatric Depression Scale* in der 15-Item-Version durchzuführen, ebenso wurde aufgrund des hohen Anteils von Patienten mit mittlerer Demenz auf die Anwendung weiterer, aufwendiger Verfahren zur Testung des kognitiven Funktionsniveaus verzichtet.

Hinsichtlich der Fremdbeurteilungsverfahren ergibt sich das Problem, dass Pflegefachkräfte, Ärzte sowie Therapeuten aufgrund disziplinär differierender Perspektiven, quantitativ unterschiedlicher Zeit für die Verhaltensbeobachtung sowie verschiedener Grade an emotionaler Distanz zum Patienten individuell verschiedene Patienteneinschätzungen vornehmen. Somit können diverse Beurteiler-Fehler, Erinnerungsverzerrungen sowie subjektive Überzeugungen in den Beurteilungsprozess einfließen. Dieses Problem wurde dadurch zu minimieren versucht, indem der Doktorand seine eigene Einschätzung nach Zusammenschau der Ergebnisse aus den Interviews mit Fachkräften, Ärzten und Angehörigen vornahm, um durch Einbeziehung verschiedener Perspektiven eine möglichst vielseitige Informationsgewinnung zu gewährleisten und die Beurteilungsobjektivität zu erhöhen. Auch wenn subjektive Verzerrungen über den Versuchsleiter-Effekt möglich sind, wurde zumindest eine dem Demenzbereich angemessene Multiperspektivität der Beurteilung angestrebt.

*Durchführung und Ablauf der Intervention*
Bei Durchführung der Intervention ergaben sich einige Konstellationen, die den Therapieprozess beeinflussen konnten. Die Fluktuation bei der Teilnehmerzahl während der Sitzungen resultiert einmal aus der Tatsache, dass einige Patienten zuweilen nicht am Programm teilnehmen wollten bzw. aus gesundheitlichen Gründen nicht dazu in der Lage waren. Bei der Population *Demenzpatienten*, bei der Tagesschwankungen in der Symptomatik, Änderungen des Allgemeinzustands und Verhaltensänderungen in Kauf genommen werden müssen, muss dieser Faktor einberechnet werden.

Weiterhin ist der Therapieraum der Hausgemeinschaft für dementiell erkrankte Menschen im DRK Seniorenzentrum aus Gründen der milieubedingten speziellen baulichen Gestaltung offen zugänglich. So war es nicht vermeidbar, dass Patienten während der Intervention den Raum verlassen und andere hinzukommen und somit die Gruppengröße schwankte. Weigerungen am Therapieprogramm teilzunehmen, sind aus ethischen Gründen, insbesondere auf Basis des personzentrierten Ansatzes, immer zu akzeptieren. So kann das Kommen und Gehen zu Unruhe und damit zur Veränderung der Reizkonstellation führen, Struktur und Ablauf stören sowie die Aufmerksamkeit und Konzentration beeinträchtigen. Diese Einschränkungen

wurden versucht teilweise zu kompensieren, indem das Programm zwei Mal pro Woche angeboten wurde, um eine gleichmäßige Teilnahmefrequenz von einer Sitzung pro Woche zu gewährleisten.
Aufgrund der Heterogenität dementieller Erkrankungen und der individuellen Symptomprofile der Patienten kann ein Gruppenprogramm auch bei angestrebter Kompetenzorientierung nicht in jedem Therapieelement individuell auf Kompetenzen und Ressourcen des jeweiligen Patienten zugeschnitten sein. Alle teilnehmenden Patienten waren jedoch in der Lage Musikstücke selbstständig und auswendig zu singen, Musikinstrumente zu betätigen und an Übungen kognitiven Trainings von mindestens geringem Schweregrad teilzunehmen.

Während psychologischer Therapien gibt es durchführungsrelevante Erschwernisfaktoren, die sich aus der Manifestation neuropsychiatrischer Symptome ergeben. Psychomotorische Unruhe und Weglauftendenz bei einzelnen Teilnehmern können Gruppentherapien erschweren, indem sie allgemeine Unruhe in der Therapiegruppe auslösen. Fälle von starker psychomotorischer Unruhe während der Sitzungen traten sehr selten auf. In den wenigen Fällen, in denen situative psychologische Interventionen nicht zur affektiven Stabilisierung beitragen konnten, begleitete eine Fachkraft den jeweiligen Patienten vorübergehend aus dem Therapieraum. Ferner können akustische Interferenzen durch stereotype Vokalisationen ein Störelement sein, aggressives Verhalten und Konflikte krankheitszentriertes Konfliktmanagement erforderlich machen und Angstzustände sowie Affektlabilität zuweilen spontane Kriseninterventionen notwendig werden lassen. Die Tatsache, dass all diese Erschwernisfaktoren äußerst selten auftraten, spricht auch für die positive Wirkung der Intervention auf den Affekt der Patienten sowie die recht hohe Akzeptanz.
Da der Therapiebereich offen ist, ergeben sich oftmals Situationen, in denen Reizüberflutung nicht zu vermeiden ist, was die im Therapieplan angestrebte Strukturierung des Settings hinsichtlich überschaubarer Reizbedingungen erschwert. Dies kann der Fall sein, da zuweilen während Durchführung der Intervention gleichzeitig auf die Bedürfnisse hinzukommender Bewohner geachtet werden muss, die räumlich desorientiert, ängstlich oder Hilfe suchend den Therapieraum betreten. Durch die Anwesenheit einer Fachkraft während der Sitzungen konnte zumindest teilweise Abhilfe geschaffen werden.

## 5.3 Fazit

Dementielle Erkrankungen können beim jetzigen Forschungsstand weder durch pharmakologische noch nicht-pharmakologische Interventionen geheilt werden. Ziel aller therapeutischen Interventionen bei allen Demenzformen sollte es deshalb sein, die Symptomatik dahin gehend positiv zu beeinflussen, dass der Umgang mit der Erkrankung für Betroffene, Angehörige und Pflegende erleichtert und die Lebensqualität aller Beteiligter verbessert wird.

Kernziel psychologischer Interventionen kann beim momentanen Forschungsstand nicht die Restitution neuropsychologischer Funktionen im Sinne rehabilitativer Maßnahmen sein. Angestrebt werden sollten je nach Krankheitsstadium eine Verbesserung der Alltagskompetenz, die Steigerung psychischen Wohlbefindens sowie die Förderung positiver Emotionalität. Letztlich soll dem betroffenen Menschen die Möglichkeit eröffnet werden ein möglichst sinnerfülltes Leben trotz aller Einschränkungen zu führen.

Die gezielte Stabilisierung kognitiver Funktionen ist nur in der Weise und bis zu dem Grade sinnvoll, in dem sie dem Patienten die Teilnahme am aktiven Leben erleichtert, seine Alltagsfähigkeiten und Selbständigkeit verbessert und somit zu einer Stabilisierung der Affektlage führt.

Essentiell für das Erreichen der genannten Ziele sind in allen Demenzstadien die Linderung Leidensdruck verursachender psychischer und verhaltensbezogener Symptome sowie die Verbesserung der kommunikativen Fähigkeiten. Nur bei einer effektiven Reduktion von neuropsychiatrischen Symptomen wie Depression, Angst, Agitation oder Apathie kann das Erleben positiver Emotionen wieder in den Vordergrund des psychischen Erlebens rücken.

Durch die Optimierung der Fähigkeit zu Kommunikation und sozialer Interaktion kann der von Demenz betroffene Mensch wieder besser von seiner Umwelt erreicht werden, zumindest teilweise selbständig mit anderen Menschen in Kontakt treten und sich weniger fremdbestimmt erleben. Nur mit einer gewissen kommunikativen Kompetenz ist er in der Lage seinen Mitmenschen gegenüber Emotionen auszudrücken, die bei dementen Menschen eine reichhaltige, lange Zeit trotz des kognitiven Abbaus erhaltene psychische Ressource darstellen. Menschen mit Demenz haben das Bedürfnis nach positiver Wertschätzung ungeachtet des Nachlassens ihrer kognitiven Fähigkeiten. Sie möchten Aktivitäten ausführen, die ihre Fähigkeiten und Interessen entsprechen. Sie möchten mit angenehmen Emotionen konfrontiert werden, z.B. durch Hervorrufen zumeist als positiv erlebter Erinnerungen aus früheren Lebensabschnitten.

Das Programm TEACCH-basierte musikpsychologische Interventionen (TMI) setzt an den beschriebenen Säulen einer effektiven Demenztherapie an. Durch musikpsychologische Therapie lassen sich psychische und verhaltensbezogene Symptome reduzieren, zugleich erlaubt sie den kontrollierten Ausdruck von Emotionen, fördert soziale Kommunikation und eröffnet eine Möglichkeit zum Ausüben angenehmer Aktivitäten. Musik ist bei Demenzpatienten häufig ein Schlüssel zur autobiographischen Erinnerung und kann ein angenehmes, emotional kontrolliertes Zurückversetztwerden in frühere Zeiten erlauben. So kann die Erfahrung musikausgelöster Reminiszenzen ein Gegengewicht zu den häufig innerhalb einer Demenz auftretenden, Angst besetzten und schmerzlichen traumatischen Erinnerungen darstellen.

Innerhalb des TMI-Programms angewendete verhaltenstherapeutische Techniken sind dafür geeignet Menschen mit Demenz innerhalb der Musiktherapie grundlegende musikalische Fertigkeiten zu reaktivieren und gleichzeitig positiv-motivierend Erfolge hervorzuheben. Dem jeweiligen Stadium angepasste Übungen zur kognitiven Stimulation können in Kombination mit Musikausübung und psychomotorischen Übungen die Stabilisierung vorhandener Ressourcen unterstützen.

Menschen mit Demenz haben mit zunehmendem Identitätsverlust Schwierigkeit sich in unserer komplexen Welt zurechtzufinden. Parallel zu der realen Welt entsteht mit der Erkrankung und ihren neuropathologischen und psychologischen Veränderungen als zweiter Bezugsrahmen eine andere Welt, die „Welt der Demenzkranken", wie Wojnar (2008) es ausdrückt. Dieses Leben in zwei Welten entspricht, wenn auch nicht unmittelbar vergleichbar, sicherlich in gewisser Weise bestimmten Aspekten des Erlebens von Menschen mit autistischen Störungen. Menschen mit Demenz und solche mit Autismus haben bei veränderten kognitiven Fähigkeiten, einer krankheitstypisch veränderten Wahrnehmung der Umwelt und einer idiosynkratischen Form emotionalen Erlebens Schwierigkeiten, Kommunikation und Handeln den Anforderungen der realen Welt anzupassen.

Während Defizite im Bereich von Kommunikation und Interaktion bei Autismus-Spektrum-Störungen als zentrales Symptom innerhalb der gängigen Klassifikationssysteme benannt werden, werden sie im Bereich dementieller Erkrankungen häufig auf die Diagnose *Aphasie* reduziert und im Vergleich zu den kognitiven Symptomen vernachlässigt.

Insbesondere das Bedürfnis eines Menschen, sich seiner Umwelt mitzuteilen, ist als menschliches Grundbedürfnis zu betrachten (vgl. Murphy et al., 2007).

Im Bereich der Erforschung von Kommunikation und sozialer Interaktion sollte sich die Interventionsforschung bei Demenzerkrankungen Erkenntnisse aus der sonderpädagogisch-psychologischen Forschung zu Nutze machen. Die teilweise erfolgreiche Anwendung von Interventionen wie Musiktherapie, basaler Stimulation, tiergestützter Therapie oder sensorischer Interventionen sowohl im Geistigbehinderten-als auch im Demenzbereich zeigt eine Reihe von Überschneidungen, die als Basis für wechselseitige Inspiration zu Forschungsbemühungen dienen sollten.

Autistische Individuen weichen bei kognitiv-sensorischer Überforderung auf ihnen vertraute Spezialinteressen und Rituale aus, die ihnen Halt, Sicherheit, Vorhersagbarkeit, Angstfreiheit und Kompetenzerleben versprechen. Auch Demenzpatienten benötigen ein sicheres Umfeld, vertraute Abläufe, eine klare Kommunikation, angepasste sensorische Reizkonstellationen, positive Rituale und die Möglichkeit sich auf das einzustellen, was sie erwartet. Mit zunehmendem Verlust der kognitiven Strukturen und der Orientierung in vielen Bereichen wächst das Bedürfnis nach äußerer Strukturierung der Umwelt, des Tagesablaufs sowie der Aktivitäten. Struktur hilft Menschen mit Demenz sowie solchen mit Autismus-Spektrum-Störungen, weniger Angst zu erleben und nicht von ungefilterten Emotionen überschwemmt zu werden. Strukturierung kann das Bedürfnis vermindern, auf zwanghaft-ritualisierte, stereotype Verhaltensweisen auszuweichen, die den verlorenen Halt in pathologische Art und Weise ersetzen sollen.

Da Strukturierung bei Demenzpatienten nach klinischer Erfahrung zu den beschriebenen Effekten führt, wurden die Prinzipien des TEACCH-Ansatzes als geeigneter Bezugsrahmen für das durchgeführte therapeutische Konzept ausgewählt. TEACCH ist mit Therapiebausteinen vorhandener milieutherapeutischer Konzeptionen kompatibel und erlaubt aufgrund seiner großen Flexibilität die Integration und Adaption verschiedenster Therapieelemente. TEACCH-Prinzipien eröffnen die Möglichkeit, Ansätze aus verschiedenen Disziplinen und therapeutischen Schulen zu integrieren, wobei sie eine geeignete konzeptionelle Grundlage für die bei Interventionen im Demenzbereich notwendige Flexibilität liefert.

Ziel aller psychologischer Interventionen sollte es sowohl in der Therapie von Autismus als auch der dementieller Erkrankungen sein, für jeden Menschen ein Optimum an Lebensqualität und Selbstständigkeit im Rahmen seiner individuellen Möglichkeiten zu erreichen. Das TMI-Programm konnte zeigen, dass ein aus mehreren Komponenten bestehender Ansatz im stationären Bereich zugleich psychopathologische Symptome und Problemverhalten reduzieren und zum Aufbau kommunikativ-emotionaler Kompetenz und zur Förderung konstruktiven Verhaltens beitragen kann. Unklar ist, welche Interventionskomponente bzw. Kombination von Komponenten für welche Effekte in welchen Symptombereichen kausal war oder inwiefern pharmakologische Interventionen oder andere Variablen die Ergebnisse beeinflusst haben. Gleichzeitig sind viele positive, sich über die Ebene des subjektiven Empfindens manifestierenden Aspekte z.B. musikpsychologischer und auch TEACCH-basierter Komponenten bisher mit statistischen Verfahren schwer operationalisierbar und somit nicht einfach zu objektivieren. Innerhalb des TMI-Programms wurde angestrebt Interventionsmethoden zu kombinieren, für deren Anwendung Evidenz nach neueren Forschungsergebnissen besteht. In weiteren Studien sollten einzelne Komponenten des TMI-Programms systematisch untersucht werden, in erster Linie betrifft dies die Anwendung musikpsychologischer Therapie und strukturierter Lernformate.

Die durchgeführte Untersuchung hat gezeigt, dass ein an evidenzbasierten Interventionsmethoden orientiertes Mehrkomponenten-Programm unspezifischen ergotherapeutisch orientierten Maßnahmen bei der Beeinflussung diverser Symptomcluster einer Demenz deutlich überlegen ist. Es konnte demonstriert werden, dass gezielt konzipierte wissenschaftlich-psychologische Interventionen in der klinischen Praxis nicht mit unspezifischer Beschäftigungstherapie vergleichbar sind, auch wenn derartige Maßnahmen hinsichtlich ihrer Komponenten durchaus dem Krankheitsbild angepasst sind. Die Studie unterstreicht die Notwendigkeit der exakten konzeptionellen Definition psychologischer Interventionen sowie der Entwicklung spezieller Interventionsprogramme für definierte Indikationsbereiche, deren wissenschaftlichen Untersuchung Grundlage für die Umsetzung und Implementierung im klinisch- und pflegerisch-gerontopsychiatrischen und klinisch-gerontopsychologischen Bereich sein muss.

# 6. Literaturverzeichnis

Adler G., Frölich L., Gertz H.J., Hampel H. & Haupt M. (1999). Positionspapier. Diagnostik und Therapie der Demenz in der Primärversorgung. *Zeitschrift für allgemeine Medizin*, 75, 2–6.

Akkerman R.L. & Ostwald S.K. (2004). Reducing anxiety in Alzheimer's disease family caregivers: the effectiveness of a nine-week cognitive-behavioral intervention. *American Journal of Alzheimer's disease and other dementias*, 19 (2), 117–123.

Aldridge D. (Hrsg.) (2000). *Music therapy in dementia care*. London: Kingsley.

American Psychiatric Association (APA) (1997). Practice guideline for the treatment of patients with Alzheimer's disease and other dementias of late life. *American Journal of Psychiatry*, 154 (Suppl. 5), 132.

Annerstedt L. (1997). Group-living care: an alternative for the demented elderly. *Dementia and Geriatric Cognitive Disorders*, 8, 136-142.

Ashida S. (2000). The effect of reminiscence music therapy sessions on changes in depressive symptoms in the elderly. *Journal of Music Therapy*, 37 (3), 170–182.

Baker R., Bell S., Baker E., Gibson S., Holloway J., Pearce R., Dowling Z., Thomas P., Assey J. & Wareing L.A. (2001). A randomized controlled trial of the effects of multi-sensory stimulation (MSS) for people with dementia. *British Journal of Clinical Psychology*, 40 (1), 81-96.

Bakke B.L., Kvale S., Burns T., McCarten J.R., Wilson L., Maddox M. & Cleary J. (1994). Multi-component intervention for agitated behavior in a person with Alzheimer's disease. *Journal of Applied Behavior Analysis*, 27, 175-176.

Beck C.K., Vogelpohl T.S., Rasin J.H., Uriri J.T., O'Sullivan P., Walls R., Phillips R. & Baldwin B. (2002). Effects of behavioral interventions on disruptive behavior and affect in demented nursing home residents. *Nursing Research*, 51, 219-228.

Bergener M. & Vollhardt B. (1995). Gerontopsychiatrie. In: V. Faust (Hrsg.): *Psychiatrie* (S. 375-396). Stuttgart: Gustav Fischer.

Bernhardt T., Seidler A. & Frölich, L. (2002). Der Einfluss von psychosozialen Faktoren auf das Demenzerkrankungsrisiko. *Fortschritte der Neurologie/ Psychiatrie*, 70, 283–288.

Bickel H. (2005). Epidemiologie und Gesundheitsökonomie. In Walesch C.W. & Förstl H. (Hrsg.): Demenzen (S. 1-15). Stuttgart: Thieme.

Bonder B.R. (1994). Psychotherapy for individuals with Alzheimer disease. *Alzheimer's disease and Associated Disorders*, 8 (Suppl. 3), 75 – 81.

Bortz J. & Döring N. (2006). *Forschungsmethoden und Evaluation für Human-und Sozialwissenschaftler*. Berlin: Springer.

Boso M., Politi P., Barale F. & Enzo E. (2006).Neurophysiology and Neurobiology of the musical experience. *Functional Neurology*, 21 (4), 187–191.

Bottino C.M., Carvalho J.A., Alvarez A.M., Avila R., Zukauskas P.R., Bustamante S.E., Andrade F.C., Hototian S.R., Saffi F. & Camargo C.H. (2005). Cognitive rehabilitation combined with drug treatment in Alzheimer's disease patients: a pilot study. *Clinical Rehabilitation, 19 (8)*, 861–869.

Brotons M. (2000). An overview to the music therapy literature related to elderly people. In D. Aldridge (Ed.). *Music therapy in dementia care* (pp. 33–62). London: Kingsley.

Brotons M. & Marti P. (2003). Music therapy with Alzheimer's patients and their family caregivers: a pilot project. *Journal of Music Therapy*, 40 (2), 138 – 150.

Brückner K. (2006). *Das False-Memory-Paradigma bei der Demenz vom Alzheimer Typ, bei leichten kognitiven Beeinträchtigungen und bei der Depression im Alter.* Dissertation, Universität Hamburg. http://deposit.ddb.de/cgi-bin/dokserv?idn=986274984.

Bruer R.A., Spitznagel E. & Cloninger C.R. (2007). The temporal limits of cognitive change from music therapy in elderly persons with dementia or dementia-like cognitive impairment: a randomized controlled trial. *Journal of Music Therapy*, 44 (4), 308-328.

Buchholz T. & Schürenberg A. (2005). Lebensbegleitung alter Menschen: Basale Stimulation® in der Pflege alter Menschen (2. Aufl.). Bern: Hans Huber.

Bund Deutscher Allgemeinmediziner (BDA) (Hrsg.) (2000). *Case-Management Demenz* (1. Aufl.). BDA-Manual. Emsdetten.

Burgio I.D., Scilley K., Hardin J.M., Hsu C. & Yancey J. (1996). Environmental "white noise": an intervention for verbally agitated nursing home residents. *Journal of Gerontology*, 51, 354–373.

Calabrese P. (2000). Neuropsychologie der Alzheimer-Demenz. In Calabrese P. & Förstl H.(Hrsg.). *Psychopathologie und Neuropsychologie der Demenzen* (S. 31-50). Lengerich: Pabst.

Calabrese P. & Förstl H. (Hrsg.) (2000). *Psychopathologie und Neuropsychologie der Demenzen.* Lengerich: Pabst.

Callahan C.M., Boustani M.A., Unverzagt F.W., Austrom M.G., Damush T.M., Perkins A.J., Fultz B.A., Hui S.L., Counsell S.R. & Hendrie H.C. (2006). Effectiveness of collaborative care for older adults with Alzheimer Disease in primary care: A randomized controlled trial. *Journal of the American Medical Association,* 295, 2148-2157.

Camp C.J. (2001). From efficacy to effectiveness to diffusion: making the transitions in dementia intervention research. *Neuropsychological Rehabilitation*, 11 (3-4), 495-517.

Cheston R., Jones K. & Gilliard J. (2006).Group psychotherapy and people with dementia. *Aging & Mental Health*, 7 (6), 452–461.

Chung J.C., Lai C.K., Chung P.M. & French H.P. Snoezelen for dementia. *Cochrane Database of Systematic Reviews* 2002, (4):CD003152.

Clair A.A. (2000). The importance of singing with elderly patients. In D. Aldridge (Ed.). *Music therapy in dementia care* (pp. 81-101). London: Kingsley.

Clare L., Woods R.T., Moniz-Cook E.D., Orrell M. & Spector A. (2003).Cognitive rehabilitation and cognitive training for early stage Alzheimer's disease and vascular dementia. *Cochrane Database of Systematic Reviews* (4): CD003260.

Clark M.E., Lipe A.W. & Bilbrey M. (1998).Use of music to decrease aggressive behaviors in people with dementia. *Journal of Gerontological Nursing,* 24, 10-17.

Coon D.W., Thompson L., Steffen A., Sorocco K. & Gallagher-Thompson D. (2003). Anger and depression management: psychoeducational skill training interventions for women caregivers of relative with dementia. *The Gerontologist,* 43 (5), 678–689.

Cohen-Mansfield J., Marx M.S. & Rosenthal A.S.(1989). Description of agitation in a nursing home. *Journal of Gerontology*, 44 (3), 77-84

Cotelli M., Calabria M. & Zanetti O. (2006). Cognitive rehabilitation in Alzheimer's disease. *Aging Clinical and Experimental Research*, 18 (2), 141–143.

Cummings J.L., Mega M., Gray K., Rosenberg-Thompson S., Carusi D.A. & Gornbein J. (1994). The Neuropsychiatric Inventory: Comprehensive assessment of psychopathology in dementia. *Neurology*, 44, 2308-14.

De Deyn P.P., Katz I.R., Brodaty H., Lyons B., Greenspan A. & Burns A. (2005). Management of agitation, aggression, and psychosis associated with dementia: a pooled analysis including three randomized, placebo-controlled double-blind trials in nursing home residents treated with risperidone. *Clinical Neurology and Neurosurgergy*, 107(6), 497-508.

Deponte A. & Missan R. (2007). Validation. Effectiveness of validation therapy in group: preliminary results. *Archives of Gerontology and Geriatrics*, 44 (2), 113–117.

De Vreese L.P., Neri M., Fioravanti M., Belloi L.& Zanetti O. (2002). Memory rehabilitation in Alzheimer's disease: a review of progress. *International Journal of Geriatric Psychiatry*, 17 (5), 492-493.

De Vries P.J., Honer W.G., Kemp P.M. & McKenna P.J. (2001). Dementia as a complication of schizophrenia. *Journal of Neurology, Neurosurgergy & Psychiatry*, 70, 588-596.

Eisenberg S., Hamborg M., Kellerhof M. & Wojnar J. (2005). *Hamburger Positionspapier zur Besonderen Stationären Dementenbetreuung. Forschungsergebnisse und praktische Erfahrungen aus dem Hamburger Modell: Konsequenzen für die Dementenbetreuung.* Deutsche Expertengruppe Dementenbetreuung.

http://www.hamburg.de/contentblob/128356/data/dementenbetreuung-positionspapier.pdf

Eloniemi-Sulkava U., Notkola I.-L., Hentinen M., Kivelä S.-L., Sivenius J. & Sulkava J. (2001). Effects of supporting community-living demented patients and their caregivers: a randomized trial. *Journal of the American Geriatrics Society*, 49, 1282-1287.

Ermini-Fünfschilling D. & Meier D. (1995). Memory training: an important constituent of milieu therapy in senile dementia. *Zeitschrift für Gerontologie und Geriatrie*, 28 (3), 190-194.

Feil N. (2000). *Validation: Ein Weg zum Verständnis verwirrter alter Menschen.* München: E. Reinhardt.

Feliciano L., Vore J., LeBlanc L.A. & Baker J.C. (2004).Decreasing entry into a restricted area using a visual barrier. *Journal of Applied Behavior Analysis*, 37, 107-110.

Fellgiebel A. & Scheurich S. (2008). Therapie des Apathie-Syndroms bei Alzheimer-Demenz. *Zeitschrift für Psychiatrie, Psychologie und Psychotherapie*, 56 (1), 51-55.

Finnema E., Droes R.M., Ribbe M. & van Tilburg W. (2000). The effects of emotion-oriented approaches in the care for person suffering from dementia: a review of the literature. *International Journal of Geriatric Psychiatry*, 15 (2), 141–161.

Finkel S.I., Costa e Silva J., Cohen G., Miller S. & Sartorius N. (1996). Behavioural and psychological signs and symptoms of dementia: a consensus statement on current knowledge and implications for research and treatment. *International Psychogeriatrics*, 8 (Suppl. 3), 497–500.

Fischer-Terworth C., Probst P., Glanzmann P. & Knorr C.C. (2009). Psychologische Interventionen bei dementiellen Erkrankungen: Eine evaluative Literaturstudie. *Zeitschrift für Psychologie, Psychiatrie und Psychotherapie*, 57 (3), 195-206.

Folstein, M. F., Folstein, S.E. & McHugh, P.R. (1975). Mini Mental State: a practical method for grading the state of patients for the clinician. *Journal of Psychiatric Research*, 12, 189-198.

Förstl H. (2006). Kognitive Störungen: Delir, Demenz, Koma. In Förstl H., Roth G. & Hautzinger M. (Hrsg.). *Neurobiologie psychischer Störungen* (S. 221-295). Heidelberg: Springer.

Förstl H., Roth G. & Hautzinger M. (2006) (Hrsg.). *Neurobiologie psychischer Störungen.* Heidelberg, Springer

Frank W. & Conta B. (2005). Kognitives Training bei Demenzen und anderen Störungen mit kognitiven Defiziten. In *Health Technology Assessment* (1. Aufl.), Beitrag 26. Hrsg. von der Deutschen Agentur für Health Technology Assessment (DAHTA) des Deutschen Instituts für Medizinische Dokumentation und Information (DIMDI). Köln, DAHTA@DIMDI. PDF

Fratiglioni L. (1998). Epidemiology. In B. Winblad, A. Wirmo & B. Jonsson (Eds.): *Health economics of dementia* (pp. 13-31). Chichester: John Wiley & Son.

Fröhlich, A. (1997). *Basale Stimulation* (9. Aufl.). Düsseldorf: Verlag Selbstbestimmtes Leben.

Frölich L., Kratzsch T., Ihl R. & Förstl H. (2000). Diagnose-und Behandlungsleitlinien für die Alzheimer-Demenz. In P. Calabrese & H. Förstl (Hrsg.). *Psychopathologie und Neuropsychologie der Demenzen* (S. 9-30). Lengerich: Pabst.

Frölich L. & Maurer K. (1997). Klinische Untersuchung und Psychometrie. In H. Förstl (Hrsg.). *Lehrbuch der Gerontopsychiatrie* (S. 84-94). Stuttgart: Enke.

Füsgen, I. (2001). *Demenz: Praktischer Umgang mit Hirnleistungsstörungen* (4. Aufl.). München: Urban & Vogel.

Gabriel C. (2005). *Kognitives Training bei Alzheimer-Patienten unter Anwendung der "Spaced-retrieval Technik": Training einer alltagsbezogenen Aufgabe-Durchführung und Bewertung.* Dissertation, TU München.
http://deposit.ddb.de/cgibin/dokserv?idn=977822915&dok_var=d1&dok_ext=pdf&filename=97782295.pdf

Gallagher-Thompson D. & Coon D.W. (2007). Evidence-based psychological treatments for distress in family caregivers of older adults. *Psychology and Aging*, 22 (1), 37-51.

Gauggel S. (2003). Grundlagen und Empirie der Neuropsychologischen Therapie: Hirnjogging oder Neuropsychotherapie? *Zeitschrift für Neuropsychologie*, 14, 217-246.

Gauggel S. & Birkner B. (1999). Validität und Reliabilität einer deutschen Version der Geriatrischen Depressionsskala (GDS). *Zeitschrift für Klinische Psychologie*, 28, 18-27.

Gauggel S. & Böcker M. (2004). Neuropsychologische Grundlagenforschung bei dementiellen Erkrankungen anhand ausgewählter Beispiele. *Zeitschrift für Gerontopsychologie und – psychiatrie*, 17 (2), 67-75.

Gertz H.-J. (1997). Morphologische Befunde bei dementiellen Erkrankungen. In: H. Förstl (Hrsg.). *Lehrbuch der Gerontopsychiatrie* (S. 58–70). Stuttgart: Enke.

Gormley N., Lyons D. & Howard R. (2001). Behavioural management of aggression in dementia: a randomized controlled trial. *Age and Aging*, 30, 141-145.

Grass-Kapanke B., Brieber S., Pentzek M. & Ihl R. (2007). Der TFDD-Test zur Früherkennung von Demenzen mit Depressionsabgrenzung: Untersuchungsergebnisse zur diagnostischen Qualität. In M. Teising et al. (Hrsg.). *Alt und psychisch krank: Diagnostik, Therapie und Versorgungsstrukturen im Spannungsfeld von Ethik und Ressourcen.* Schriftenreihe der Deutschen Gesellschaft für Gerontopsychiatrie und –psychotherapie (DGGPP), Band 6 (S. 200-214). Stuttgart: Kohlhammer.

Gunzelmann T. & Ostwald W.D. (2002). Gerontopsychologische Diagnostik. In A. Maercker (Hrsg.).*Alterspsychotherapie und klinische Gerontopsychologie* (S. 112-123). Heidelberg: Springer.

Gürthler K. (2006). Neuropsychotherapie bei Demenzerkrankungen. *Psychoneuro*, 32, 87–92.

Hasselkuss B.R. & Murray B.J. (2007). Everyday occupation, well-being and identity: the experience of caregivers of families with dementia. *American Journal of Occupational Therapy*, 61 (1), 9–20.

Haupt M. (2007). Nicht-kognitive Symptome bei kognitiven Störungen. In Teising M. et al. (Hrsg.). *Alt und psychisch krank: Diagnostik, Therapie und Versorgungsstrukturen im Spannungsfeld von Ethik und Ressourcen.* Schriftenreihe der Deutschen Gesellschaft für Gerontopsychiatrie und – psychotherapie (DGGPP), Band 6 (S. 270-275). Stuttgart: Kohlhammer.

Haupt M. & Wielink W. (2006). Kombinierte pharmakologische und psychotherapeutische Behandlung im frühen Stadium einer Alzheimer-Demenz über 30 Monate. *Nervenarzt,* 77, 842-846.

Häußler, A. (2005a). *Der TEACCH-Ansatz zur Förderung von Menschen mit Autismus: Einführung in Theorie und Praxis.* Dortmund: Verlag Modernes Lernen.

Häußler, A. (2005b). Strukturierung als Hilfe zum Verstehen und Handeln: Die Förderung von Menschen mit Autismus nach dem Vorbild des TEACCH-Ansatzes. *International Society of Alternative and Augmentative Communication (ISAAC) : Unterstützende Kommunikation mit nicht sprechenden Menschen.* Dortmund: Loeper. www.autismus-in-berlin.de

Hepburn K., Lewis M., Tornatore J., Sherman C.W. & Bremer K.L. (2007). The Savvy Caregiver Program: the demonstrated effectiveness of a transportable dementia caregiver psychoeducation program. *Journal of Gerotontological Nursing,* 33 (3), 30–36.

Hermans D.G., Htay U. H.& McShane R. (2007). Non-pharmacological interventions for wandering of people with dementia in the domestic setting. *Cochrane Database of Systematic Reviews,* (1): CD 005994.

Holmes C., Knights A., Dean C., Hodkinson S. & Hopkins V. (2006). Keep music live: music and the alleviation of apathy in dementia subjects. *International Psychogeriatrics,* 18 (4), 623–630.

Hüll M. & Bauer J. (1997). Alzheimer-Krankheit und vaskuläre Demenzformen. In D. Platt (Hrsg.). Altersmedizin (S. 520-544). Stuttgart: Schattauer.

Hautzinger M. (2002). Depressive Störungen. In A. Maercker (2002) (Hrsg.). *Alterspsychotherapie und klinische Gerontopsychologie* (S. 141-166). Heidelberg: Springer.

Hörmann B. & Weinbauer B. (2006). *Musizieren mit dementen Menschen: Ratgeber für Angehörige und Pflegende.* Hrsg. vom Bayrischen Staatsministerium für Arbeit und Sozialordnung, Familie und Frauen. München: Reinhardt.

Ibach B. (2008). Die Therapie nicht-kognitiver Störungen bei Demenzkranken mit Neuroleptika. *Zeitschrift für Psychiatrie, Psychologie und Psychotherapie,* 56 (1), 33-37.

Ihl R. (1999). Klinische Diagnosekriterien. In H. Förstl, H. Bickel & A. Kurz (Hrsg.). *Alzheimer-Demenz* (S. 110-128). Berlin: Springer.

Irish M., Cunningham C.J., Walsh J.B., Coakley D., Lawlor B.A., Robertson I.H. & Coen R.F. (2006). Investigating the enhancing effect of music on autobiographical memory in mild Alzheimer's disease. *Dementia and Geriatric Cognitive Disorders,* 22(1), 108-120.

Janata P. (2005). Brain networks that track musical structure. *Annals of the New York Academy of Sciences,* 1060, 111–124.

Johnson J.K., Cotman C.W., Tasaki C.S. & Shaw G.L. (1998). Enhancement of spatial temporal reasoning after a Mozart listening condition in Alzheimer's disease: a case study. *Neurological Research,* 20, (8), 666–672.

Jorm A.F. & Jolley D. (1998). The incidence of dementia: A metaanalysis. *Neurology,* 51, 728-733.

Kitwood T. (2000). *Demenz: Der personzentrierte Ansatz im Umgang mit verwirrten Menschen.* Bern: Hans Huber.

Kalbe E., Brand E., Kessler J. & Calabrese P. (2007). Befunde zur Sensitivität und Spezifizität des kognitiven Screeningverfahrens „DemTect". In M. Teising et al. (Hrsg.). *Alt und psychisch krank: Diagnostik, Therapie und Versorgungsstrukturen im Spannungsfeld von Ethik und Ressourcen.* Schriftenreihe der Deutschen Gesellschaft für Gerontopsychiatrie und – psychotherapie (DGGPP), Band 6 (S. 149-161). Stuttgart: Kohlhammer.

Knorr C., Zerfass R. & Frölich L. (2007).What determines health related quality of life (HRQOL) in patients with dementia and their caregivers. *Neurodegenerative Diseases,* 4 (Suppl. 1), 127.

Koder D.A. (1998). Treatment of anxiety in the cognitively impaired elderly: can cognitive-behavior therapy help? *International Psychogeriatrics/ IPA,* 10 (2), 173–182.

Köhler, T. (1999). Demenzen. In *Biologische Grundlagen psychischer Störungen* (S. 16-28). Stuttgart: Thieme.

Kolanowski A. & Litaker M. (2006). Social interaction, premorbid personality, and agitation in nursing home residents with dementia. *Archives of Psychiatric Nursing,* 20 (1), 12-20.

Kraus C.A., Seignourel P., Balasubramanyam V., Snow A.L., Wilson N.L., Kunik M.E., Schulz P.E. & Stanley M.A. (2008). Cognitive-behavioral treatment for anxiety in patients with dementia: two case studies. *Journal of Psychiatric Practice,* 14 (3), 186-192.

Kropiunnig-Sebek K., Leonardsberger A., Schemper M. & Dal-Blanco P. (1999). Psychosoziale Risikofaktoren für die Alzheimer-Krankheit. *Psychotherapie, Psychosomatik, medizinische Psychologie,* Heft 49 (Sonderdruck).

Kumar A.M., Tims F., Cruess D.G., Mintzer M.J., Ironson G., Loewenstein D., Cattan R., Fernandez J.B., Eisdorfer C. & Kumar M. (1999). Music therapy increases serum melatonin levels in patients with Alzheimer's disease. *Alternative Therapies in Health and Medicine,* 5 (6), 49–57.

Kurz A. (2003). Sedierende Medikamente in der Behandlung Demenzkranker. In Deutsche Alzheimer Gesellschaft e.V. (Hrsg.). *Archiv Alzheimer-Info Heft* 2/03 http://www.deutsche-alzheimer.de/index.php?id=120.

Ladurner G. (1989). Demenz. In D. Platt (Hrsg.). *Handbuch der Gerontologie,* Band 5. Stuttgart: Gustav Fischer.

Landsiedel-Anders S. (2003a). *Musiktherapie bei Demenzerkrankungen-eine klinisch experimentelle Studie im Rahmen einer Gedächtnissprechstunde.* Diplomarbeit, Johann-Wolfgang-Goethe Universität Frankfurt a.M.

Landsiedel-Anders S. (2003b). Musiktherapie bei Demenzerkrankungen-aktuelle Forschungsergebnisse. *Music Therapy Today* [Online], 4 (5). http://musictherapy-world.net.

Laux L., Glanzmann P., Schaffner P. & Spielberger C.D. (1981). *Das State-Trait-Angstinventar (STAI): Theoretische Grundlagen und Handanweisung* (S. 12-18). Weinheim: Beltz.

Ledger A. J. & Baker F. A. (2007). An investigation of long-term effects of group music therapy on agitation levels of people with Alzheimer's disease. *Aging & Mental Health,* 11 (3), 330-338

Livingston G., Johnston K., Katona C., Paton J.& Lyketsos C.G. (2005). Systematic review of psychological approaches to the management of neuropsychiatric symptoms of dementia. *American Journal of Psychiatry,* 162 (11), 1996–2021.

Logsdon R.G., McCurry S.M. & Teri L. (2007) Evidence-based psychological treatments for disruptive behaviors in individuals with dementia. *Psychology of Aging,* 22 (1), 28-36.

Lyketsos C.G., Lopez O., Jones B., Fitzpatrick A.L., Breitner J. & DeKosky S. (2002). Prevalence of Neuropsychiatric symptoms in dementia and mild cognitive impairment: results from the cardiovascular health study. *The Journal of the American Medical Association,* 288, 1475–1483.

Lyketsos C.G., DelCampo L., Steinberg M., Miles Q., Steele C.D., Munro C., Baker A.S., Sheppard J.M., Frangakis C., Brandt J. & Rabins P.V. (2003).Treating depression in Alzheimer's disease. *Archives of General Psychiatry*, 60, 737-746.

Maercker A. (Hrsg.) (2002). *Alterspsychotherapie und klinische Gerontopsychologie.* Heidelberg: Springer.

Maercker A. (2002). Psychologie des höheren Lebensalters: Grundlagen der Alterspsychotherapie und klinischen Gerontopsychologie. In A. Maercker (Hrsg.). *Alterspsychotherapie und klinische Gerontopsychologie* (S. 1-58). Heidelberg: Springer.

Mahendra N. (2001). Direct interventions for improving the performance of individuals with Alzheimer's disease. *Seminars in Speech and Language*, 21 (4), 291-303.

Maier W. & Heun R. (1997). Genetik gerontopsychiatrischer Erkrankungen am Beispiel der Alzheimer-Demenz. In H. Förstl (Hrsg.). *Lehrbuch der Gerontopsychiatrie* (S. 16-30). Stuttgart: Enke.

Margraf J. (2000). *Lehrbuch der Verhaltenstherapie* (2. Aufl.), Band 1. Berlin: Springer.

Marksteiner J., Walch T., Bodner T., Gurka P. & Donnemiller E. (2003). Fluoxetine in Alzheimer's disease with severe obsessive compulsive symptoms and a low density of serotonin transporter sites. *Pharmacopsychiatry*, 36(5), 207-209.

Mayring P. (2008). *Qualitative Inhaltsanalyse: Grundlagen und Techniken.* Weinheim: Beltz.

McCallion P., Toseland R.W., Lacey D. & Banks S. (1999).Educating nursing assistants to communicate more effectively with nursing home residents with dementia. *Gerontologist*, 39, 546-558.

Meins W. (1999) Diagnose Lewy-Körperchen-Demenz. *Geriatrie Praxis*, 2, 19-23.

Mesibov, G. B., Browder, D. M., & Kirkland, C. (2002). Using individualized schedules as a component of positive behavioral support for students with developmental disabilities. *Journal of Positive Behavior Interventions*, 4 (2), 73-79.

Mittelman M.S., Ferris S.H., Shulman G., Steinberg E. & Lewin B. (1996). A family intervention to delay nursing home placement of patients with Alzheimer's disease: a randomized controlled trial. *The Journal of the American Medical Association*, 276 (21), 1725-1731.

Moore A.R. & O'Keefe S.T. (1999). Drug induced cognitive impairment in the elderly.*Drugs & Aging*, 15,1528.

Moritz S., Wahl K., Zurowski B., Jelinek L., Hand I. & Fricke S. (2007). Enhanced perceived responsibility decreases metamemory but not memory accuracy in obsessive-compulsive disorder (OCD). *Behaviour Research and Therapy*, 45, 2044-2052.

Muthesius D. (2007). Musiktherapie in der Betreuung von Menschen mit Demenz. In M. Teising et al. (Hrsg.). *Alt und psychisch krank: Diagnostik, Therapie und Versorgungsstrukturen im Spannungsfeld von Ethik und Ressourcen.* Schriftenreihe der Deutschen Gesellschaft für Gerontopsychiatrie und – psychotherapie (DGGPP), Band 6 (S. 377-382). Stuttgart: Kohlhammer.

Murphy J., Gray C.M. & Cox S. (2007) Communication and dementia: how Talking Mats can help people with dementia to express themselves. Stirling University: York Publishing Services. http://www.jrf.org.uk/sites/files/jrf/2128-talking-mats-dementia.pdf

Neal M. & Briggs M. (2003). Validation therapy for dementia. *Cochrane Database of Systematic Reviews*, (3): CD001394

Nehen H.G. & Ammer N. (2007). Internistisch/geriatrische Diagnostik in der Differentialdiagnostik der Demenz. In M. Teising et al. (Hrsg.). *Alt und psychisch krank: Diagnostik, Therapie und Versorgungsstrukturen im Spannungsfeld von Ethik und Ressourcen.* Schriftenreihe der Deutschen Gesellschaft für Gerontopsychiatrie und Psychotherapie (DGGPP), Band 6 (S. 237-245). Stuttgart: Kohlhammer.

NICE-SCIE (2006). Dementia: supporting people with dementia and their carers: Guideline-draft for consultation. http://www.scie.org.uk

Nyatsantza S., Shetty T., Gregory C., Lough S., Dawson K. & Hodges K.R. (2003).A study of stereotypic behaviors in Alzheimer's disease and frontal and temporal variant frontotemporal dementia. *Journal of Neurology, Neurosurgery and Psychiatry*, 74, 1398–1402.

Nyth A.L. & Gottfries C.G. (1990).The clinical efficacy of Citalopram in treatment of emotional disturbances in dementia disorders. A nordic multicentre study. *The British Journal of Psychiatry*,157, 894-901.

Omelan, C. (2006).Approach to managing behavioural disturbances in dementia. *Canadian Family Physician*, 52, 191-199.

Onder G., Zanetti O., Giacobini E., Frisoni G.B., Bartorelli L., Cabone G., Lambertucci P., Silveri M.C. & Bernabei R. (2005). Reality orientation therapy combined with cholinesterase inhibitors in Alzheimer's disease: randomized controlled trial. *The British Journal of Psychiatry,* 187, 150–155.

Opie J., Rosewarne R. & O' Connor D.W. (1999).The efficacy of psychosocial approaches to behaviour disorders in dementia: a systematic literature review. *The Australian and New Zealand Journal of Psychiatry,* 33 (6), 789–799.

Orange J.B. & Colton-Hudson A. (1998). Facilitating communication in the older person: enhancing communication in dementia of the Alzheimer's type. *Topics in Geriatric Rehabilitation*, 14 (2), 56-75.

Panerai S., Ferrante L., & Zingale M. (2002). Benefits of the Treatment and Education of Autistic and Communication Handicapped Children (TEACCH) programme as compared with a non-specific approach. *Journal of Intellectual Disability Research,* 46 (4), 318-327.

Perkins J., Bartlett H., Travers C. & Rand J. (2008). Dog-assisted therapy for older people with dementia: a review. Australasian Journal of Ageing, 27 (4), 177-182.

Perneczky R. (2008). Therapie der frontotemporalen Demenz. *Zeitschrift für Psychiatrie, Psychologie und Psychotherapie*, 56 (1), 47–49.

Pittiglio L. (2000). Use of reminiscence therapy in patients with Alzheimer's disease. *Lippincott's case management: managing the process of patient care*, 5 (6), 216–220.

Plattner A. & Ehrhardt T. (2002). Psychotherapie bei beginnender Alzheimer-Demenz. In: A. Maercker (Hrsg.). *Alterspsychotherapie und klinische Gerontopsychologie* (S. 229-244). Heidelberg: Springer.

Pollock B.G., Mulsant B.H., Rosen J., Mazumdar S., Blakesley R.E., Houck P.R. & Huber K.A. (2007). A double-blind comparison of citalopram and risperidone for the treatment of behavioral and psychotic symptoms associated with dementia. *American Journal of Geriatric Psychiatry*, 15 (11), 942-952.

Probst, P. (1998). Entwicklung eines Elterntrainingsprogramms: Darstellung eines durch TEACCH-Prinzipien inspirierten Ansatzes. In Bundesverband Hilfe für das Autistische Kind (Hrsg.). 9. Bundestagung: *Mit Autismus leben – Kommunikation & Kooperation* (Tagungsbericht, S. 159-172). Hamburg: Bundesverband Hilfe für das autistische Kind.

Probst P. (2003). Entwicklung und Evaluation eines psychoedukativen Elterngruppen-Trainingsprogramms für Familien mit autistischen Kindern. *Praxis der Kinderpsychologie und Kinderpsychiatrie*, 52, 473-490.

Probst P. (2007). Prävention von Interaktionsstörungen in Familien mit autistischen Kindern. In W. v. Suchdoletz (Hrsg.). *Prävention von Entwicklungsstörungen* (S.133-165). Göttingen: Hogrefe.

Probst P., Drachenberg W., Jung F., Knabe A. & Tetens J. (2007). Programm zur Förderung der sozialen Kommunikation im kombinierten Kleingruppen-und Einzelsetting bei Personen mit Autismus-Spektrum-Störungen: Eine explorative Interventionsstudie. *Heilpädagogische Forschung*, 33 (4), 174-191.

Qazi A., Shankar K. & Orrell M. (2003). Managing anxiety in people with dementia: a case series. *Journal of Affective Disorders*, 76 (1-3), 261-265.

Raggi A., Iannaccone S., Marconne A., Ginex V., Ortelli B., Noni A., Giusti M.C. & Cappa S.E. (2007). The effects of a comprehensive rehabilitation program of Alzheimer's disease in a hospital setting. *Behavioral Neurology*, 18 (1), 1–6.

Raglio A., Bellelli G., Traficante D., Gianotti M., Ubezio M.C., Villani D.& Trabucchi M.(2008).Efficacy of music therapy in the treatment of behavioral and psychiatric symptoms of dementia. *Alzheimer's disease and associated disorders*, 22 (2), 158-162.

Raji M.A. & Brady S.R. (2001). Mirtazapine for treatment of depression and comorbidities in Alzheimer disease. *The Annals of Pharmacotherapy*, 35 (9), 1024-1027.

Reisberg B., Doody R., Stöffler A., Schmitt F., Ferris S. & Möbius H.J. (2003).Memantine in moderate-to-severe Alzheimer's disease. *The New England Journal of Medicine*, 348, 1333–1341.

Reisberg B. & Ferris S.H. (1988). Brief Cognitive Rating Scale (BCRS). *Pharmacology Bulletin*, 24 (4), 629-636.

Reisberg B., Ferris S.H., De Leon M.J. & Crook T. (1982). The Global Deterioration Scale for Assessment of primary degenerative dementia. *American Journal of Psychiatry*, 139, 1136-1139.

Reischies F. M. (2007). Aspekte zur Entwicklung neuropsychologischer Standards der Diagnose des Demenzsyndroms vom Alzheimer-Typ für die verschiedenen Stadien der Demenzentwicklung. In M. Teising et al. (Hrsg.). *Alt und psychisch krank: Diagnostik, Therapie und Versorgungsstrukturen im Spannungsfeld von Ethik und Ressourcen.* Schriftenreihe der Deutschen Gesellschaft für Gerontopsychiatrie und – psychotherapie (DGGPP), Band 6 (S. 186-199). Stuttgart: Kohlhammer.

Remington M. (2002). Calming music and hand massage with agitated elderly. *Nursing Research*, 51 (5), 317–323.

Richeson N.E. (2003). Effects of animal-assisted therapy on agitated behaviors and social interactions of older adults with dementia. *American Journal of Alzheimer's disease and other dementias*, 18 (6), 353–358.

Riello R. & Frisoni G.B. (2001).Music therapy in Alzheimer's disease: is an evidence based approach possible? [Article in Italian]. *Recenti Progressi in Medicina*, 92 (5), 317–321.

Robinson L., Hutchings D., Dickinson H.O., Corner L., Beyer F., Finch T., Hughes J., Vanoni A., Ballard C. & Bond J. (2007). Effectiveness and acceptability of non-pharmacological interventions to reduce wandering in dementia: a systematic review. *International Journal of Geriatric Psychiatry*, 22 (1), 9–22.

Romero B. & Wenz M. (2002).Concept and effectiveness of a treatment program for patients with dementia and their relatives. Results from the Bad Aibling Alzheimer Disease Therapy Center. *Zeitschrift für Gerontologie und Geriatrie*, 35 (2), 118-128.

Rossi P.H., Lipsey M.W. & Freemann H.E. (2004). *Evaluation: A Systematic Approach* (7th ed.). Thousand Oaks: Sage.

Roth D.L., Mittelman D.S., Clay O.J., Madan A. & Haley W.E. (2005).Changes in social support as mediators of the impact of a psychosocial intervention for spouse caregivers of persons with Alzheimer's disease. *Psychology of Aging*, 20 (4), 634–640.

Rustenbach S.J. (2003). Metaanalyse: Eine anwendungsorientierte Einführung. In K. Pawlik (Hrsg.). *Methoden der Psychologie,* Band 16. Bern: Hans Huber.

Saß H., Wittchen H.U. & Zaudig M. (2003). Diagnostische Kriterien des Diagnostischen und Statistischen Manuals Psychischer Störungen DSM-IV-TR [American Psychiatric Association (2000): Diagnostic Criteria from DSM-IV-TR. Washington D.C.]. Göttingen: Hogrefe.

Savorani G., Chattat R., Capelli E., Vainenti F., Giannini R., Bacci M., Anselmo R., Paletti P., Maioli F., Forti P., Sciumbata A. & Ravaglia G. (2004). Immediate effectiveness of the "new identity" reality orientation therapy (ROT) for people with dementia in a geriatric day hospital. *Archives of Gerontology and Geriatrics,* Suppl. 9, 359–364.

Scharre D.W. & Chang S.I. (2002). Cognitive and behavioral effects of quetiapine in Alzheimer disease patients. *Alzheimer Disease and Associated Disorders,* 16, 128-130.

Scheurich A., Schanz B., Müller M.J & Fellgiebel A. (2007). Gruppentherapeutische Frühintervention für Patienten im Frühstadium der Alzheimererkrankung und deren Angehörige-eine Pilotstudie. *Psychotherapie, Psychosomatik, Medizinische Psychologie* [Online]. Thieme. DOI: 10.1055/s-2007-986198 [9. Oktober 2007].

Schönknecht P., Pantel J., Kruse A. & Schröder J. (2007). „Leichte kognitive Beeinträchtigung": Prävalenz und Verlauf. In Teising M. et al. (Hrsg.). *Alt und psychisch krank: Diagnostik, Therapie und Versorgungsstrukturen im Spannungsfeld von Ethik und Ressourcen.* Schriftenreihe der Deutschen Gesellschaft für Gerontopsychiatrie und – psychotherapie (DGGPP), Band 6 (S. 149-161). Stuttgart: Kohlhammer.

Schopler E., Mesibov G.B. & Hearsey K. (1995). Structured Teaching in the TEACCH-system. In E. Schopler & G.B. Mesibov (Eds.). *Learning and Cognition in Autism.* (pp. 13-265). New York: Plenum press

Schmitt B. & Frölich L. (2006). Kreative Therapien bei Demenzen: Mit Tanz und Farbe dem Ich wieder näher kommen. *Der Hausarzt,* 6, 2-3.

Seignourel P.J., Kunik M.E., Snow L., Wilson N. & Stanley M. (2008). Anxiety in dementia: a critical review. *Clinical Psychology Review,* 28 (7), 1071-82.

Sekiguchi A. & Kawashima R. (2007). Cognitive rehabilitation-the learning therapy for dementia [Article in Japanese]. *Brain and Nerve,* 59 (4), 357–365.

Selwood A., Johnston K., Katona C., Lyketsos C. & Livingston G. (2006). Systematic review of the effect of psychological interventions on family caregivers of people with dementia. *Journal of Affective Disorders,* 101(1-3), 75-89.

Shear K., Jin R., Ruscio A.M., Walters E.E., & Kessler R.C. (2006). Prevalence and correlates of estimated DSM-IV child and adult separation anxiety disorder in the National Comorbidity Survey Replication. *American Journal of Psychiatry,* 163, 1074-1083.

Sheikh J.I. & Yesavage J.A. (1986). Geriatric Depression Scale (GDS): Recent evidence and development of a shorter version. In *Clinical Gerontology: A Guide to Assessment and Intervention* (p. 165-173). New York: The Haworth Press.

Sherratt K., Thornton A. & Hatton C. (2004). Music interventions for people with dementia: a review of the literature. *Aging & Mental Health,* 8 (1), 3–12.

Sink K.M., Holden K.F., Yaffe K. (2005). Pharmacological treatment of neuropsychiatric symptoms of dementia: a review of the evidence. *Journal of the American Medical Association,* 293, 596-608.

Sitzer D.I., Twamley D.E. & Jeste D.V. (2006). Cognitive Training in Alzheimer's disease: a meta-analysis of literature. *Acta Psychiatrica Scandinavica,* 17, 75-90.

Sonntag, J.P. (2005). Akustische Lebensräume in Hörweite der Musiktherapie: Über das Sonambiente stationärer Betreuung von Menschen mit Demenz. *Journal of Music Therapy*, 37 (3), 170–182.

Spector A., Thorgrimsen L., Woods B., Royan L., Davies S., Butterworth M. & Orrell M. (2003). Efficacy of an evidence-based cognitive stimulation therapy programme for people with dementia: randomised controlled trial. *British Journal of Psychiatry*, 183, 248-254.

Spira A.P. & Edelstein B.A. (2006). Behavioral intervention for agitation in older adults with dementia: an evaluative review. *International Psychogeriatrics*, 18 (2), 195–225.

Spitzer M. (2002). Musik im Kopf: Hören, Musizieren und Erleben im neuronalen Netzwerk. Stuttgart: Schattauer.

Street J.S., Clark W.S., Kadam D.L., Mitan S.J., Juliar B.E., Feldman P.D. & Breier A. (2001). Long-term efficacy of olanzapine in the control of psychotic and behavioral symptoms in nursing home ptients with Alzheimer's disease. *International Journal of Geriatric Psychiatry*, 16 (Suppl 1), S6270.

Stuhlmann W. (2002). Psychosoziale und psychotherapeutische Hilfen für Demenzkranke und ihre Angehörigen. In Bund Deutscher Allgemeinmediziner (BDA) (Hrsg.). *Case Management Demenz*. BDA-Manual. http://www.ifap.de/bda-manuale/demenzcase/hilfen/index.html

Suhr J. (1999). Progressive Muscle Relaxation in the management of behavioral disturbance in Alzheimer's disease. *Neuropsychological Rehabilitation*, 9 (1), 31-44.

Sung H.C., Chang S.M., Lee W. & Lee M. (2006). The effect of group music with movement intervention on agitated behaviors of institutionalized elders with dementia in Taiwan. *Complementary Therapies in Medicine*, 14 (2), 113–119.

Svansdottir H.B. & Snaedal J. (2006).Music therapy in moderate and severe dementia of Alzheimer's type: a case-control study. *International Psychogeriatrics*, 18 (4), 613-621.

Teising M., Drach L.M., Gutzmann H., Haupt M., Kortus R. & Wolter D.K. (Hrsg.) (2007). *Alt und psychisch krank: Diagnostik, Therapie und Versorgungsstrukturen im Spannungsfeld von Ethik und Ressourcen*. Schriftenreihe der Deutschen Gesellschaft für Gerontopsychiatrie und – psychotherapie (DGGPP), Band 6. Stuttgart: Kohlhammer.

Teri L., Gibbons L., McCurry S.M., Logsdon R.G., Buchner D.M., Barlow W.E., Kukull W.A., LaCroix A.Z., McCormick W. & Larson E.B. (2003): Exercise plus behavioral management in patients with Alzheimer's disease: a randomized controlled trial. *Neurology*, 55, 1271-1278.

Teri L., Logsdon R.G., Peskind E., Raskind M., Weiner M.F., Tractenberg R.E., Foster N.L., Schneider L.S., Sano M., Whitehouse P., Tariot P., Mellow A.M., Auchus A.P., Grundman M., Thomas R.G., Schafer K. & Thal L.J. (2000). Treatment of agitation in AD: a randomized, placebo-controlled clinical trial. *Neurology*, 55 (9), 1271-1278.

Teri L., Logsdon R.G., Uomoto J. & McCurry S.M. (1997). Behavioral treatment of depression in dementia: a controlled clinical trial. *Journal of Gerontology: Psychological Sciences*, 52B (4), 159-166.

Thorgrimsen L., Spector A., Wiles A., Orrell M. (2003). Aroma therapy for dementia. *Cochrane Database of Systematic Reviews*, (3): CD003150.

Tondi L., Ribani L., Bottazzi M., Viscomi G. & Vulcano V. (2007).Validation therapy in nursing home: a case-control-study. *Archives of Gerontology and Geriatrics*, 40 (Suppl. 1), 407–411.

Tremont G., Davis J.G. & Bishop D.S. (2006). Unique contribution of family functioning in caregivers of patients with mild to moderate dementia. *Dementia and Geriatric Cognitive Disorders*, 21 (3), 170-174.

Van den Berg C.M., Kazmi Y. & Jann M.W. (2000). Cholinesterase inhibitors for the treatment of Alzheimer's disease in the elderly. *Drugs Ageing*, 16, 123-138.

Van den Winkel A., Feys H., De Weerdt W. & Dom R. (2004). Cognitive and behavioural effects of music-based exercises in patients with dementia. *Clinical Rehabilitation*, 18 (3), 253–260.

Verkaik R., von Weert J.C. & Francke A.L. (2005). The effect of psychosocial methods on depressed, aggressive and apathetic behaviors of people with dementia: a systematic review. *International Journal of Geriatric Psychiatry*, 20 (4), 301–314.

Vink, A. (2000). The problem of agitation in elderly people and the potential benefits of music therapy. In D. Aldridge (Ed.). *Music therapy in dementia care* (S. 119-138). London: Kingsley.

Vink A.C., Birks J.S., Bruinsma M.S. & Scholten R.J. (2004). Music therapy for people with dementia. *Cochrane Database of Systematic Reviews*, (3): CD003477.

Wang J.J. (2007). Group reminiscence therapy for cognitive and affective function of demented elderly in Taiwan. *International Journal of Geriatric Psychiatry*, 22 (12), 1235-1240.

Watson Y.I., Arfken C.I. & Birge S.J. (1993). Clock competition: an objective screening test for dementia. *Journal of the American Geriatrics Society*, 41 (12), 1235-1240.

Werheid K. & Thöne-Otto A.I.T. (2005). Kognitives Training bei Alzheimer Demenz. *Der Nervenarzt*, 77 (5), 549–557.

Wetterling, T. (2007). Delir bei älteren Patienten – Häufigkeit internistischer und neurologischer Erkrankungen. In M. Teising et al. (Hrsg.). *Alt und psychisch krank: Diagnostik, Therapie und Versorgungsstrukturen im Spannungsfeld von Ethik und Ressourcen.* Schriftenreihe der Deutschen Gesellschaft für Gerontopsychiatrie und – psychotherapie (DGGPP), Band 6 (S. 255-258). Stuttgart: Kohlhammer.

Weyerer S., Schäufele M. & Hendlmaier I. (2005).A comparison of special and traditional inpatient care of people with dementia [Article in German]. *Festschrift für Gerontologie und Geriatrie*, 38 (2), 85-94.

WHO (1989). Draft of the International Classification of Diseases 10th revision (ICD-10). Genua.

Wimo A., Adolfsson R. & Sandman P.O. (1995). Care for demented patients in different living conditions: effects on cognitive function, ADL-capacity and behaviour. *Scandinavian Journal of PrimaryHealth Care*, 13, 205-210.

Wojnar, J. (2007). *Die Welt der Demenzkranken: Leben im Augenblick.* Hannover: Vincentz.

Wojnar, J. (2008). *Die Welt der Demenzkranken.* http://www.demensch.de/files/wojnar.welt_demez_ii.pdf.

Wolter K. (2007a). Kausal behandelbare Demenzen – Demenz und Missbrauch bzw. Abhängigkeit von Alkohol und Benzodiazepinen. In M. Teising et al. (Hrsg.). *Alt und psychisch krank: Diagnostik, Therapie und Versorgungsstrukturen im Spannungsfeld von Ethik und Ressourcen.* Schriftenreihe der Deutschen Gesellschaft für Gerontopsychiatrie und Psychotherapie (DGGPP), Band 6 (S. 249 - 254). Stuttgart: Kohlhammer.

Wolter K. (2007b). Sinn und Unsinn von bildgebenden Verfahren in der Demenzdiagnostik. In Teising M. et al. (Hrsg.). *Alt und psychisch krank: Diagnostik, Therapie und Versorgungsstrukturen im Spannungsfeld von Ethik und Ressourcen.* Schriftenreihe der Deutschen Gesellschaft für Gerontopsychiatrie und Psychotherapie (DGGPP), Band 6 (S. 220-230). Stuttgart: Kohlhammer.

Woods B. (2002). Psychologische Therapie bei fortgeschrittener Demenz. In A. Maercker (Hrsg.). *Alterspsychotherapie und klinische Gerontopsychologie* (S. 341-354). Heidelberg: Springer.

Woods B., Spector A., Jones C., Orrell S. & Davies S. (2005). Reminiscence therapy for dementia. *Cochrane Database of Systematic Reviews*, (2): CD001120.

Woods B., Thorgrimsen L., Spector A., Royan L. & Orrell M. (2006). Improved quality of life and cognitive stimulation therapy in dementia. *Aging & Mental Health*, 10 (3), 219–226.

Yesavage J.A., Brink T.L., Rose T.L, Lum O., Huang V., Adey M. & Leirer V.O. (1983). Development and validation of a geriatric depression rating scale: a preliminary report. *Journal of Psychiatric Research,* 17, 37-49.

Yuhas N., McGowan B., Fontaine T., Czech J. & Gambrell-Jones J. (2006). Psychosocial interventions for disruptive symptoms of dementia. *Journal of psychosocial nursing and mental health services,* 44 (11), 34–42.

# 7. Verzeichnis der Tabellen und Abbildungen

## 7.1 Tabellenverzeichnis

Tabelle 1: Einteilung des Demenz-Schweregrads in Klassifikationssystemen und Inventaren ................... 19
Tabelle 2: Neuropsychiatrische Symptome einer Demenz ......................................................................... 27
Tabelle 3: Demenz-Diagnostik ................................................................................................................... 31
Tabelle 4: Diagnostik-Instrumente ............................................................................................................. 35
Tabelle 5: Zugelassene Antidementiva ...................................................................................................... 37
Tabelle 6: Wirksame Psychopharmaka bei neuropsychiatrischen Symptomen (Auswahl) ........................ 39
Tabelle 7: Psychologische Interventionen bei Demenz (adaptiert nach Fischer-Terworth et al., 2009) ....... 72
Tabelle 8: Gesamtstichprobe: Demographische, diagnostische und .........................................................
 neuropsychiatrische Merkmale .................................................................................................. 76
Tabelle 9: Eingangsdiagnostik ................................................................................................................... 78
Tabelle 10: Vergleich von Experimental-und Kontrollgruppe: Demographische Merkmale, .........................
 Diagnosenverteilung und neuropsychiatrische Merkmale ......................................................... 79
Tabelle 11: Outcome-Variablen und Diagnostik-Instrumente ................................................................... 80
Tabelle 12: TMI-Programm-Kombinierbare Therapiebausteine und Standardvarianten .......................... 87
Tabelle 13: Gruppenbezogener Tagesplan für therapeutische Aktivitäten ................................................ 90
Tabelle 14: Individueller Tagesplan für zwei Wochentage: Patientin mit leichter Demenz ..................... 91
Tabelle 15: TMI-Programm -Kognitive Stimulation ................................................................................. 96
Tabelle 16: Phasen der Entwicklung und Erprobung des TMI-Programms ............................................ 102
Tabelle 17: Probephase: Veränderungen kognitiver, behavioraler und psychopathologischer ............... 102
 Parameter während der Sitzungen zu drei Assessment-Zeitpunkten
Tabelle 18: Ergebnisse zweifaktorielle ANOVA mit Messwiederholung auf Faktor Zeitverlauf für die
 Outcome-Merkmale: *Neuropsychiatrische Symptome*: Geriatric Depression Scale und
 Neuropsychiatric Inventory ..................................................................................................... 105
Tabelle 19: Ergebnisse zweifaktorielle ANOVA mit Messwiederwolung auf dem Faktor *Zeitverlauf* für die
 Outcome-Merkmale: *Sozial-emotionale Kommunikation und Aktivität* ................................. 110
Tabelle 20: Ergebnisse zweifaktorielle ANOVA mit Messwiederwolung auf dem Faktor *Zeitverlauf* für die
 Outcome-Merkmale: *Kognitive Funktionen* ........................................................................... 112
Tabelle 21: Ergebnisse zweifaktorielle ANOVA mit Messwiederholung auf dem Faktor *Zeitverlauf* für
 das Outcome-Merkmal: *Demenz-Schweregrad.* ..................................................................... 115

## 7.2 Abbildungsverzeichnis

Abbildung 1: Hausgemeinschaft für dementiell erkrankte Menschen: Innenhof und Garten ......... 86
Abbildung 2: Räumliche Strukturierung auf visueller Ebene ................................................... 88
Abbildung 3: Räumliche Strukturierung auf visuell-taktiler Ebene .......................................... 88
Abbildung 4: Therapieraum ..................................................................................................... 89
Abbildung 5: Therapiesetting ................................................................................................... 89
Abbildung 6: Musikinstrumente ............................................................................................... 94
Abbildung 7: Benutzung von Musikinstrumenten – verhaltenstherapeutische Anleitung ......... 95
Abbildung 8: Kommunikation zwischen Therapeut und Patienten während reminiszenz- ....... 97
fokussierter Musiktherapie: Auslösung autobiographischer Erinnerungen durch Musik .........
Abbildung 9: Psychomotorische Aktivierung und sensorische Stimulation durch Ballspiel ..... 98
Abbildung 10: Psychosensorische Aktivierung durch Hörmemory ........................................... 98
Abbildung 11: Studiendesign .................................................................................................... 101

# 8. Anhänge

## Anhang A: Mini Mental Status Test (MMST)

### Mini-Mental-Status-Test MMST

Name _____ Alter _____ Jahre

Testdatum _____ Geschlecht: männl. ☐ weibl. ☐

Schulbildung _____ Beruf _____

**1. Orientierung**                                                                                     **Score**
        1. Jahr ☐
        2. Jahreszeit ☐
        3. Datum ☐
        4. Wochentag ☐
        5. Monat ☐
        6. Bundesland/Kanton ☐
        7. Land ☐
        8. Stadt/Ortschaft ☐
        9. Klinik/Spital/Praxis/Altersheim ☐
        10. Stockwerk ☐
        ☐

**2. Merkfähigkeit**
        11. „Auto" ☐
        12. „Blume" ☐
        13. „Kerze" ☐
        ☐

Anzahl der Versucher bis zur vollständigen Reproduktion der 3 Wörter: ☐

**3. Aufmerksamkeit**
        14. „93" ☐
        15. „86" ☐
        16. „79" ☐
        ☐
        17. „72" ☐
        18. „65" ☐
        ☐

In Ausnahmefällen <u>alternativ</u> bei mathematisch ungebildeten Personen:
        19. o – i – d – a –r    (max. 5 Punkte) ☐

**4. Erinnerungsfähigkeit**
        20. "Auto" ☐
        21. "Blume" ☐
        22. "Kerze" ☐
        ☐

**5. Sprache**
        23. Armbanduhr benennen ☐
        24. Bleistift benennen ☐
        25. Nachsprechen des Satzes:
        „Sie leiht mir kein Geld mehr" ☐
        26. Kommandos befolgen:
        -Blatt Papier in die rechte Hand, ☐
        -in der Mitte falten, ☐
        -auf den Boden legen ☐
        27. Anweisung auf der Rückseite dieses Blattes
        vorlesen und befolgen ☐
        28. Schreiben eines vollständigen Satzes
        (Rückseite) ☐
        29. Nachzeichnen (s. Rückseite) ☐

        Gesamtpunktwert: ☐

# Anhang B: Brief Cognitive Rating Scale (BCRS)

5 Hauptachsen

| Achse | | Leitsymptome |
|---|---|---|
| **Hauptachse 1**<br>**Konzentrationsvermögen** | 1 | Kein objektives oder subjektives Defizit |
| | 2 | Subjektive Defizite |
| | 3 | Kleine objektive Mängel in serieller Subtraktion in der Reihe 100 – 7 |
| | 4 | Definitive Konzentrationsstörung (mehrere Fehler bei Rechnungen der Reihe 100 -4) |
| | 5 | Defizit allgemein auffallend (Fehler bei 2er Reihe) |
| | 6 | Patient vergisst die Konzentrationsaufgabe, zählt vorwärts bei der Aufforderung von 10 rückwärts zu zählen. |
| | 7 | Patient kann nicht richtig bis 10 zählen. |
| **Hauptachse 2**<br>**Kurzzeitgedächtnis** | 1 | Keine Ausfälle |
| | 2 | Subjektive Ausfälle |
| | 3 | Ausfälle bei detaillierten Fragen zu speziellen Ereignissen, kein Wissensdefizit bei Fragen zu bedeutenden, kurz zurückliegenden Ereignissen |
| | 4 | Defizite beim Erinnern der Wochenereignisse. Kein detailliertes Wissen über aktuelle, kurz zurückliegende Ereignisse |
| | 5 | Patient weiß über Wetter, Adresse und z.B. aktuellen Bundespräsidenten nicht bescheid |
| | 6 | Gelegentliches Wissen über vereinzelte Ereignisse, keine bzw. so gut wie keine Information über aktuelle Adresse und Wetter verfügbar. |
| | 7 | Keinerlei Wissen über kurz zurückliegende Ereignisse |
| **Hauptachse 3**<br>**Langzeitgedächtnis** | 1 | Weder subjektive noch objektive Ausfälle |
| | 2 | Subjektive Ausfälle. Kann die Namen von mehr als zwei Grundschullehrern nennen. |
| | 3 | Fehler bei detaillierten Fragen zu lang zurückliegenden Ereignissen. Kann Lehrer und Freunde aus der Kindheit nennen. |
| | 4 | Deutliches Defizit. Patient kann zumeist wenige oder keine Freunde oder Lehrer benennen, weiss jedoch die Namen der meisten besuchten Schulen. Chronologie zurückliegender Ereignisse wird nicht eingehalten. |
| | 5 | Wichtige frühere Ereignisse/ Erlebnisse werden oft nicht erinnert (z.B. Namen von Schulen), Ausbildung kann nicht erklärt werden |
| | 6 | Residuale, bruchstückhafte Erinnerung an z.B. Geburtsdatum, Geburtsland und früheren Beruf. |
| | 7 | Völliger Verlust des Langzeitgedächtnisses |

| Achse | Leitsymptome |
|---|---|

**Hauptachse 4**
**Orientierung**

1. Patient ist orientiert zu Person, Situation, Zeit und Ort.
2. Patient erlebt subjektive Defizite, kann ungefähr die Uhrzeit angeben, keine objektiven Defizite
3. Die Uhrzeit wird um > 2 Stunden, der Wochentag um > 1 Tag, Datum um > 3 Tage verfehlt
4. Orientierung zu Person und Situation sind intakt, nur leichte Defizite in örtlicher Orientierung, Verfehlungen beim Datum > 10 Tage oder > 1 Monat
5. Patient ist zur Person voll, zu Situation weitgehend orientiert, deutlich defizitäre zeitliche Orientierung bei Jahr und/oder Jahreszeit, Monat, Wochentag, Unsichere örtliche Orientierung: Stadt und/oder Land, aktueller Aufenthaltsort, Stockwerk
6. Patient ist zur Person orientiert, kann Angehörige erkennen, jedoch nicht benennen, Jahr/ Jahreszeit, Datum und Wochentag sind i.d.R. nicht bekannt, Situative Desorientierung, Nicht orientiert zu aktuellem Aufenthaltsort und/oder Stadt, Land, Stockwerk.
7. Persönliche Desorientierung: Patient kann sich nicht identifizieren, erkennt Ehegatten und andere Angehörige nicht.

**Hauptachse 5**
**Erklärung Alltagsaktivitäten und Fähigkeit zur Selbsthilfe**

1. Keine Probleme
2. Patient vergisst und/oder verlegt Gegenstände, hat Subjektive Schwierigkeit bei der Arbeit
3. Mitarbeitern fallen Defizite auf
4. Schwierigkeiten beim Planen und Ausführen (Finanzen, Einladungen usw.)
5. Patient braucht Hilfe sich sauber zu kleiden.
6. Patient braucht Hilfe beim Essen, Anziehen und Toilettengang
7. Patient ist voll pflegebedürftig

**Gesamtscore Hauptachsen** (Summe der Scores für die Hauptachsen 1-5):............

**Erläuterung**

1. Die fünf Hauptachsen der BCRS repräsentieren einzelne Bereiche des kognitiven Funktionsniveaus.

2. Der Score für jede einzelne Hauptachse bestimmt sich durch ein Rating mit einem Wert zwischen 1 und 7.

3. Der BCRS-Gesamtscore errechnet sich durch Addition der Subscores für die fünf Hauptachsen.

# Anhang C: Global Deterioration Scale (GDS)

| Stufe | Leitsymptome | Schweregrad |
|---|---|---|
| 1 | Keine objektivierbaren Defizite. Subjektive Defizite: z.B. Verlegen von Gegenständen | normales Altern |
| 2 | Vergessen von Namen. Im Gespräch kein Defizit objektivierbar. | normales Altern/ leichte kognitive Beeinträchtigung |
| 3 | Erste echte Ausfälle: Vergessen von Abfahrtszeiten (unübliche Reisen). Mitarbeitern fällt Defizit auf, Namensgedächtnis hochgradig vermindert, behält wenig von Gelesenem. Im Test objektivierbar, beginnende Angst. | Leichte Kognitive Beeinträchtigung bis leichte Demenz |
| 4 | Deutliches Defizit im Gespräch<br>a) geringes Wissen über Laufendes und Aktuelles.<br>b) Erinnerungslücken bzgl. Lebenslauf<br>c) Konzentrationsstörung bei serieller Subtraktion<br>Alltagsschwierigkeiten (Planung, Finanzen, etc.)<br>Störung bezüglich persönlicher, zeitlicher und örtlicher Orientierung, Erkennen von Personen und Erfassen von Situationen. Vermag ohne Hilfe an bekannte Orte zu reisen. | Leichte bis mittlere Demenz |
| 5 | Braucht Hilfe im Alltag, vergisst wichtige Lebensereignisse, kann Familienangehörige z.B. Enkelkinder nicht benennen. Zeitlich und örtlich desorientiert. Fähigkeit zum Reihenrechnen (40 -4) vermindert. Kann identifizieren, erkennt nähere Angehörige und benennt sie. | Mittlere Demenz |
| 6 | Vergisst Namen des Gatten und Betreuers. Behält fragmentarisch biographische Resterinnerungen. Örtlich und zeitlich desorientiert. Schwierigkeit beim Rückwärtszählen von 10. Braucht dauernde Hilfe, Störungen des Alltagsrhythmus. Kann Familienmitglieder von Fremden unterscheiden, jedoch nicht benennen.<br>Persönlichkeitsveränderungen möglich<br>a) Illusionäre Verkennungen<br>b) Perseverationen, Stereotypien<br>c) Emotionale Störungen: Affektinkontinenz<br>d) Gedanken kann nicht bis zu Ausführen der Handlung behalten werden. | Mittlere bis schwere Demenz |
| 7 | Verlust von Sprache, Apraxie, Gangstörungen Inkontinenz, neurologische Symptome. | Schwere Demenz |

## Anhang D: Neuropsychiatric Inventory (NPI)

10 -Item-Version[9]

| Symptom | Intensität | Häufigkeit | Score |
|---|---|---|---|
| Wahnvorstellungen | | | |
| Halluzinationen | | | |
| Depression/ Dysphorie | | | |
| Euphorie | | | |
| Enthemmung | | | |
| Angstsymptome | | | |
| Apathie | | | |
| Agitation/ Aggressivität | | | |
| Psychomotorische Symptome | | | |
| Irritabilität | | | |

**Gesamtscore** (Summe der Scores 1-10) = .........

Berechnung der Scores

*Ratingskala 1: Intensität der Symptome*

0 = nicht vorhanden
1 = leicht ausgeprägt
2 = moderat ausgeprägt
3 = stark ausgeprägt

*Ratingskala 2: Häufigkeit des Auftretens der Symptome*

0 = nie
1 = etwa 1x pro Woche
2 = mehrmals pro Woche
3 = mehrmals am Tag
4 = permanent

Berechnung der Scores pro Symptom: Produkt *Ratingskala 1 x Ratingskala 2*

Berechnung des Gesamtscores: Addition der Scores pro Symptom

---

[9] Deutsche Übersetzung der Items: C. Fischer-Terworth

## Anhang E: Geriatric Depression Scale (GDS)

15-Item-Version[10]

                                                                                                          Ja      Nein

1. Sind Sie grundsätzlich mit Ihrem Leben zufrieden?
2. Haben Sie vieles von dem aufgegeben, was Sie gerne tun?
3. Haben Sie das Gefühl, Ihr Leben sei leer?
4. Ist Ihnen oft langweilig?
5. Sind Sie meistens guter Laune?
6. Haben Sie des Öfteren Angst davor, dass Ihnen etwas zustoßen könnte?
7. Sind Sie meistens zufrieden?
8. Fühlen Sie sich oft hilflos?
9. Sind Sie lieber alleine statt in Gesellschaft anderer Menschen?
10. Haben sie Gedächtnisschwierigkeiten, die sie belasten?
11. Finden Sie, es sei schön, jetzt zu leben?
12. Fühlen Sie sich so, wie Sie jetzt sind, eher wertlos?
13. Denken Sie, dass Sie viel Energie haben?
14. Finden Sie, Ihre Lage sei hoffnungslos?
15. Glauben Sie, die meisten anderen Leute haben es besser als Sie?

                                                                                    Gesamt: ___

Auswertung

Gezählt wird die Anzahl der Kreuze in   . Der Maximalscore beträgt 15 Punkte.

0-5 Punkte:   keine depressiven Symptome
5-10 Punkte: leichte und mittlere Depression
11-15 Punkte: Schwere Depression

---

[10] Deutsche Übersetzung der Items durch C. Fischer-Terworth.

## Anhang F: Inventar zur Beurteilung Sozial-Emotionaler Kommunikation und Aktivität bei Dementiellen Erkrankungen (ISEKAD)

| Bereich A: Allgemeine Fähigkeit zur sozialen Kommunikation | K |
|---|---|
| Patient ist völlig apathisch, zeigt keinen Blickkontakt | 0 |
| Patient unterhält regelmäßigen Blickkontakt mit anderen Menschen | 1 |
| Formelle Gesten/ Floskeln in konventionellen Gesprächssituationen (Begrüßung, Visite) möglich | 2 |
| Patient kann seine Bedürfnisse verbal oder mit Gesten klar äußern | 3 |
| Patient beginnt selbständig Gespräche | 4 |
| **Bereich B: Qualität sozial-kommunikativer Reaktion auf die Umwelt** | |
| Patient reagiert nur auf starke taktile Reize | 0 |
| Patient reagiert -auch situationsinadäquat -auf Worte oder klare Gesten | 1 |
| Patient kann einfache verbale oder nonverbale Anweisungen in Handlungen umsetzen | 2 |
| Patient kann konkrete Anweisungen in Handlungsabfolgen umsetzen | 3 |
| Adäquate Reaktion auf konventionelle Gespräche und Schilderungen von Erfreulichem/ Traurigem | 4 |
| **Bereich C: Sozial-interaktives Verhalten gegenüber Pflegepersonal** | |
| Patient ist apathisch, zeigt teilnahmsloses Verhalten | 0 |
| Patient zeigt weitgehend unkooperatives und/oder aggressives Verhalten | 1 |
| Patient zeigt wechselndes, stimmungsabhängiges Verhalten | 2 |
| Patient zeigt zumeist kooperatives und freundliches Verhalten | 3 |
| Patient sucht persönlichen Kontakt und Zuwendung | 4 |
| **Bereich D: Sozial-interaktives Verhalten gegenüber Mitpatienten** | |
| Patient sucht keinen Kontakt bzw. meidet den Umgang mit Mitpatienten | 0 |
| Patient verhält sich aggressiv und/oder unsozial gegenüber Mitpatienten | 1 |
| Patient ist eher introvertiert, sucht jedoch hin und wieder Kontakt zu Mitpatienten. | 2 |
| Patient sucht häufig die Gesellschaft der Mitpatienten | 3 |
| Patient kümmert sich regelmäßig um Mitpatienten und/oder schließt Freundschaften | 4 |
| **Bereich E: Aktivitätsniveau** | |
| Patient ist aufgrund ausgeprägter Apathie tagsüber weitgehend schlafend | 0 |
| Patient ist nur während unmittelbarer Zuwendung (Essen, Körperpflege) aktiv | 1 |
| Spontanaktivität beschränkt sich weitgehend auf automatische, mechanische Abläufe | 2 |
| Patient kann sich immer wieder sinnvoll beschäftigen (lesen, spielen, Musikhören, Hobby) | 3 |
| Patient unterhält sich regelmäßig durch sinnvolle Beschäftigung, baut soziale Kontakte auf. | 4 |
| **Bereich F: Ausdruck von Emotionen, Kommunikation über affektive Zustände** | |
| Affektverflachung und/oder Affektinkontinenz | 0 |
| Patient äußert fast ausschließlich negative Emotionen (Traurigkeit, Angst, Unzufriedenheit) | 1 |
| Überwiegende Äußerung negativer Emotionen, positive Emotionen bei intensiver Zuwendung | 2 |
| Affektregulation möglich, Fähigkeit zum Ausdruck positiver und negativer Emotionen | 3 |
| Affektlage im Ganzen ausgeglichen, Patient kann Emotionen verbal differenziert ausdrücken | 4 |
| **Total:** | |

$K$ = Kodierung der entsprechenden Punktzahl auf den Ratingskalen

**Auswertung**

| Bereiche A-F | Kodierung |
|---|---|
| Bereich A | |
| Bereich B | |
| Bereich C | |
| Bereich D | |
| Bereich E | |
| Bereich F | |
| **ISEKAD gesamt: Summe Bereiche A-F** | |

# Anhang G

## I. Leitfaden: Verhaltensbeobachtung während der Sitzungen

1. Aktivitätsniveau während der Sitzungen

   a. *Musikalische Aktivität*: Mitsingen, Spiel auf Instrumenten, Bewegung zur Musik, Zuhören, spontane Initiative, spezielle musikalische Reaktionen
   b. *Aktivität bei kognitiver Stimulation und Reminiszenztherapie*

2. Kommunikation und Interaktion
3. Ausdruck von Emotionen
4. Aufmerksamkeit, Konzentration
5. Orientierung zur Situation, situative Präsenz
6. Erinnerungsvermögen
7. Stimmungslage
8. Verhalten
9. Sonstige Aufzeichnungen


## II. Leitfaden: Halbstrukturiertes Interview zur Erfassung von Akzeptanz und Beurteilung der Interventionseffekte durch Fachkräfte

1. Allgemeine und spezielle Vor-und Nachteile des TMI-Programms und dessen Wirkung auf die Fachkräfte
2. Unmittelbare und längerfristige, beobachtbare Auswirkungen des Programms auf Psyche und Verhalten der Patienten
3. Reaktionen der Patienten auf das Programm innerhalb der Tagesstruktur
4. Akzeptanz des Programms durch die Angehörigen
5. Mögliche Auswirkungen auf die Kommunikation und Interaktion zwischen Patient und Fachkraft
6. Mögliche Entlastungen bzw. Belastungen, die durch die Implementierung des Programms für die Fachkraft entstanden sind.

## III. Leitfaden: Halbstrukturiertes Interview für Patienten

1. Allgemeine Äußerung darüber, was den Patienten am Programm bzw. den einzelnen therapeutischen Aktivitäten gefallen und missfallen hat
2. Spontane Assoziationen/ Emotionen in Verbindung mit den therapeutischen Aktivitäten
3. Fragen zu Wirkung des Programms auf das psychische Befinden; z.B. Unruhe, Angst, Stimmungslage und Emotionen, die durch Musikausübung hervorgerufen werden
4. Fragen zum subjektiven Erleben der Übungen zur kognitiven Stimulation
5. Fragen zum Thema Musik und Erinnerung
6. Fragen zur Bedeutung der therapeutischen Aktivität im Tagesablauf

Die VDM Verlagsservicegesellschaft sucht für wissenschaftliche Verlage abgeschlossene und herausragende

# Dissertationen, Habilitationen, Diplomarbeiten, Master Theses, Magisterarbeiten usw.

## für die kostenlose Publikation als Fachbuch.

Sie verfügen über eine Arbeit, die hohen inhaltlichen und formalen Ansprüchen genügt, und haben Interesse an einer honorarvergüteten Publikation?

Dann senden Sie bitte erste Informationen über sich und Ihre Arbeit per Email an *info@vdm-vsg.de*.

**Sie erhalten kurzfristig unser Feedback!**

VDM Verlagsservicegesellschaft mbH
Dudweiler Landstr. 99      Telefon  +49 681 3720 174
D - 66123 Saarbrücken      Fax      +49 681 3720 1749
**www.vdm-vsg.de**

Die VDM Verlagsservicegesellschaft mbH vertritt

Printed in Germany by
Amazon Distribution
GmbH, Leipzig